— M. F. Génin, ancien chef de division au ministère de l'instruction publique, vient de mourir.
Ses obsèques auront lieu demain mercredi, à onze heures, en l'église Saint-Germain-des-Prés. On se réunira à la maison mortuaire, rue de Seine, 41. Sa famille prie ses nombreux amis de considérer le présent avis comme une invitation.

à Monsieur Monmerqué

9 février 1856.

1339

MAISTRE
PIERRE PATELIN

Exemplaire n° 69

Paris. — Imprimerie de L. MARTINET, rue Mignon, 2.

MAISTRE
PIERRE PATELIN

TEXTE

REVU SUR LES MANUSCRITS ET LES PLUS ANCIENNES ÉDITIONS

AVEC

UNE INTRODUCTION ET DES NOTES

PAR

F. GÉNIN

PARIS

CHAMEROT, LIBRAIRE-ÉDITEUR

RUE DU JARDINET, 13

1854

DÉDICACE.

Les hoirs de défunt Patelin,
Inconnus chez Plaute et Térence,
Ont envahi toute la France,
Car ils sont bénis du Malin,
Les hoirs de défunt Patelin !
On en voit pulluler l'engeance
Sous le drap, la bure et le lin ;
Prêtre ou laïc, noble ou vilain,
Tout est de leur intelligence,
Tout cède à leur persévérance ;
Ils font si bien la révérence !
Ils parlent si doux et câlin !
On les rencontre à l'audience,
A l'église, au bal, au moulin ;
Les champs, la ville, tout est plein
Des hoirs de défunt Patelin !

DÉDICACE.

Au temps des livres sur vélin,
Un honnête homme, très enclin
A railler de papelardie,
En fit une farce hardie
De nos ayeux plus applaudie
Que le vieux roman de Merlin.
L'âge qui tout mène à déclin
L'ayant de sa rouille enlaidie,
Cette piquante comédie
Digne de notre Poquelin,
Je la débrouille et l'étudie
Dans ce livre que je dédie
Aux hoirs de défunt Patelin.

S'ils prennent sous leur patronage
Cet écrit sur un badinage
Où leur maître est représenté ;
S'ils le font vivre d'âge en âge
Autant que le patelinage,
Ce sera l'immortalité.

PATELIN

ET LA VIEILLE COMÉDIE [1].

CHAPITRE PREMIER.

QUI EST L'AUTEUR DE PATELIN.

Plus on est d'accord sur le mérite d'un monument d'art ou de littérature, plus il est intéressant d'en connaître et la date et l'auteur. En ce qui touche la farce de *Patelin*, ce problème est jusqu'à présent irrésolu. Certaines opinions ont été émises

---

[1] J'écris *Patelin* sans *h*, bien que toutes les éditions écrivent *Pathelin*. Je me fonde d'abord sur l'étymologie évidente du mot, dont la racine est *patte*, ou, selon l'ancienne orthographe, *pate*. Patelin est un cajoleur, un homme qui fait patte de velours, chez les Latins *palpo*, chez La Fontaine et nos vieux auteurs *pate-pelu* :

> C'étoient deux vrais Tartufs, deux Archi-Patelins,
> Deux francs *pate-pelus*.
> (LA FONTAINE, *le Chat et le Renard*, IX, 14.)

Ensuite je m'autorise de l'exemple de Geoffroy Tory, qui, dès 1529, écrit *Patelin;* c'est à la page 40 (recto) de son *Champ fleury*. *Pathelin* ne doit pas être maintenu plus que *hermite*, *autheur*, etc.

avec plus de hardiesse et d'autorité que de critique et d'érudition véritable. Nous commencerons par les passer en revue.

On lit dans l'*Encyclopédie*, article Parade : « Quelques auteurs attribuent cette pièce à Jean de » Meun ; mais Jean de Meun cite lui-même des pas- » sages de Patelin dans sa continuation du Roman » de la Rose, et d'ailleurs nous avons de bien fortes » raisons pour rendre cette pièce à Guillaume de » Lorris. » — Ces fortes raisons que l'auteur développe sont exclusivement des raisons de goût ; après avoir jugé très sévèrement la seconde partie du Roman de la Rose, il conclut : « Un goût juste et » éclairé ne peut y reconnaître l'auteur de la farce » de Patelin, et la rend à Guillaume de Lorris. »

Ce langage est positif ; mais, sans nous en laisser imposer par le ton de certitude, examinons un peu les assertions qu'il produit.

Quelques auteurs attribuent la farce de Patelin à Jean de Meun. — Quels auteurs ? Il n'était pas inutile de le dire. — Jean de Meun cite lui-même des passages de Patelin. — Quels passages ? En quels endroits du Roman de la Rose ? Quant à moi, j'ose affirmer que le fait est complétement inexact ;

je défie qu'on trouve dans le Roman de la Rose, je ne dis pas un fragment emprunté, mais la plus légère allusion à la farce de Patelin.

Cependant l'auteur de l'article PARADE, M. de Tressan, était trop honnête homme pour avoir inventé de tout point ce qu'il en écrit. Par où donc a-t-il été conduit à des assertions si étranges et si positives? Voici ma conjecture, que je livre à l'appréciation des lecteurs.

Le tome de l'*Encyclopédie* renfermant l'article PARADE parut en 1765. M. de Tressan se servait de l'édition de *Patelin* publiée trois ans auparavant par le libraire Durand, lequel avait semé le bruit que les Notes et la préface de son édition étaient l'ouvrage de La Monnoye : de là la confiance de M. de Tressan.

Or, dans cette préface se trouve une citation de la légende de Pierre Faifeu, commençant par ces vers :

> De Pathelin n'oyez plus les cantiques,
> De Jean de Meun la grant joliveté.

Le sens est clair : Charles de Bourdigné veut dire qu'on ne parle plus ni de l'un ni de l'autre; le

Patelin est enterré comme le Roman de la Rose, si rempli de traits fins et galans. Mais M. de Tressan paraît avoir compris le second vers comme une adjonction au premier : vous n'entendez plus les cantiques de Patelin, *qui sont* la grand'joliveté, le principal ornement de la suite du Roman de la Rose par Jean de Meun. Et il traduit en disant, comme de son chef et l'ayant vérifié lui-même, que Jean de Meun cite fréquemment la farce de Patelin dans sa continuation du Roman de la Rose ; et partant de là, il restitue sans hésiter la farce de Patelin à Guillaume de Lorris, en homme sûr de posséder un goût juste, éclairé, infaillible (1).

Tous les travaux de M. de Tressan sur notre moyen âge sont, il faut bien le dire, assortis à cet échantillon ; il n'en était pas moins en ces matières

---

(1) M. de Tressan reproduisit cette opinion, mais avec moins d'assurance, dans ses *Réflexions sommaires sur l'esprit* : « Il » est vraisemblable que le même Guillaume de Lorris est l'au- » teur de la charmante farce de l'avocat Patelin, qui sera tou- » jours le modèle de la plaisanterie la plus ingénieuse et la » plus naïve. Ce qui peut servir à le prouver, c'est que Jehan » de Meun cite des traits de cette pièce dans sa continuation » du Roman de la Rose. » (*OEuvres diverses* de M. de Tressan, 1776, p. 99.)

l'oracle du xviiiᵉ siècle. Aussi les coryphées de l'érudition germanique, Flœgel et Adelung, n'ont pas manqué de reproduire mot à mot (mais comme un fruit de la critique allemande) une opinion si judicieuse.

Le président de Brosses, qui, en fait de critique, était un autre homme que M. de Tressan, dit au chapitre 9, § 27, de sa *Formation mécanique des langues* : « Vers la fin du xvᵉ siècle, pour pouvoir » jouer la farce de Pathelin, *composée probablement* » *aux environs du règne de Charles V*, il en fallut » rajeunir le style. »

« Aux environs du règne de Charles V » est une expression bien vague ; mais de Brosses dans ce chapitre ne traite point de la farce de Patelin ; il est conduit à la citer accidentellement, et c'est en quelque sorte par hasard et en courant qu'il donne son opinion sur l'époque où elle fut composée. Il eût été intéressant de connaître comment s'était formée dans l'esprit d'un homme aussi véritablement savant une opinion dont je n'ai rencontré aucune trace ailleurs.

On a voulu attribuer aussi la farce de Patelin à Villon. Ceux qui mettent en avant de pareilles hypothèses sont guidés par la seule idée de rapprocher un nom célèbre d'un ouvrage célèbre ; ils montrent clairement qu'ils n'ont jamais lu ni Villon ni Patelin, ou que les ayant lus, ils sont incapables d'apprécier deux originalités si marquées à la fois et si distinctes.

Parlent-ils sur la foi d'une historiette racontée par Rabelais, d'après laquelle Villon, retiré sur ses vieux jours en Poitou, se serait mis à la tête d'une troupe qui représentait des mystères ? D'abord, entre les mystères et les farces il n'y avait (la forme dramatique exceptée) rien de commun ; ensuite l'anecdote de Rabelais est d'une authenticité plus que suspecte : on la retrouve dans un dialogue d'Érasme (*spectrum*), qui met la scène aux environs de Londres. Enfin, comment supposer que Villon, ayant composé et joué lui-même la farce de Patelin, Villon, déjà célèbre d'ailleurs à des titres divers, fût resté le père inconnu de ce chef-d'œuvre ?

J'ai dû, pour l'exactitude historique, mentionner cette opinion ; elle ne mérite pas qu'on s'y arrête davantage (1).

(1) Elle a été défendue surtout par le libraire Cailleau, qui publia en 1792 : « Les ruses, finesses et subtilités de Pathelin » l'avocat, ou à trompeur trompeur et demi, **comédie mise en**

Toutefois je dirai qu'elle pourrait bien avoir aussi son origine dans deux vers mal entendus des *Repues franches*, où le chef de la gueuserie recevant un candidat, lui dit :

> Passe tous les tours Pathelin,
> De Villon et Poque-Denare (1).

c'est-à-dire dépasse tous les tours de Patelin, ceux de Villon et de Poque-Denare. Mais quelqu'un, supprimant la virgule, aura compris le Patelin de Villon, comme on dit le Misanthrope de Molière, et les échos ont fait leur devoir.

Mais de toutes ces opinions sans contredit la plus bizarre est celle qui fait Patelin lui-même auteur de la pièce où il est représenté comme un fripon dupe à la fin de sa propre ruse. Croirait-on qu'une pareille idée ait pu venir à personne ? Elle a pourtant été

» vers d'après Brueys, précédée d'une dissertation historique
» et critique sur l'ancienne farce de Pathelin, jouée avec le plus
» grand succès dans le XVe siècle, et sur son auteur, que l'on
» présume être François Villon. » (Non représentée.) Cailleau ne se nomme que comme imprimeur de l'ouvrage.

(1) *Poque-Denare* est au XVe siècle le même personnage populaire qui s'appelle au XVIIIe M. d'Argencourt (*poco-denaro*).

émise trois fois : deux fois dans le xvi᷊ᵉ siècle et une fois dans le xvii᷊ᵉ.

« Urbain Chevreau, dit l'abbé Goujet, par une » imagination sans fondement, prenant Patelin pour » auteur de la farce qui porte ce nom, a cru que le » *blason des faulces amours* était du même Patelin, » parce que, dans quelques éditions, le blason est » imprimé à la suite de la farce (1). »

L'imagination de Chevreau se fondait peut-être sur ce passage de Geoffroy Tory : « Je remetz le

(1) Biblioth. franç., X, 109. — Voici le passage en question ; Chevreau cite des exemples de *dépendre* au sens de *dépenser* : « J'ai lu dans François Villon.... et dans le Blason des fausses » amours, de Pathelin... » (*OEuvres meslées*, p. 464.) Les œuvres mêlées de Chevreau ayant été publiées en Hollande, après la mort de l'auteur, on pourrait croire qu'il y a ici quelques mots omis, et que le manuscrit portait : « Et dans » le Blason des fausses amours *imprimé à la suite* de Pathelin. » Mais par malheur on lit à la page 469 : « Pathelin a dit qu'un » discours plaisoit *terriblement* pour faire entendre qu'il estoit » merveilleusement agréable. » Et les six vers cités en preuve sont du Blason des fausses amours, dont l'auteur, Guillaume Alexis, autrement le bon Moine de Lyre, était nommé dès lors par Duverdier, par Lacroix du Maine et par Névisan, au livre IV de sa *Forest nuptiale*. Ainsi la faute de Chevreau n'est pas défendable. Cet homme d'une érudition si sûre et si minutieusement exacte en grec, en latin, et en hébreu, a péché par étourderie en français : il a cité sans avoir lu et sur la foi d'un titre mal compris.

» bon estudiant à maistre Pierre Patelin *et aultres*
» *bons autheurs en françois* (1). »

Et Geoffroy Tory pouvait à son tour s'appuyer sur un manuscrit intitulé : *Les vertus qui font triumpher la royale maison de France* (2), où, dans une revue d'auteurs, on lit ces paroles : « Celuy est
» le bon arcevesques de Rouhan, Rigaut, qui com-
» pousa livres de facéties, après lequel vint Boccace,
» *Patellin*, Veillon, maistre Jehan de Meung et
» plusieurs aultres. »

On voit que le XVIe siècle, qui faisait tant de cas de la farce de Patelin, ne soupçonnait déjà plus le nom de l'auteur de cette pièce célèbre. Pasquier du reste le dit formellement (3).

J'arrive à une dernière opinion, aujourd'hui tellement accréditée, que nous la voyons chaque jour reproduire sans examen et sans conteste dans tous les catalogues de ventes, et même dans les traités de bibliographie. Il est vrai que la *Biographie universelle*, le *Manuel du libraire*, le *Dictionnaire des*

---

(1) *Champ fleury*, fol. 40, recto.
(2) Biblioth. imp., n° 7032. L'ouvrage est dédié à Louise de Savoie, par conséquent antérieur à 1534, et l'on y cite l'Eloge de la folie composé en 1509.
(3) *Recherches*, VII, 5.

anonymes, pour n'en point citer d'autres, lui ont donné en l'accueillant un poids considérable, en sorte que c'est maintenant chose jugée que la farce de Patelin est l'ouvrage de Pierre Blanchet. Il semble qu'il y ait là-dessus prescription acquise (1).

(1) Voici quelques uns des auteurs qui donnent la farce de Patelin à Pierre Blanchet :

Beauchamps : « Ce Pierre Blanchet pourrait bien être l'au- » teur de la farce de Pathelin. » (*Rech. des théâtres*, I, 288, in-8.)

Le duc de la Vallière : « C'est lui qui est l'auteur de la farce » de Patelin. » (*Biblioth. du Théâtre franç.*, I, p. 56, art. BLANCHET.)

L'abbé Guillon, *Archiv. du dép. du Rhône*, 1826, avril, III, p. 463, et il fixe même la date de 1480.

Barbier, *Dict. des anonymes*.

M. Brunet, *Manuel du libraire*.

La Biographie Michaud, article BLANCHET : « *On lui attribue* » *la farce de Patelin.* »

La Biographie de Feller, édition de 1850 : « C'est lui (Blan- » chet) qui est l'auteur de la farce de Patelin. »

M. Le Roux de Lincy : « Je citerai seulement Pierre Blan- » chet, auteur de Patelin. » (Introd. du *Livre des Proverbes*.)

M. Robert, *Essai sur les fabulistes qui ont précédé La Fontaine*.

M. Quérard, à l'article BLANCHET de sa *France littéraire*, après avoir rapporté l'assertion de Tressan, ajoute : « M. de » l'Aulnaye, qui s'est occupé de recherches sur l'auteur de cette » pièce, dit au contraire qu'elle est de P. Blanchet. »

Voici le passage auquel sans doute M. Quérard fait allusion. M. de l'Aulnaye vient de citer la fable du Renard et le Cor-

Ce P. Blanchet nous est connu seulement par l'épitaphe en quarante vers que lui a consacrée son ami Jean Bouchet. Nous y apprenons que Pierre Blanchet, né à Poitiers en 1459, en même temps qu'il suivait le palais,

> Faisoit jouer sur eschafaux bazoche
> Et y jouoit par grand art sans reproche,
> En reprenant par ses satyrics jeux
> Vices publics et abus oultrageux,
> Et tellement que gens notés de vice
> Le craignoient plus que les gens de justice.

Arrivé à la quarantaine, Blanchet se fit prêtre, sans pour cela renoncer à la poésie, et il mourut à Poitiers, âgé de soixante ans, en 1519.

Du reste, personne ne connaît une ligne de Pierre Blanchet, ni même aucun des sujets qu'il a traités

---

beau, et il ajoute : « A propos de cette fable, il est bien peu » de personnes qui sachent qu'elle avait été mise en vers par » Pierre Blanchet, auteur de la farce de Pathelin. » (*Rabelaisiana*, au mot OURS.)

Enfin (car il faut borner cette liste), M. A.-F. Didot, dans son excellent *Essai sur la typographie*, n'a pas évité une erreur si accréditée : « 1490. Cette année, paraît la plus ancienne » édition de *Pathelin le grant et le petit*, par Blanchet. »

C'est un écho qui, au lieu de s'affaiblir par la répétition, va toujours grossissant, au point qu'il est douteux si la voix de la vérité pourra le dominer.

dans ses *Satires proterveuses*, comme les appelle Pierre Gervaise, dans son épître à J. Bouchet. Patelin est-il du nombre? Un jour quelqu'un hasarde de conjecturer qu'il en pourrait bien être ; le lendemain, un plus hardi pense qu'il en doit être ; l'émulation s'en mêlant, un troisième ne se fait pas attendre qui affirme intrépidement : Il en est. Et comme il est trop désagréable de paraître ignorant ou attardé, tout le monde répète le mot du dernier venu. C'est le point où nous en sommes, et voilà comment se forme l'opinion en France et sans doute ailleurs : *opinione regina del mundo!*

Celle-là est plus moderne que Duverdier et Lacroix du Maine, qui du moins en auraient fait mention, et qui donnent la farce de Patelin comme un ouvrage anonyme. Le premier qui se soit avisé de l'attribuer à P. Blanchet est Beauchamps, qui, dans ses *Recherches sur les théâtres de France*, dit simplement : « Pierre Blanchet *pourrait bien* être » l'auteur de la farce de Patelin. » Voilà le modeste point de départ de cette opinion qui a fait depuis une si grande fortune.

Mais non, Pierre Blanchet ne saurait être l'auteur de la farce de Patelin.

Je trouve une allusion à cette comédie dans un acte de 1470. C'est une charte de rémission signée par Louis XI en faveur de Jean de Costes, jeune homme de vingt-sept ans, attaché à la chancellerie du roi. Jean de Costes se trouvait à boire avec plusieurs camarades en l'hôtel de maître Jean Sillon, de Tours. Après souper, Jean de Costes s'étend sur un banc au long du feu, disant : « Pardieu ! je suis malade ; et adressa ces paroles » à la femme dudit maistre Jean Sillon, et dist : Je » veuil couchier céans, sans aller meshuy à mon » logys. A quoi ledit Le Danceur alla dire au su- » pliant ces mots : Jean de Costes, je vous congnoys » bien : vous cuidez *pateliner* et faire du malade » pour cuider couchier céans… (1). » L'acte est daté de 1469, avant Pâques (2) ; à cette époque Pierre Blanchet avait dix ans. Il n'est donc plus possible d'admettre Pierre Blanchet pour l'auteur de la farce de Patelin, et l'on verra plus loin cette impossibilité confirmée par de nouvelles preuves.

Le texte même de la pièce nous fournit un moyen

---

(1) Bibliothèque de l'Ecole des Chartes, 2ᵉ série, IV, 259.
(2) Pâques tomba cette année le 22 avril.

de rechercher la date de sa naissance : c'est la valeur des monnaies qui y sont citées. Pasquier y avait songé avant moi. Voyons comment il argumente :

« Quand vous voyez le drapier vendre ses six aulnes
» de drap *neuf francs* et qu'à l'instant même il dit
» que ce sont *six écus*, il faut nécessairement
» conclure qu'en ce tems-là l'escu ne valoit que
» trente sols. »

Cette nécessité n'est nullement démontrée ; mais suivons :

« Mais comment accorder ces passages en ce qu'en
» tous les endroits où il est parlé du prix de l'aulne
» on ne parle que de 24 sols, qui n'est pas une
» somme suffisante pour faire revenir les six aulnes
» à 9 francs, ains à 7 livres 4 sols seulement. »
J'interromps la citation pour faire observer que toute la base du raisonnement de Pasquier, c'est que l'écu de Patelin vaut trente sous. Et cette donnée, dont il se préoccupe on ne sait pourquoi, est prise tout à fait en dehors du texte, et même y répugne formellement. Le texte dit : *six aunes, à vingt-quatre sous l'aune, font six écus ;* c'est dire bien clairement que l'écu vaut 24 sous. Mais Pasquier, qui le veut à 30 sous, s'avise, pour concilier

toutes choses, d'invoquer la différence des tournois et des parisis.

« C'est encore une autre ancienneté digne d'estre
» considérée, qui nous enseigne qu'en la ville de
» Paris, où ceste farce fut faite (qu'en sait-il?), et
» par aventure représentée sur l'eschaffaut, quand
» on parloit de sol simplement, on l'entendoit
» *parisis*, qui valoit quinze deniers tournois, et
» entend que les 24 sols faisoient les 30 sols
» tournois. »

Laissons là ce raisonnement embrouillé de tournois et de parisis, imaginé pour appuyer une proposition *à priori* toute gratuite, savoir que l'écu de Patelin valait 30 sous, lorsque le texte le met à 24 sous.

Reprenons les données du texte :

> Chacune aulne vous coustera
> *Vingt et quatre sous.*
> — J'en prendrai *six* tout rondement.
> — A vingt et quatre sous chacune,
> Les six *neuf francs*...
> Ce sont *six escus*...

Et dans la scène du délire de Patelin, le pauvre

drapier rappelle toujours les mêmes conditions et les mêmes termes :

> Ouais! n'est-il pas venu querre
> *Six aulnes* de drap maintenant?
> Il me faut *neuf francs* rondement.
> Je puisse Dieu desadvouer,
> Se je n'ai *neuf francs*...
> *Neuf francs* m'y faut, ou *six escus*.

Le calcul s'établit aisément :

Six aunes à 24 sous font 144 sous.

Et cette somme étant égale à la fois à six écus et à neuf francs, on tire pour la valeur de l'écu 24 sous, et pour la valeur du franc 16 sous.

A quel règne, à quelle année, correspond cette valeur du franc et de l'écu? Au règne du roi Jean.

L'année que ce malheureux prince sortit de captivité par le traité de Brétigny, en 1360, une ordonnance royale, datée de Compiègne le 5 décembre, fixe le cours du franc à 16 sous parisis.

Et une ordonnance du 17 septembre 1361 répète cette disposition : « Avons fait faire bonnes mon» noies et fines d'or et d'argent, c'est assavoir bons » deniers d'or fin appelez *francs*, ausquels nous

» donnasmes darrenier cours pour seize sous
» parisis (1). »

La valeur de l'écu sous ce règne calamiteux subit des variations nombreuses et considérables. On le trouve à 24 sous parisis dans les années suivantes : 1353, 1354, 1355 et 1356 (2).

J'ai vainement cherché cette coïncidence de valeur à une autre époque.

Donc l'action, dans la farce de Patelin, se passe sous le roi Jean, vers 1356.

Est-ce à dire que la pièce ait été composée à cette même date, au milieu du xiv° siècle ? On serait tenté de le croire, parce qu'on suppose toujours qu'un auteur met en scène les mœurs et les coutumes de son tems. Dans cette occasion pourtant il n'en est rien : le fait serait impossible, voici pourquoi.

Le premier ouvrage dramatique représenté publiquement en France, ce fut le Mystère de la Pas-

---

(1) Du Cange, in *Moneta*, p. 492, col. 2.

(2) Dans le cours de quinze années, de 1345 à 1360, la valeur de l'écu changea CENT SEIZE FOIS ! Voyez dans Du Cange, au mot *Moneta*, le relevé dressé d'après le registre de la cour des comptes.

sion, joué à Saint-Maur-des-Fossés en 1398. Ces représentations furent aussitôt défendues, et les confrères de la Passion ne rouvrirent leur théâtre qu'en vertu de lettres patentes à eux accordées par Charles VI, le 4 décembre 1402. Ces dates sont fournies par les registres du parlement, ainsi rien de plus authentique.

Par conséquent il n'est pas possible que la farce de Patelin soit de 1356.

Ajoutez à cela que pendant longtemps les mystères, c'est-à-dire les tragédies sacrées, furent le seul genre de composition connu. Quand la monotonie fit sentir le besoin de la variété, on introduisit des espèces de drames moraux, où des êtres métaphysiques, les vices, les vertus, le monde, l'Église, la chair, etc., étaient personnifiés et jouaient leur rôle. C'étaient de véritables sermons dramatisés, fort plats, fort ennuyeux, à en juger par les nombreux échantillons qui sont venus jusqu'à nous. Enfin, à ces *moralités* succéda la *farce*, c'est-à-dire la comédie, qui emploie des personnages réels et s'attaque en riant aux vices et aux ridicules de l'espèce humaine. C'est à ce genre dernier né qu'appartient la farce de Patelin, véritable chef-d'œuvre qui réunit en un petit acte la comédie de caractère et la comédie d'intrigue.

Notons pour mémoire, et pour en tirer parti le cas échéant, ce point précis que l'action dans le Patelin se passe sous le roi Jean, et tournons-nous d'autre côté pour tâcher de découvrir l'époque de la composition de l'ouvrage.

Nous avons vu qu'il existait sous Louis XI, en 1470. Je rencontre deux autres allusions au Patelin dans un livre célèbre du même tems, dans les *Cent Nouvelles nouvelles*.

Dans la Nouvelle 84, *le Malheureux*, on voit un gentilhomme engagé dans une partie de chasse retenir ses compagnons dans la campagne après la fermeture des portes, leur promettant l'hospitalité dans un château du voisinage. Ils vont, et, au lieu de l'excellent accueil auquel ils s'attendaient, la dame du logis leur fait impitoyablement fermer la porte au nez. L'auteur de la déconvenue s'excuse en ces termes : « Messeigneurs, pardonnez-moi que je vous ai fait *payer la baye* (1). »

---

(1) Dans la dernière édition des *Cent Nouvelles nouvelles* donnée par M. Leroux de Lincy, ce passage est imprimé d'une manière fautive qui détruit le sens : « Messeigneurs, pardon-

Il est évident que le rédacteur de cette nouvelle connaissait le dénouement de Patelin, et que déjà ce dénouement avait mis dans la langue cette expression *payer la baye*, qui s'est modifiée depuis : *payer en baye, payer d'une baye.*

Dans la 20ᵉ Nouvelle, *le Mari médecin* : « Et luy » vint en couraige, puisque sa femme restoit en » santé, qu'il semondroit un jour au disner ses pa- » rens et amys et les père et mère d'elle, ce qu'il fist, » et les servoit grandement *en son patois* à ce disner. »

Je dis que c'est encore là un souvenir de la farce de Patelin, car le mot *patois* est une syncope de *patelinois*, créé depuis la scène des jargons, scène qui eut tant de succès, qu'on dit à partir de là, pour marquer un homme subtil et retors : *il entend son patelin ; parler patelin, ou patelinois ; langage patelinois.* C'est la vraie origine du mot *patois*, que Balzac fait venir de *Patavinitas*, et Chevreau de *patacinus* (1).

Ainsi la farce de Patelin a précédé les *Cent*

» nez-moi que je vous ay fait payer l'*abbayée.* » (T. II, p. 202.) — M. Paul Lacroix, dans son recueil des *Vieux conteurs françois*, p. 14, rétablit bien le texte « *la baye* » ; mais l'allusion lui échappe également, et il met en note : « Mystification, décon- » venue. Les anciennes éditions mettent *labayée* : il faut peut- » être lire *l'abbaye*, ce qui serait une locution proverbiale. »

(1) Voyez la note, p. 54.

Nouvelles nouvelles. Mais à quelle date les *Cent Nouvelles nouvelles* furent-elles rédigées ?

Le catalogue de Gaignat en indique un manuscrit (malheureusement aujourd'hui perdu) portant la date de 1462 (1).

On sait d'ailleurs que ces contes furent récités en présence du dauphin de France Louis, réfugié à Genappe, en Brabant, sous la protection du duc de Bourgogne. Or, Louis XI monta sur le trône en 1461, par suite de la mort de son père, arrivée le 22 juillet.

Il y a dans Pantagruel un passage qui se rapporte à la fois à la mort de Charles VII et à la farce de Patelin : « Considéré, dit le seigneur de Humevesne, » qu'à la mort du roy Charles, on avoit en plein » marché la toyson pour *six blancs, par mon » serment, de laine.* » C'est une citation du Patelin :

>Or attendez à samedy,
>Vous verrez qu'il vaut ! la toyson
>Dont il souloit estre foyson,
>Me cousta à la Magdelaine
>Huit blancs, par mon serment, de laine
>Que je soulois avoir pour quatre !

(1) Voyez l'Introduction de M. Leroux de Lincy, p. 40.

Ainsi Rabelais, nourri de la farce de Patelin, comme on le voit par les fréquentes allusions qu'il y fait, Rabelais, un des hommes de son tems qui devaient être le mieux instruits de l'histoire littéraire, rapporte le Patelin à l'époque de la mort de Charles VII, puisqu'il emprunte un vers de ce texte pour indiquer le prix de la laine à cette date.

J'ai cherché vainement une allusion à la farce de Patelin au-dessus de 1464. Je ne dis pas qu'on n'en puisse trouver, mais en attendant cette découverte, nous pouvons, je crois, adopter comme date probable de la naissance de Patelin l'année 1460 (1).

(1) On lit dans le *Cours de littérature* de La Harpe, t. VI, p. 3 (édit. Agasse), à propos de la comédie de Brueys : « Plusieurs » des meilleures plaisanteries se trouvent dans le vieux français » de la farce de *Pierre Patelin*, imprimée en 1656, *sur un* » *manuscrit de l'an 1460*. »
Un manuscrit de Patelin daté de 1460, quelle trouvaille!... Malheureusement ce n'est que fumée. L'édition de 1656 est celle de Cailloué, à Rouen, faite, dit l'éditeur, « sui- » vant la copie de 1560 » (et non 1460). La Harpe, peu au courant de ces matières, a été induit en erreur par le mot *copie* : il a cru qu'il s'agissait d'une copie à la main, tandis que cette formule indique toujours un imprimé antérieur, et il a traduit bravement *un manuscrit;* une faute d'impression, un 4 mis pour un 5, est venue s'ajouter à la première bévue et compléter la fausseté du renseignement. Ce *Cours de littérature* tant prôné et mis entre les mains de la jeunesse comme un

Où se passe l'action théâtrale ? Cette indication, qui serait si précieuse, n'est écrite nulle part. A la vérité, une édition du xvi® siècle met : « La scène est à Paris, proche Saint-Innocent. » Mais c'est pure invention de l'éditeur, qui a pris sur lui cette désignation. Une remarquable variante du manuscrit Bigot fait voir au contraire que la scène n'est pas à Paris. Patelin vante comme un habile homme le maire de la commune : aussi, répond Guillemette :

> Aussi a il leu de gramaire
> *A Paris*, il a y grant pièce.

Il a étudié autrefois à Paris, par conséquent nous ne sommes pas à Paris, ni même aux environs. Ce respect qui s'attache au grand nom de Paris indique une province éloignée. Voyons si le texte même ne nous fournirait pas quelque lumière. Avant tout il faut exclure du concours les provinces nommées dans la scène des jargons, autrement le drapier ne

chef-d'œuvre et un livre classique, est émaillé d'erreurs semblables ou pires ; il serait bien souhaitable que quelqu'un prît la peine de les relever en note exactement.

L'édition de Patelin de 1560 ne nous est connue que par la mention qui en est faite dans celle de 1656 ; M. Brunet n'en parle pas.

pourrait être censé n'y rien comprendre. Ces pays sont : le Limousin, la Picardie, la Normandie et la Bretagne. J'observe que dans son feint accès de délire Patelin cite l'abbé d'Ivernaux :

> Sus tost, la royne des guiternes,
> A coup qu'el' me soit aprouchée ;
> Je sais bien qu'elle est accouchée
> De vingt et quatre guiterneaux ;
> Enfans à l'abbé d'Ivernaux :
> Il me fault estre son compère.

Il est clair que l'abbé d'Ivernaux devait être un personnage connu de l'auditoire. Sans cela où serait le sel de la plaisanterie ? La preuve en est que dans le manuscrit de La Vallière, rempli d'ailleurs d'altérations et de mauvaises leçons, on a remplacé l'abbé d'Ivernaux par *l'abbé de Cîteaux*. Apparemment cette copie a été faite en Bourgogne, à Dijon peut-être, pour servir aux jeux de la mère Sotte. C'est ainsi que les acteurs ajustaient le texte original aux localités où ils représentaient.

Hivernaux, en latin *hibernale*, était une abbaye de l'ordre de Saint-Augustin, à une lieue de Brie-Comte-Robert, au diocèse de Paris.

Dans une autre scène, je vois nommé Jean de

Noyon : Vous me prenez pour un autre, dit Patelin au pauvre drapier ébaubi ; je ne sais pour qui vous me prenez :

Est-ce point pour Jean de Noyon?

Evidemment ce Jean de Noyon, comme l'abbé d'Ivernaux, était fort de la connaissance des auditeurs. Un des vers précédens, où Patelin demande si on le prend *pour ung escervellé*, c'est-à-dire pour un fou, me fait supposer que Jean de Noyon pourrait bien être le fou du roi. Je cherche et je trouve en effet dans les comptes d'Étienne de la Fontaine, argentier du roi Jean, pour l'année 1350, les articles qui suivent :

« Pour faire une cotte hardie fourrée d'aigneaux,
» mantel et chaperon doublés et chauces pour
» *maistre Johan, le fol du roy...* »

« Riche chapel fourré d'hermine, couvert d'ung
» rosier dont la tige estoit d'or de Chypre, etc....,
» pour donner à *maistre Johan, le fol du roy* (1). »

De ces indices, je crois permis de conclure que la

---

(1) Leber, *Coup d'œil sur les médailles de plomb, le personnage du fou et les rébus*, p. 143.

farce de Patelin fut représentée pour la première fois, non pas à Paris, mais devant des Parisiens, ou des gens au moins à qui Paris était familier. Notez encore que le style n'offre aucune trace de provincialisme : c'est le plus pur langage de l'Ile-de-France et de la cour.

Quant à prétendre que Patelin était un personnage réel, un contemporain de l'auteur et des spectateurs de la pièce ; que la farce de Patelin est une comédie aristophanique, etc., etc., ce sont phrases en l'air auxquelles je n'ai pas trouvé la moindre apparence de fondement. Il faut reléguer cette assertion avec celles qui regardent Pierre Blanchet, Villon et Guillaume de Lorris. Et ceci nous remet en face de la question vraiment intéressante : Auquel des écrivains florissant à l'époque de la mort de Charles VII la farce de Patelin peut-elle être attribuée ? C'est le point le plus important et le plus difficile, car ici les indications manquent absolument.

Toutefois, sans perdre courage, je me mis à lire et relire les ouvrages composés autour du règne de Charles VII, dans l'espoir de quelque bon hasard, et que peut-être des analogies de style, mon discernement, s'il faut l'avouer, me mettraient sur la voie. Je sais tout ce qu'un pareil moyen de critique doit inspirer de défiance légitime, mais mon excuse est de ne l'avoir employé que dans un cas de pénurie extrême.

Ce n'est pas qu'en principe et hors de l'application au cas présent, il soit inefficace. Car supposez, par exemple, que le roman des Amours de Psyché ne nous soit point parvenu ; tout à coup le manuscrit anonyme sort de la poudre d'une bibliothèque de province : croyez-vous que les gens de goût hésiteront longtems pour le restituer à La Fontaine ? Assurément non, et ils seront unanimes dans leur conviction. Mais, me dira-t-on, êtes-vous cet homme de goût ? avez-vous cette délicatesse d'organe, cette sûreté de tact, cet instinct, cette finesse...? On ne s'attend pas que j'argumente sur une pareille thèse. A mes risque et péril je dirai le résultat de mon expérience, et que mon attention s'arrêta d'une manière toute particulière sur trois ouvrages :

La *Chronique et plaisante histoire du petit Jehan de Saintré* ;

Les *Quinze joies de mariaige* ;

Et le recueil des *Cent Nouvelles nouvelles.*

Dans ces trois ouvrages il me paraît impossible de méconnaître, même au premier coup d'œil, un air de famille et des analogies multipliées avec la farce de Patelin. Vous y retrouvez partout le poëte dramatique dont l'habileté se complaît à filer une scène dans un dialogue rapide, empreint d'une certaine ironie douce et d'une naïveté satirique. C'est partout le même art, la même grâce dans la peinture des caractères; partout l'auteur se cache pour laisser parler ses personnages. Le style a certaines allures, certaines habitudes, des reliefs si nettement accusés qu'il ne peut se laisser confondre avec un autre. Vous le reconnaissez tout de suite à cette profusion de sermens, de proverbes, dictons, adages, métaphores familières et pittoresques dont il est assaisonné, pour lesquels personne, si ce n'est peut-être Regnier, n'a montré depuis une égale affection. La forme de la phrase, les tours grammaticaux, ne permettent pas plus d'incertitude. Je n'en signalerai qu'un des plus fréquens : c'est celui qu'on a si longuement et si puérilement controversé dans le vers de Racine :

On craint qu'il n'essuyât les larmes de sa mère.

Et cet autre, qui dérive du premier, où deux imparfaits du subjonctif se répondent :

Qui me payast, je m'en allasse !

J'omets, pour être bref, une multitude d'autres rapports caractéristiques que les gens de goût découvriront bien sans moi.

La *Chronique du petit Jehan de Saintré* est l'œuvre d'Antoine de La Sale, qui lui-même a pris soin de la signer et de la dater de Genappe, le 25 septembre 1459.

Le petit livre facétieux *les Quinze joies de mariage* était resté anonyme jusqu'en 1837, que l'ingénieuse sagacité du bibliothécaire de Rouen, M. Pottier, parvint à déchiffrer dans une énigme le nom d'Antoine de La Sale (1).

Antoine de La Sale était un des joyeux conteurs des *Cent Nouvelles nouvelles*, dont la 50ᵉ est mise expressément sous son nom. Presque tous les érudits qui se sont occupés de ce recueil en ont donné la rédaction à La Sale. Cette conjecture est à

(1) Voici cette énigme ou charade mise par le copiste à la fin du manuscrit de Rouen, avec quelques mots en prose : « En

mes yeux si voisine de l'évidence, qu'elle équivaut à la certitude (1).

On voit où mes déductions veulent aboutir : c'est

» ces huit lignes trouverez le nom de celuy qui a dictes les xv
» joyes de mariage. »

De *Labelle* la teste oustez	(La)
Très vistement devant le monde,	
Et *Samere* décapitez	(Sa)
Tantost et après *leseconde*.	(le)
Toutes trois à messe vendront	
Sans teste bien chantée et dicte,	
Le monde avec elles tendront	
Sur deux piez qui le tout acquite.	

M. Pottier n'a déchiffré que les quatre premiers vers : « Mon » fil, dit-il, s'est rompu au quatrième vers, et le reste subsiste » impénétrable pour moi. »

Je ne sais si l'on trouvera que j'ai mieux réussi ; à tout hasard voici comment j'interprète la fin :

Ces trois syllabes *La Sale* viendront s'unir au mot *messe* privé de sa première syllabe, ce qui donne *se*; vous y joindrez le mot *monde*, mais de manière à n'avoir en tout que deux syllabes (*mond*) ce qui fera le sens complet : LA SALE SEMOND. Comme s'il y avait : C'est ici La Sale qui prêche.

Il faut souligner *messe* et *monde*, et mettre une virgule après *dicte* et après *piez*. (Voyez ma lettre insérée dans l'*Athenæum* du 11 mars 1854, p. 228.)

(1) Aux lecteurs curieux d'approfondir ce point, j'indiquerai un rapprochement que je ne sache pas avoir jamais été fait entre la 33ᵉ Nouvelle et le chapitre LXXXII du petit Jehan de Saintré. La scène est la même et racontée presque dans les mêmes termes. Il s'agit d'une maîtresse infidèle châtiée par

que Antoine de La Sale serait aussi l'auteur de la farce de Patelin. Assurément ses œuvres authentiques présentent assez de qualités analogues à celles qui brillent dans *Patelin* pour autoriser l'examen de cette hypothèse. La Sale fut adonné aux lettres dès sa jeunesse et durant toute sa vie, et l'on ne peut douter qu'il n'ait été l'un des plus féconds écrivains de son tems, comme il en était un des meilleurs, sinon le premier. Le témoignage souvent cité de son contemporain Rasse de Brinchamel est positif : « Noble et bien renommé Anthoine de La » Sale, avez toujours pris plaisir et dès le tems de » vostre fleurie jeunesse vous estes délecté à lire » aussi à escrire histoires honorables, auquel » exercice et continuant vous perseverez de jour » en jour. »

Tous ces ouvrages sortis de la plume d'Antoine

---

l'amant trahi : « Quand le seigneur de Saintré se voit ainsy » villainement menasser, luy dist : Or, faulce et desloyale, telle, » telle et telle, que vous estes..., etc. » — « Et luy qui ne se » peult tenir d'exécuter la conclusion prinse entre son compai- » gnon et luy, dist : Faulce et desloyale que vous estes..., etc. » Les deux femmes sont de même décoiffées *de leur atour*, échevelées, jetées par terre tout en larmes ; en un mot, la ressemblance est frappante du fond comme des détails.

de La Sale quels sont-ils et où sont-ils ? Dans sa philosophique insouciance, leur auteur, à ce qu'il paraît, ne prenait pas la peine d'y attacher son nom ; il les a laissés faire leur chemin tout seuls et se perdre dans la foule, où il s'agirait maintenant de les démêler. Pour ma part, je crois fermement que la farce de Patelin est un des enfans anonymes de cet illustre père.

C'est ici le lieu de reprendre un détail que nous avions mis en réserve, à savoir que l'action de Patelin se passe sous le roi Jean, vers 1356. Si La Sale est l'auteur, il a donc rejeté sa fable de cent ans en arrière ? Et précisément c'est ce qu'il a fait aussi pour sa chronique du petit Jean de Saintré, dont le premier chapitre débute par ces mots : « Au tems du roy Jehan de France, etc. » Aux chapitres xii et xv, il est longuement question de l'équipement du petit Saintré en linge, habits, coiffures, chaussures, bijoux et chevaux, avec le prix énoncé à chaque objet. J'ai, qu'on me passe cette expression, vérifié de près les factures des fournisseurs, et je puis assurer que l'évaluation des monnaies répond exactement à celle de Patelin. La Sale aura profité pour sa comédie des études qu'il avait faites dans l'intérêt de son roman, où nous voyons pratiquée dès le xve siècle cette rigueur du costume dont on aimait à faire le caractère distinctif de l'école moderne. Il paraît que nous n'avons pas inventé la conscience ; quant à ces expressions fastueuses de *couleur locale*, de *vérité dans l'art*, il n'y a pas de quoi se vanter.

Ainsi la date du xive siècle pour l'époque de la scène, en désaccord avec celle du xve pour l'époque de la composition, devient un indice confirmatif de l'hypothèse qu'Antoine de La Sale est le véritable auteur de la farce de Patelin.

Les actions de sa vie ne sont guère plus connues que la liste de ses œuvres.

On sait qu'il était né dans le duché de Bourgogne, en 1398, justement l'année où se fit en France la première représentation théâtrale.

Dans sa jeunesse il visita l'Italie. Lui-même nous apprend qu'il se trouvait à Rome en 1422.

Il y fit un second voyage dont on ignore la date précise ; mais nous savons qu'au retour il fut nommé viguier d'Arles et secrétaire de Louis d'Anjou, comte de Provence; lequel mort en 1434, La Sale passe au service du frère de son maître, le bon roi René, dont il éleva le fils aîné, Jean d'Anjou, duc de Calabre. C'est pour l'éducation de ce jeune homme qu'il composa le petit Jean de Saintré, comme Fénélon écrivit *Télémaque* pour le duc de Bourgogne.

Personne n'ignore la passion du roi René pour les arts en général, et particulièrement pour l'art dramatique ; le séjour de La Sale au milieu de cette cour artiste ne dut pas être sans influence sur le génie de l'auteur futur de Patelin.

Nous le retrouvons à Genappe dans la familiarité du dauphin Louis exilé par Charles VII. On l'entrevoit dans le cercle des conteurs des Cent nouvelles, tout juste autant qu'il faut pour y constater sa présence. A partir de là il disparaît, et si complétement, que l'époque de sa mort est ignorée. Ses biographes nous apprennent seulement qu'il vivait encore après l'année 1461. Cet homme si distingué, dont l'existence s'écoula dans les cours et à la suite des princes, réussit merveilleusement à mettre en pratique le précepte du sage : *Cache ta vie.*

Je conjecture que la comédie de Patelin fut composée en Flandre, pour amuser soit le duc de Bourgogne Philippe le Bon, qui accueillait l'auteur, soit le dauphin de France. Dans cette pièce conçue évidemment au point de vue de Paris, plusieurs endroits me semblent trahir les préoccupations involontaires d'un écrivain qui résiderait en Flandre momentanément.

Lorsque Patelin demande au drapier quel lé a son drap : — « Lé de Brucelle, » répond celui-ci. Genappe est à une lieue de Bruxelles.

Plus loin, le pauvre Guillaume, emporté par l'indignation, crie à madame Patelin : « Hé, *par sainct Gigon*, tu ne mens ! » Saint Gigon est la forme flamande du nom de saint Gengoult (1); Guillaume Jousseaume est donc Flamand ?

Aussi dans la scène du délire, chaque fois que Patelin vient d'employer un jargon, Guillemette le désigne : c'est du limousinois, du picard, du normand, du bas breton ; mais quand le patois flamand se montre à son tour (2), la Flandre par exception n'est pas nommée, comme si le poëte eût pris soin en cela d'éviter une inconséquence. En effet, comment faire dire sur le théâtre de Genappe : Ce patois

(1) *Annuaire de la Société de l'histoire de France* pour 1847, p. 68. La forme allemande est Wolfgang, prénom illustré par Gœthe et Mozart.

(2) Dans la tirade qui commence :

Wacarme liefve Gonedeman !

inintelligible, c'est du flamand? Il y aurait eu scandale d'abord, et puis contradiction flagrante.

En prenant 1460 pour l'année probable de la composition du *Patelin*, Antoine de La Sale aurait produit ce petit chef-d'œuvre à soixante-deux ans : Molière en avait cinquante-trois lorsqu'il donna le *Malade imaginaire*.

CHAPITRE II.

DES MANUSCRITS ET DES ÉDITIONS DE PATELIN.

Une circonstance remarquable s'expliquerait encore par cette date : c'est l'excessive rareté, pour ne pas dire l'absence de manuscrits de la farce de Patelin (1). L'imprimerie naissait, et depuis quelque

---

(1) On n'en connaît que deux complets et des fragmens d'un troisième, le tout d'une date relativement récente et d'une valeur au total assez médiocre. Le premier (sur vélin) paraît avoir servi de base à l'édition de 1762, donnée par le libraire Durand, qui y cousit un petit nombre de notes chétives dérobées à La Monnoye et mises en œuvre sans discernement.

Le second manuscrit (sur papier) a passé de la bibliothèque du duc de La Vallière à la Bibliothèque nationale, où j'ai pu

tems déjà la main de l'homme semblait fatiguée de copier laborieusement ce qu'une machine allait reproduire avec une rapidité et une précision incomparablement supérieures. D'un autre côté, quel besoin de fixer par l'écriture une œuvre dramatique confiée à la mémoire des comédiens? On ne lisait pas alors les pièces de théâtre, on les écoutait. Durant plusieurs années, la farce de Patelin, selon toute apparence, n'exista que par la tradition orale, ou par fragmens, dans les rôles à l'usage des acteurs. Lorsqu'on s'avisa de recueillir ces lam-

l'examiner. C'est l'œuvre tronquée et rajeunie en beaucoup de lieux d'une main du XVIe siècle ignorante et précipitée : il ne mérite aucune confiance. Je n'ai pu obtenir communication du premier manuscrit devenu la propriété de M. Taylor; les fragmens du troisième (également sur vélin) me sont connus par un travail de collation que M. de Monmerqué m'a confié avec un empressement et une bonne grâce dont je suis heureux de le remercier publiquement. Ces fragmens avaient été, il y a bien des années, communiqués à M. de Monmerqué par le libraire Crozet; j'ignore ce qu'ils sont devenus.

Un troisième manuscrit vient d'être découvert à la Bibliothèque impériale : il est sur papier, du XVe siècle et d'une exécution très soignée comme calligraphie, mais le texte ne paraît guère meilleur que celui de La Vallière. L'édition de 1490 vaut encore mieux que tout cela. Toutefois, pour la satisfaction des curieux, j'ai recueilli les principales variantes de ce manuscrit : on les trouvera à la suite de mes notes.

beaux pour en faire un livre, je crains qu'il ne fût déjà trop tard : la vogue même de la pièce avait dû lui être une cause perpétuelle d'altérations. Selon la province où ils récitaient, les comédiens remplaçaient un mot suranné par une expression courante; on changeait un proverbe, une rime, un vers devenu obscur; un changement en appelait un autre. Le bel esprit aussi se donna carrière : s'il y eut des vers supprimés, il y en eut d'interpolés; bref, il est difficile de croire qu'il existe aujourd'hui un texte de Patelin dans sa pureté native. Nous sommes obligés de nous en rapporter à l'édition la plus ancienne : mais quelle est la première édition de la farce de Patelin ? C'est encore une difficulté.

Une note de La Monnoye insérée dans l'*avis au lecteur* de l'édition de 1762 s'exprime ainsi : « Il » existe une édition de Patelin chez Pierre Le » Caron, *qui imprimait en* 1474, comme nous » l'apprend M. de La Caille. »

Là-dessus Flœgel bâtit la phrase suivante (1) : « Blanchet paraîtrait avoir composé cette farce en » 1480; mais La Caille cite une édition de Patelin,

---

(1) Geschichte der comischen litteratur, IV, 250.

» imprimée dès 1474 », et il met religieusement en note : « La Caille, *Histoire de l'imprimerie.* » On croirait qu'il l'a lu de ses propres yeux.

L'édition de P. le Caron existe, mais elle est sans date, et La Caille, « le plus inexact des écrivains que » nous ayons », dit Prosper Marchand, se trompe seulement lorsqu'il affirme que Pierre Le Caron imprimait en 1474. M. Brunet a démontré que cette date, qui se rencontre en tête de l'*Aiguillon d'amour divine*, de Pierre Le Caron, est une faute de typographie, et qu'il faut lire 1494, Pierre Le Caron n'ayant commencé d'exercer l'imprimerie qu'en 1489 (1).

La prétendue édition de 1474 est donc une chimère, et l'honneur d'être le premier livre français imprimé à Paris, avec date, reste aux *Chroniques de France*, publiées par Pasquier Bonhomme, en 1476.

La première édition réelle de la farce de Patelin est celle de 1490, par Germain Beneaut; c'est celle qui mérite le plus de confiance, ce qui ne veut pas dire que je la croie bonne. L'éditeur, dans beaucoup d'endroits, a imprimé sans comprendre. Par

(1) *Manuel du libraire*, I, 410, et lettre de M. Brunet, dans la bibliographie de Patelin qui termine ce volume.

exemple, quand il met *cabasser* pour *cabuser*, leçon qui fait un lourd contre-sens, et qui néanmoins a été maintenue dans les vingt-sept éditions subséquentes ; les *foureux* de Bayeux, pour les *foireux*, ce qui met un non-sens à la place d'une allusion historique ; *Renouart au tine*, pour *Renouart au tinel*, titre d'une vieille épopée romanesque. D'autres ont corrigé ici *Renouart ostiné* : c'étaient les Brunck et les Bentley de la philologie française au xvi° siècle. J'imagine qu'on les eût fort embarrassés de leur demander qui était ce Renouart et sur quoi portait son *ostination* (1). Je ne dis rien des vers estropiés, des mots oubliés, etc., etc.

Antoine de La Sale, ou l'auteur quel qu'il soit de la farce de Patelin, né au début du xv° siècle ou vers la fin du xiv°, et nourri de notre vieille littérature nationale, a jeté naturellement dans sa comédie nombre d'allusions inintelligibles aux gens de la renaissance, exclusivement préoccupés de grec et de latin. Par exemple, que Patelin, dans la scène du délire, feignît de prendre ce bon vieillard en cheveux blancs, Guillaume Jousseaume, drapier, pour le

(1) Durand (1762) a cru garder un juste milieu en adoptant *Renouart austiné*.

géant Renouard à la massue, cela pouvait faire rire ceux qui savaient par cœur les gestes de Renouart au Tinel; mais en plein xvie siècle, même à la fin du xve, qui se souvient des *chansons* du xiie ou du xiiie? Parlez d'Hercule ou de Polyphème à ce peuple pédant de la renaissance, il les connaîtra mieux qu'il ne ferait Renouart au Tinel.

Ces allusions étant ainsi obscurcies, que devient le comique de l'œuvre? La correction même du texte se trouve étrangement compromise : on ne sait plus ce qu'on imprime.

A l'exemple cité j'en ajouterai deux.

Patelin se vantant à sa femme de son esprit naturel par où il supplée au défaut d'éducation : Je me flatte, dit-il, de chanter au lutrin comme si j'eusse été à l'école

Autant que Charles en Espaigne.

Quel Charles? de quoi veut parler ici maître Pierre? Les annotateurs n'en ont rien su. Ce passage ne leur eût offert aucune obscurité si de notre tems le roman de Roncevaux fût resté dans toutes les mémoires, comme il y était encore à l'époque où ce vers fut écrit. En effet, le poëme de Theroulde débute par ces deux vers précieusement conservés dans les leçons rajeunies du XIII° siècle :

> Karles li reis, nostre emperere magne,
> *Set anz tuz pleins* ad ested en Espaigne.

La durée de l'expédition de Charlemagne contre les Sarrasins était une tradition populaire, et la périphrase de Patelin revenait à dire clairement : Je suis aussi habile que si j'eusse été sept ans à l'école.

Dans la scène où il feint d'avoir la fièvre chaude, Patelin s'écrie :

> Faites venir sire Thomas
> Tantost, qui me confessera.

Sire ou frère Thomas n'est point un personnage imaginaire dont le nom vienne ici pour le besoin de la rime : c'est un bon prêtre qui figure au XI° chant du charmant et spirituel *Baudoin de Sebourg*, poëme dont l'auteur malheureusement inconnu a servi de modèle à l'Arioste. L'histoire est un peu longue, mais je suis persuadé qu'elle n'ennuiera point.

Sire Thomas est le grand pénitencier du couvent des chrétiens de Bagdad. Les païens, voulant ruiner le couvent, vont trouver le calife et lui suggèrent de réclamer une pierre sur laquelle reposait autrefois le corps de Mahomet, et qui se trouve actuellement enfermée au sein d'un pilier qui soutient l'édifice entier du monastère. Le calife, bien instruit de sa leçon, appelle maître Thomas :

> Li califes manda le boin maistre Thumas.
> Ichius maistres Thumas estoit un boins prod'homs :
> Prestres fu couronnés (1), si cantoit les lichons,
> Les enfans baptisoit et rent confessions.

Le calife demande la pierre ; maître Thomas, bien empêché, offre de l'argent en échange, mais le calife ne veut entendre à aucun accommodement : il lui faut la pierre même, la pierre et point d'argent.

Maître Thomas, fort affligé, retourne à son couvent. Il fait sonner la cloche : les chrétiens s'assemblent. Maître Thomas monte dans sa chaire à prêcher et communique à ses frères la requête perfide du calife : — Nous ne pouvons tirer cette pierre du pilier sans faire écrouler notre clocher et tout le monastère avec ; et si nous ne la livrons pas dans huit jours, le calife fera raser notre maison par les Sarrasins et nous mettra tous à mort ! — Ici l'auditoire fond en larmes ; le bon père Thomas continue :

(1) Tonsuré.

Qui veut tuer son chien l'accuse de la rage. Mais voici mon avis : confessez-vous tous, ensuite jeûnons et mettons-nous en prière au pied du crucifix, et je suis bien sûr *que Dieu confortera toute la compagnie* :

> Prendez confessions trestous a une fie :
> De boin cœur repentant chascuns ses pichiés die ;
> Quant l'assolution nous serat ottroïe,
> Mettons nous à genoux, pour Dieu je vous en prie,
> Devant le crucifix et la Vierge Marie.
> Et jou sui bien chertain, et si le vous affie,
> Se nous sommes loial et gent de bonne vie,
> Que Diex confortera toute la compaignie.

En effet, on se rend à l'avis de maître Thomas, et, au bout de trois jours passés en prière, la fatale pierre s'élance d'elle-même hors du pilier à la vue de tous les assistans confondus. — Et ne croyez pas, dit en terminant le poëte, que je vous conte ici des fables : la preuve du miracle, c'est qu'on montre encore la pierre ; et qui ne veut m'en croire, je le prie d'y aller voir :

> Qui croire ne m'en veut, si y voist, car je l'en prie.

Les païens cependant ne se tiennent pas pour battus. Le calife endêve (*le sens cuide desver*). Il accuse les chrétiens d'être des enchanteurs, et il s'avise d'un autre tour. Il fait revenir le père Thomas, et lui tient à peu près ce langage :

— Père Thomas, il est écrit au livre de votre loi que qui aura de la foi comme un grain de sénevé, il transportera des montagnes. C'est mot d'évangile. Or, j'ai devant mes fenêtres le mont de Thir qui me bouche la vue ; entre cent chrétiens que vous êtes dans votre couvent, vous pouvez bien avoir de la foi gros comme un grain de sénevé ? Faites-moi donc le plaisir de transporter le mont de Thir une demi-lieue plus loin dans la vallée de Joachin qu'il occupe. Si vous y manquez, je vous ferai tous brûler. Allez !

Le désolé père Thomas répond au calife : — Hélas ! le vent finit par amener la pluie ! vous nous ferez donc mourir, car nous aurons beau faire, la montagne ne bougera certes point !

> Las ! dist maistre Thumas, vous nous ferez mourir
> Sans cause et à grant tort, car le haut mont de Thir
> Ne se mouvera ja, quoi qu'il doive avenir (**1**) !

(1) Il est curieux de rapprocher ce passage d'un poëme du xIv^e siècle, de la douzième *Lettre sur les miracles*, que publiait Voltaire en 1765.

Monsieur le proposant ayant lu à madame la comtesse ce

De retour au couvent, il sonne encore la cloche et communique à ses frères assemblés la volonté du calife. — Notre fin est arrivée, dit-il naïvement, car le mot de l'Évangile sorti de la bouche de Jésus-Christ nous mettra dans le feu. Nous sommes perdus ! Confessez-vous donc afin de mourir en bons chrétiens et d'aller au moins en paradis ! — La confession est toujours la ressource du père Thomas.

On se confesse, on pleure ; on fait une belle procession, le père Thomas en tête chantant les litanies. Mais tout cela n'avançait point les affaires, lorsqu'on a l'heureuse idée de recourir à Baudouin de Sebourg qui se trouvait alors dans ces quartiers. On va le chercher ; tout le monde s'agenouille. Bau-

même passage de l'Évangile, que le calife cite au père Thomas : — « Voilà une belle occasion, dit-elle, de convertir monsieur » mon mari. Nous avons ici près une montagne qui nous cache » la plus belle vue du monde. Vous avez de la foi plus qu'il n'y » en a dans toute la moutarde de Dijon qui est dans mon office ; » j'ai beaucoup de foi aussi : disons un mot à la montagne, et » sûrement nous aurons le plaisir de la voir se promener dans » les airs, etc. » (VOLTAIRE, édit. Beuchot, I, 42, p. 233.)

L'essai est le même, mais le dénouement trahit toute la différence du XIVe siècle au XVIIIe. Il n'en est que plus piquant de voir comment ont pu se rencontrer Voltaire et un trouvère du moyen âge, séparés par quatre cents ans d'intervalle.

douin prie au milieu de la foule, et bien que ce brave guerrier ne soit pas un saint, il fait partir la montagne ! On la voit, toute couverte de ses forêts, voler à travers les airs *comme un tarin*, et s'aller asseoir à plus d'une demi-lieue, telle absolument qu'elle était partie ; et cela se fit dans l'espace de tems qu'il faut à un bon compagnon pour avaler un verre de vin :

> Et fut ossitost fait, che tesmoigne latin,
> Qu'uns boins compains aroit but demi lod de vin !

Le calife était dans sa chambre avec tous les princes de sa maison ; il regardait par la fenêtre dans le jardin, quand il vit passer la montagne : — Seigneurs, s'écria-t-il tout d'un coup, par Mahomet que j'adore, voilà les diables qui emportent le mont de Thir !...

> Seignour, par Mahomet que j'aour et tieng chier,
> Le mont de Thir emportent li deable d'infier !

Il en conçut une telle frayeur, qu'il s'évanouit, et, revenu de pamoison, se convertit et se fit baptiser.

Je suis à dessein entré dans le détail de cet

épisode pour appeler l'attention sur un des trésors enfouis de notre vieille littérature. Je suis persuadé que si le Baudouin était aussi connu que l'est le Roland furieux, la France n'aurait plus sujet d'envier l'Arioste à l'Italie, mais au contraire serait en mesure de prouver que le génie de l'Arioste avait eu en France un précurseur et probablement un modèle.

Le Baudouin fut écrit dans les premières années qui suivirent la mort de Philippe le Bel (1314), sous Louis Hutin, qui ne régna que deux ans, ou sous Philippe le Long, qui remplaça son frère en 1316 (1). C'est un poëme infiniment curieux, non seulement par rapport aux mœurs et au style, mais aussi à cause de cet esprit voltairien qui étincelle à chaque page. La satire contre l'avarice de Philippe le Bel, le faux monnayeur, est aussi directe, aussi incisive qu'elle aurait pu l'être sous la plume des philosophes du xviiie siècle. Il est impossible que cette œuvre, aujourd'hui si profondément ignorée,

(1) Le poëte dit à son auditoire :

Se me volez oïr, je vous puis desrengner
Jusqu'au biau roi Philippe de France l'héritier,
Voire jusqu'aujourd'hui, s'en avez desirier.

(*Début du chap.* xxii).

n'eût pas obtenu en son tems un succès immense ; et quand cet impudent railleur de Patelin demande qu'on lui fasse venir pour la frime (*pour le frimas*) sire Thomas afin de se confesser à lui, on voit tout ce que ce nom seul réveillait dans la pensée des spectateurs du xv® siècle. Quant à nous, nous passons sur ce vers sans y soupçonner la moindre intention comique.

Combien de traits pareils sont répandus dans toute la pièce qui nous échappent comme ils échappaient déjà au xvi® siècle, parce que la tradition littéraire a été rompue ! Par exemple, tous ces divers jargons de la scène du délire n'avaient-ils pas d'autre comique que leur effet baroque ? Je n'en crois rien : au fond, derrière ces mots patois, on entrevoit quelque plaisanterie cachée. Il faudrait pouvoir déchiffrer le sens et rendre compte des citations, des rapprochemens, des refrains, des adages déguisés sous ces lambeaux de baragouin. J'espère qu'un jour nos érudits français appliqueront ici leur labeur, quand ils seront las de tourmenter stérilement la fameuse scène du *Pœnulus*.

Admirons, en attendant, l'énergique vivacité de l'esprit gaulois se révélant à une si haute puissance aux xiv⁰ et xv⁰ siècles. Mais ces œuvres des précurseurs inconnus de La Fontaine, de Molière et de Voltaire ont été presque subitement offusquées par les nuages de l'érudition grecque et latine. C'est à peine si nous pouvons aujourd'hui en deviner la forme et en suivre les contours à travers l'épais brouillard qui les sépare de nous et qui les voilait aux regards de la renaissance. La renaissance, tout éblouie de l'éclat de Rome et d'Athènes, ou ne regardait pas les produits de la terre natale, ou ne savait plus en goûter la saveur.

Toutefois cela ne doit s'entendre que d'une manière générale et du gros du public ; car au contraire, parmi les écrivains d'élite et les plus spirituels du xvi⁰ siècle, on tient à honneur de posséder son Patelin, et les allusions à cette excellente comédie sont une friandise dont Rabelais, Verville, Noël du Faïl, Bourdigné, Marot, Coquillart et jusqu'à Pierre Gringoire se piquent d'assaisonner leur style. Il est arrivé à la farce de Patelin comme aux pièces de Molière, d'entrer tout à coup dans la popularité, et si profondément, qu'elle a laissé dans la langue des empreintes ineffaçables. Pasquier a fait un chapitre exprès des mots et façons de parler qui dérivent de cette origine (1) : il a relevé *patelin, pateliner, patelinage, payer en baye, revenir à ses moutons*, et quelques autres ; mais il en a oublié. Pour exprimer un homme subtil et qui en sait long, on disait proverbialement : *il entend son patelin ; jargon patelin ; parler patelin* ou *patelinois*. « Mon amy, dit Panta- » gruel à l'escholier limousin, parlez-vous christian » ou pathelinois ? » Ce qui nous montre que dès ce tems, la scène où Patelin parle divers langages était réputée inintelligible. Pierre Gringoire, dans les *Feintises du monde* :

> Tel dit : venez manger de l'oye,
> Qui cheuz luy n'a rien d'appresté.

> Tel sait bien faire une maison,
> Qui ne sauroit faire un moulin ;
> Tel a l'argent par beau blason,
> Qui n'entend pas son Pathelin.

Le *pathelinois* était dit comme le *cornillois* dans Eutrapel, le *lanternois* dans Rabelais, c'est-à-dire le jargon des corneilles, celui de l'île des Lanternes ; mais on n'a pas remarqué, que je sache, que le *patelinois* nous avait laissé, en se contractant, le *patois*, auquel je ne saurais assigner d'autre étymologie :

(1) *Recherches*, liv. VIII, chap. LIX.

> L'âne, qui goûtait fort l'autre façon d'aller,
> Se plaint en son *patois*.....

se plaint en son patelinois, en son jargon à lui seul intelligible.

Sur quoi j'observe que déjà en 1549, Eutrapel emploie cette forme resserrée du mot : « aller ron-
» dement à la besogne et parler son vray *patois* et
» naturel langaige (1). »

(1) Balzac faisait venir patois de *patavinitas*, et Chevreau de *patacinus*. C'était aller chercher bien loin ce qu'on avait sous la main, mais c'était la mode de leur tems, qui n'est pas tout à fait perdue dans le nôtre. Toutefois Chevreau suspectait la vérité de ces étymologies : « Nous pourrions bien, monsieur,
» nous estre trompés, vous, quand vous avez cru que nostre *patois*
» vient de *patavinitas*, et moi, quand j'ai dit qu'il venoit de *pa-*
» *tacinus*, αὐτόχθων, *indigena*. C'est ainsi, monsieur, sur un
» faux principe que nous avons fait venir mon *patacinus* et vostre
» *patois*, de la *patavinité* dont Asinius Pollion a fait un reproche
» à Tite-Live, comme s'il avoit parlé son provincial ou son pa-
» douan, etc. » (*OEuvres meslées de M. Chevreau*, p. 423.) La suite est employée à montrer que la *patavinité* de Tite-Live n'a point rapport à son style, mais à ses opinions politiques, à sa partialité pour Pompée contre César, cette préférence étant l'opinion reconnue de la ville de Padoue, patrie de Tite-Live. Asinius Pollion, au contraire, tenait pour César. Si Scaliger eût connu cette explication il n'eût point dit : « Tout le monde
» parle de la patavinité de Tite-Live, et personne n'a jamais dit
» en quoi elle consiste. » (*Scaligerana*.) Du reste, Chevreau ne s'occupe plus de rechercher la vraie étymologie de *patois*.

Une autre allusion subsiste dans cette phrase populaire : *Allez voir chez nous si j'y suis*. Regnard l'a conservée dans *le Distrait* :

ISABELLE.
Je parais toute sotte alors qu'on me querelle
Et cela me maigrit.
MADAME GROGNAC.
Taisez-vous, péronnelle !
Rentrez, et là dedans allez voir si j'y suis.
(Acte I, scène IV.)

C'est un souvenir de la scène où le pauvre drapier, confondu par la présence de l'avocat qu'il vient de quitter à l'agonie, s'écrie en sa perplexité désespérée :

Ha ! je vais voir en vostre hostel
Par la sang bieu, se vous y estes.
Nous n'en débattrons plus nos testes
Icy, se je vous treuve là.
PATELIN.
Par nostre dame, c'est cela !
Par ce point le saurez vous bien.

Le mot du drapier n'est point invraisemblable, étant arraché par la force de la situation. Au fond, le moyen de contrôle qu'il propose est excellent ; l'expression seule est ridicule par un excès de naïveté dont la passion n'a pas le tems de s'apercevoir. De là jaillit le comique, et le sang-froid de la réponse de Patelin le met encore en relief. Le peuple, bon connaisseur, a recueilli le trait et en a fait un dicton trivial dont les érudits n'auraient pas dû laisser perdre l'origine.

Mais la chaîne de la tradition, qu'aujourd'hui nous cherchons à renouer, était à la fin du xvie siècle complétement brisée. Voici, par exemple, comment l'auteur des *Proverbes françoys*, imprimés à la suite du dictionnaire de Nicot (1606), expose l'origine de cette phrase : *Retournons à nos moutons*.

« L'origine d'iceluy est pris des bergers, lesquels
» s'esgayans par les campagnes, folastrent quelque-
» fois et dansent dans les prairies cependant que
» leur bétail paist. Et comme ils craignent que les
» loups ne jouent leur personnage d'un autre costé,
» bien souvent ils s'advisent que leur troupeau est
» à l'abandon et disent *retournons à nos moutons*.
» A cela peut responde ce vers de Virgile :

» Claudite jam rivos, pueri, sat prata biberunt. »

Le même auteur, sur ces trois verbes *villonner, pateliner, pindariser*, fait ce bref commentaire : « Ces verbes sont contrefaits sur les noms propres » de certains hommes *de nostre siècle*, desquels il

» faudroit insérer icy les choses de leur vie pour
» avoir intelligence desdits verbes. »

La renaissance perdit la philologie française, ou du moins l'ajourna pour longtems. Avec le xvie siècle commence cette école dont Ménage fut le coryphée au siècle suivant, et qui se continue glorieusement de nos jours, dans laquelle, lorsque l'érudition fait défaut, on lui substitue sans hésiter, non pas de timides conjectures, mais les affirmations les plus hasardées et au besoin les plus absurdes ; le public accepte tout.

Aussi voyons-nous dès 1532, et peut-être plus tôt, se succéder les éditions qui annoncent le Patelin *restitué* ou *remis* ou *reduict en son naturel* (1). Cette indication ne signifie pas un texte rétabli sur des manuscrits authentiques ou conformes à l'édition *princeps;* non, le tems de la critique n'était pas encore venu pour les monumens de notre langue. L'éditeur n'entend promettre qu'un texte nettoyé de la rouille de l'âge, éclairci et ramené par des corrections arbitraires à portée de l'intelligence de tous les lecteurs. Il n'y a donc rien ou presque rien à tirer

(1) L'édition de Galliot du Pré (1532) est la première de ces éditions datée.

de ces variantes sans autorité, mais il en résulte ce fait utile à signaler, que le xvi° siècle regardait la farce de Patelin comme un très ancien ouvrage, dont la langue, pour être comprise, avait besoin d'être rajeunie en beaucoup d'endroits. Pasquier, dont les *Recherches* parurent en 1546, compare doctement la farce de Patelin aux poëmes d'Ennius; la légende de Pierre Faifeu, achevée en mars 1531, relègue Patelin parmi les antiquailles de la Bibliothèque bleue, qui doivent céder la place aux productions de l'esprit moderne. Les vers de Bourdigné sont bons à citer; le poëte s'adresse aux *nobles esprits, ardus, scientifiques* :

> De Pathelin n'oyez plus les cantiques,
> De Jean de Meun la grant joliveté,
> Ne de Villon les subtiles trafficques,
> Car pour tout vray ils n'ont que nacqueté.
> Robert le Diable a la teste abolie;
> Baccus s'endort et ronfle sur la lie;
> Laissez ester Caillette le folastre,
> Les quatre filz Aymon vestus de bleu,
> Gargantua qui a cheveux de plastre (1),
> Voyez les faits maistre Pierre Faifeu.

(1) Il ne s'agit pas ici du roman de Rabelais, qui n'avait pas encore paru, mais d'un ancien roman intitulé : *les Chroniques de Gargantua*, dont il existe une édition faite à Lyon justement

L'envieillissement rapide du style et du langage de Patelin n'est pas un fait isolé.

Ce même La Sale avait rédigé entre 1438 et 1447 des mélanges d'histoire et de morale intitulés bizarrement *la Salade* (1). Dans le privilége de la première édition donnée par Philippe Lenoir, en 1521, il est énoncé que le libraire « fit traduire l'ouvrage » en bon stille commun et bon françois. » Ainsi, en 1521, un texte âgé de soixante ans, l'ouvrage d'un des plus habiles écrivains du xvᵉ siècle, n'était plus écrit en bon français ; il ne pouvait plus se lire dans sa pureté originelle : il fallait le retoucher.

Autre exemple. La reine de Navarre, sœur de François Iᵉʳ, meurt en 1549, laissant inachevé son recueil de nouvelles à l'imitation de Boccace. Dix ans plus tard, son secrétaire Claude Gruget publie la première édition des *Contes de la reine de Navarre*,

en cette même année 1532. (Voy. BRUNET, *Manuel du libraire*, IV, p. 1, et la notice du même auteur sur deux anciens romans intitulés : *les Chroniques de Gargantua*.)

Les vers de Bourdigné nous font connaître que la Bibliothèque bleue existait de son tems, et que dès lors *Gargantua* en faisait partie avec *Robert le Diable* et les *Quatre fils Aymon*.

(1) On lit au folio 2 (recto) : « Jean Michel, presentement » evesque d'Angiers. » Or, l'épiscopat de Jean Michel se renferme entre 1438 et 1447. (Voy. le *Gallia christiana*.)

ayant bien soin d'avertir sur le titre qu'ils sont *remis en beau langage*. En dix ans, la Marguerite des marguerites s'était trouvée ne plus parler le beau langage ; la fleur du langage français s'était fanée, ou plutôt transformée.

Notons bien cette rapidité de mouvement dans la langue française courant à sa perfection. Le xvie siècle est déjà loin du xve ; le xviie n'a pour le xvie que du mépris, et met sa gloire à s'en séparer, à l'ignorer. Mais, parvenu à ce point, l'élan s'arrête et tout change : le xviiie siècle est pour son prédécesseur plein de respect et d'admiration ; et aujourd'hui, après deux cents ans révolus, le génie de Pascal et le génie de Molière n'ont pas au front une seule ride.

Je laisse aux philosophes le soin de conclure.

L'édition de 1490 a donc servi de base à la mienne ; c'est celle que j'ai suivie quand je n'ai pas été forcé de m'en écarter, auquel cas j'avertis du changement et le motive (1). J'ai gardé soigneusement certaines bizarreries ou inadvertances d'orthographe qui sont aujourd'hui des témoins de la prononciation du tems, car c'est un point dont l'im-

(1) Voyez p. 353, § II.

portance sera de plus en plus reconnue à mesure qu'on pénétrera davantage dans l'étude de la littérature du moyen âge. L'auteur du Patelin fait rimer ensemble *rude* et *cuide* (vers 673) :

> Et comment estes vous si *rude?*
> Vous veez clerement qu'il *cuide*
> Que vous soyez phisicien.

On prononçait *cude*; la preuve en est qu'au vers 705, ce verbe est écrit sans *i* :

> Car je *cudoye* fermement.

Larmes avec *fermes*, au vers 495 :

> Mais pleureray à chaudes *larmes.*
> — Il nous fault tous deux estre *fermes.*

Ici l'usage permettait d'accommoder chacun des deux mots à l'autre : on avait le choix ou de prononcer *lermes* pour rimer à *fermes*, ou de prononcer *farmes* pour rimer à *larmes*. Les livres, soit manuscrits, soit imprimés, du xvie siècle, attestent cette promiscuité continuelle de l'*a* et de l'*e*, et le langage des paysans de Molière, de Regnard, de Dancourt, y est conforme.

La notation *en*, qui sonne aujourd'hui tantôt *an*, tantôt *in*, sonnait alors toujours et partout *an*, d'où vient que les noms propres latins, comme *Appianus*,

Marcianus, représentés en français par *Appien*, *Marcien*, sonnaient *Appian*, *Marcian*. C'est pourquoi aussi vous voyez dans Patelin *céans* rimer avec *phisiciens* (vers 691) :

> Moult de gens pourroient gloser
> Que vous venez pour moy *ceans*;
> Alez hors. Les *phisiciens*
> Viendront icy...

Je n'ai pas dû écrire *phisicians*, par un *a*.

Au vers 341, *paye* rime avec *voye*, parce que la prononciation de l'*oi* était fermée presque comme *oué*, prononciation qui subsiste en Picardie, par exemple, où l'on dit une *armouére*, le poëte *Bouéleau*. Ç'a été jadis la prononciation générale; la cour de François Ier prononçait : *Fransoués*, *étouéles*. Mellin de Saint-Gelais fait rimer *étoile* avec *mademoiselle*, *est-ce* avec *paroisse*, etc. Je cite Mellin de Saint-Gelais, je pourrais citer tous les poëtes du XVIe siècle. Pour le dire en passant, cela montre l'inanité des disputes sur les imparfaits écrits par *ois* ou par *ais*, et donne gain de cause à l'orthographe de Voltaire (1). Pourquoi, lorsque la prononciation

(1) Cette innovation contre laquelle on a tant déclamé, il s'en trouve de nombreux exemples dans le manuscrit du Livre des Rois, du Xe siècle! Fiez-vous donc à ces docteurs!

a changé, maintenir une orthographe qui peignait l'ancienne prononciation? Cette thèse, au surplus, ne compte aujourd'hui que peu de défenseurs et sans autorité sérieuse.

Il est également remarquable de voir accoupler *visage* et *saige* (vers 823) :

> Je voy bien à vostre *visage*,
> Certes, que vous n'estes pas *saige*.

Les éditions plus récentes ont raccommodé cette rime en écrivant de leur autorité privée *visaige;* mais l'édition de 1490 porte bien en cet endroit *visage*. Je l'ai rétabli, car on en peut conclure que si jamais on a prononcé *saige* et *visaige*, dès le xve siècle on prononçait déjà *sage* et *visage*.

La mesure des vers donnerait matière à des observations pareilles. Je n'ai point cherché à la rétablir en prenant pour règles nos habitudes modernes. Par exemple, au vers 572 :

> Vous disiez que je parlasse...

peut-être faut-il lire « vous *me* disiez », mais peut-être aussi *disiez* est-il compté pour trois syllabes (1).

(1) C'est le plus probable. Voyez la note sur ce vers.

Par malheur, on a droit de soupçonner dans l'édition de 1490 beaucoup de fautes d'omission et de commission; mais souvent j'ai préféré m'abstenir, d'autant que les restitutions que j'aurais faites par conjecture, tout le monde les pourra faire. Je me suis contenté de signaler par un astérisque les vers très rares où la mesure peut donner lieu à quelque doute.

CHAPITRE III.

TRADUCTIONS ET IMITATIONS DE PATELIN.

La farce de Patelin a obtenu les honneurs de la traduction latine au commencement du xvie siècle. Un jurisconsulte allemand, nommé Alexandre Connibert, publia en 1512 : *Patelinus alias veterator, comœdia nova, ex peculiari lingua in Romanum traducta eloquium* (1).

(1) Paris, Guill. Eustace, in-16, goth., 1512. Une seconde édition par Simon de Colines en 1543. L'épithète *nova* ne doit s'entendre que de la version.

Cette version en vers ïambiques réunit avec assez de bonheur la fidélité de mots et une certaine élégance scholastique; mais l'auteur a eu la funeste idée d'intercaler un personnage qu'il appelle le plaisant, *Comicus*. C'est un vrai loustic de régiment qui ne quitte pas un moment la scène, et cependant ne prend aucune part à l'action. Invisible aux autres acteurs, il est là pour faire tout haut ses réflexions, pour mêler au dialogue ses plaisanteries particulières ou ses remarques de goût; il représente la conscience et l'intelligence du spectateur. L'exécution est encore pire que la conception : — « Voilà qui est très plaisant! » — « Je n'ai jamais vu de farce plus drôle! » Le marchand parle-t-il de cacher ses écus : — « Pleurez, pauvres écus! vous allez subir une longue éclipse! » — Tu fais le rimeur en prose, dit Patelin à son client : — « Ce n'est pas de la prose, ce sont des ïambes! » — Il crie, dit quelqu'un, comme si le ciel tombait. — « Ah! si le ciel tombait, que d'oiseaux seraient pris! » Voilà les affreuses platitudes que le jurisconsulte Connibert prend pour d'agréables saillies pleines de sel attique.

J'étais curieux de voir comment il se serait tiré de la scène du délire, et s'il aurait traduit les cinq ou six patois successivement employés par Patelin. J'espérais que plus rapproché de l'origine, le traducteur aurait pu comprendre ces tirades et nous en donner le sens, sinon exact, du moins traditionnel. Mais mon attente s'est trouvée déçue : toute cette scène est tronquée. On se contente d'y rappeler les premiers vers de chaque jargon. Il paraît que dès 1512 on n'entendait plus rien à ces divers langages.

Je vois encore à la manière dont il traduit certains endroits, que Connibert n'avait pas entre les mains un meilleur texte que les nôtres : il traduisait sur une des éditions qui nous sont parvenues. Par exemple, dans ce passage :

> Et cest advocat *portatif*.....
> Et tient il les gens pour Guillaumes?

plusieurs éditions mettent : avocat *potatif*, par une faute d'intelligence ou de typographie. Le traducteur ne s'en aperçoit pas : il s'imagine que *potatif* est tiré du latin *potare*, et que le drapier traite ici Patelin d'ivrogne :

> Et advocatus is
> **Potor bonus** credit ne me stultum fore (1)?

---

(1) Il faut reconnaître pourtant que le vers 1522 pourrait excuser jusqu'à un certain point cette leçon, et par conséquent la traduction.

Avant ce Connibert et dès la fin du xv⁰ siècle, la farce de Patelin avait été imitée en Allemagne par le célèbre Jean Reuchlin, qui en fit également une comédie latine. Il faut observer que Reuchlin était venu deux fois en France, la première fois en 1473, comme compagnon du jeune Frédéric, fils du margrave de Bade et depuis évêque d'Utrecht ; il étudia à Paris la grammaire sous Jean de la Pierre, la rhétorique sous Robert Gaguin, et le grec sous Grégoire Typhernas. On retrouve Reuchlin élève en droit à Orléans en 1478, et à Poitiers, où il se fit recevoir licencié en 1481. C'est durant ce double séjour dans notre pays que Reuchlin dut connaître la farce de Patelin ; probablement il l'avait vu représenter.

Retourné dans sa patrie, il fit jouer par ses élèves une comédie en vers latins et en cinq actes, le 31 janvier 1497, à Heidelberg, en présence et dans le palais même de Jean Camerarius Dalbourg, évêque de Worms, qui régala les acteurs de bagues et de pièces d'or. Je noterai en passant que c'est ici le premier exemple d'une de ces comédies de colléges dont les jésuites adoptèrent si vivement l'usage. On sait à quel point les Jésuites furent possédés de cette passion de faire jouer la comédie à leurs écoliers ; c'était devenu l'un des caractères essentiels de leur enseignement : ils composèrent pour cet objet des centaines de pièces. Il n'est peut-être pas indifférent d'observer que le point de départ et la source d'inspiration des bons pères, ce fut le Patelin.

Voici un aperçu de la comédie de Reuchlin. Un paysan appelé Hennon, furetant dans la crèche de ses bestiaux, a déniché le trésor de sa femme : une bourse de huit écus ! Il s'en empare bien vite, et envoie à la ville son valet Dromon lui acheter du drap avec cet argent, tandis que la fermière désolée, en compagnie de sa voisine, va consulter le devin pour découvrir le sort de ses pauvres écus.

Le fripon de valet achète le drap, mais à crédit ; puis il dit à son maître : — Le marchand a voulu vous apporter lui-même le drap que je lui ai payé. De cette façon il garda tout : argent et drap.

L'explication ne tarda pas à s'ensuivre : le drapier, furieux, traduit le valet en justice. Ici commence l'imitation de la pièce française.

Dromon confesse tout à son avocat, lequel, pour

plus de conformité, se nomme Pierre, comme Patelin. L'avocat se charge de tirer d'affaire le voleur, à condition d'avoir sa part du larcin : deux écus. Soit. — Je dirai que tu as l'oreille dure et que tu es muet ; toi, à tout ce qu'on te pourra dire ou demander, ne réponds que *ble, ble, ble*. Venus au pied du tribunal, la scène se passe comme dans la pièce française : le juge Minos persiste à interroger le prétendu muet, qui pratique fidèlement la leçon de son avocat et se voit acquitté.

Au cinquième acte vient naturellement la dernière scène d'Agnelet et de Patelin. A toutes les réclamations de l'avocat pour arracher les deux écus promis, Dromon ne répond que *ble, ble, ble*.

Le fourbe est dupé par un plus fourbe que lui. Il y a un dénouement postiche qui tombe des nues : Dromon confesse toute l'affaire à son maître et à sa maîtresse, et il épouse leur fille dont il était amoureux.

Il serait superflu sans doute d'insister sur la faiblesse de cette imitation décolorée. Reuchlin n'a pas su même transporter dans sa copie le trait le plus comique de son modèle, celui qui est demeuré proverbe : la confusion du drap et des moutons. En revanche, il larde au travers de sa chétive intrigue des chœurs à la manière antique. Cette association de l'art grec à la naïveté du moyen âge ne suppose pas un goût bien raffiné ni une profonde intelligence de l'un ni de l'autre. Reuchlin pouvait avoir trente-deux ans lorsqu'il composa ce pastiche prôné à son apparition comme un chef-d'œuvre et un miracle. Il s'en fit en dix-huit ans (1497 à 1515) neuf éditions, qui furent suivies de beaucoup d'autres. J'ai sous les yeux celle de 1519, à laquelle un certain Jacques Spiegel, de Schélestadt, attacha un commentaire vingt fois au moins plus volumineux que le texte : *rudis indigestaque moles*. Dans ce chaos pédantesque d'archéologie, de philologie, de philosophie, de droit, de grammaire et d'enthousiasme, Jacques Spiegel cite abondamment Aristote, Homère, Ulpien, Virgile, Hippocrate, Tertullien, Festus, Columelle, tout l'univers, excepté, bien entendu, la pièce intéressante, c'est-à-dire *la farce de Patelin*. C'est le seul livre qu'il ne connaisse pas, ou ne veuille pas connaître. On est tenté de lui crier à chaque instant : Eh ! pédant, *dic, quæso, de tribus capellis !* — revenons à nos moutons.

Patelin ne voyagea pas plus heureusement en Italie qu'en Allemagne. On trouve dans le Domenichi l'histoire d'un berger qui, ayant voulu frauder la douane, voit son troupeau confisqué par les douaniers. Le pauvre homme a recours à un illustre nommé Luca Gallina. Par les conseils de ce Gallina, le berger cité en justice, au lieu de répondre aux charges de l'accusation, regarde en l'air et se met à siffler. Gallina plaide la folie de l'accusé et gagne. Lorsque ensuite il réclame ses honoraires, son client se remet à siffler ; l'autre prend patience, « maledi- » cendo la malvagita del villano e replicando più » volte il detto di quel Greco : *Maledictus corvus* » *qui tam malos genuit pullos* (1). »

Cette historiette, fort platement contée, prouve au moins que Domenichi, mort en 1564, avait connaissance de la farce de Patelin, qu'il se garde bien de citer en la défigurant.

Je ne parlerai guère que pour mémoire de deux imitations de la farce de Patelin en français ; toutes deux, à mon avis, postérieures de beaucoup à l'original, et plus inférieures encore en mérite.

(1) Domenichi, *Facetie, motti e burle*, Venetia, appresso Domenico Farri, 1568, p. 226.

L'une s'intitule *le Testament de Pathelin*, à quatre personnages, c'est à sçavoir : Pathelin, Guillemette, l'apothicaire et messire Jean, le curé. L'autre, *le Nouveau Pathelin*, à trois personnages, qui sont Patelin, le pelletier et le prêtre.

Dans la première nous voyons Patelin devenu vieux, toujours occupé de sacs et de procès, tomber malade entre les bras de sa femme. L'apothicaire lui apporte des drogues; messire Jean vient lui donner les sacremens, et il meurt après avoir fait un testament satirique dans le genre de celui de Villon. Cette forme de plaisanterie fut longtems à la mode et paraît avoir été très goûtée de nos bons aïeux du moyen âge. Il est aisé de voir que c'est ici le bel endroit de la pièce, composée tout exprès pour amener ces excellentes railleries :

> Après à tous bons gaudisseurs
> Bas percez, gallans sans soucy,
> Je leur laisse les roustisseurs,
> Les bonnes tavernes aussy.

> Aussy aux quatre grans convens,
> Cordeliers, Carmes, Augustins,
> Jocopins, soient hors ou soient ens,
> Je leur laisse tous bons lopins.

Item, je donne aux filles Dieu,
A saint Amant et aux béguines (1)
Et à toutes nonnains le jeu
Qui se fait à force d'eschines.

Item, je laisse à tous sergens
Qui ne cessent jour et sepmaine
De prendre et de tromper les gens,
A tous une fiebvre quartaine.

A tous chopineurs et yvrongnes
Noter je vueil que je leur laisse
Toutes gouttes, crampes et rongnes,
Au poing, au costé, à la fesse. Etc...

Le nouveau Patelin est moins mauvais : il y a de l'esprit dans les détails, l'idée en est prise du second chapitre des *Repues franches :* « *la manière comment* » *ils eurent du poisson.* » Tout le monde connaît cette industrieuse friponnerie de maître Villon s'en allant acheter une provision de marée, et mettant le porte-panier aux prises avec le pénitencier de Notre-Dame, qui s'imagine avoir affaire à un fou et veut à toute force le confesser, tandis que l'autre réclame obstinément le prix de son poisson. Le qui-pro-quo avait été préparé par Villon qui s'esquive et court se

(1) Ce vers semble indiquer que l'auteur était Flamand.

régaler et rire avec ses amis aux dépens de l'une et de l'autre dupe :

> C'estoit la mère nourricière
> De ceulx qui n'avoient point d'argent ;
> A tromper devant et derrière
> Estoit un homme diligent !

A Villon substituez Patelin ; au marchand de poisson, un pelletier ; le personnage du prêtre demeure comme dans le conte, et vous avez la *farce du nouveau Pathelin*. La première partie en est calquée servilement sur l'ancien Patelin, moins le rôle de Guillemette qui disparaît ici. Le patelinage auprès du pelletier pour emporter ses fourrures à crédit est le même exactement qui avait escroqué son drap à Guillaume Jousseaume. Patelin se forge de même une parenté avec sa victime ; il l'invite de même à dîner, seulement l'oie proverbiale est ici remplacée par *une belle grosse anguille* : rien ne manque à l'imitation, que la verve et le trait de l'original. La scène de la confession, qui forme la seconde partie, pouvait être comique, mais elle n'est qu'ennuyeuse à force de prolixité. Tout ce verbiage d'ailleurs ne la fait point avancer d'un pas : c'est toujours la même chose. Cependant, à défaut d'autre mérite, l'auteur a celui d'une versification facile ; parfois il rencontre un vers heureux, un mot fin ou naïf. En un mot, le *Nouveau Pathelin* me semble très supérieur au *Testament de Pathelin*. Il pourrait être, comme les *Repues franches*, l'ouvrage d'un disciple de Villon, mais on n'y saurait reconnaître la main de Villon lui-même, à qui Gueulette essaie de l'attribuer dans la préface de son édition du *Nouveau Patelain* (sic), donnée en 1748. Au surplus, Gueulette ne produit pas le moindre argument à l'appui de son hypothèse.

J'ai dit plus haut ce que je pensais de ce procédé critique, qui fonde une probabilité voisine de la certitude sur une convenance plus que douteuse.

Tout le monde connaît *l'Avocat Patelin* de Brueys et Palaprat ; c'est avec *le Grondeur*, dit Voltaire, le seul ouvrage de génie qu'ils aient composé ensemble. Mais ce que Voltaire oublie et qu'il est juste de remarquer, c'est que tout ce qui porte le cachet du génie dans *l'Avocat Patelin*, est littéralement copié de la *Farce de maistre Pierre Pathelin*, caractère et dialogue. Brueys ne s'est donné d'autre peine que d'ajuster tant bien que mal au sujet une intrigue d'amour en partie carrée : sa part d'invention se réduit à avoir créé une fille à Patelin et un fils à Monsieur Guillaume, afin d'avoir au dénouement le mariage obligé, et ce mariage est doublé de celui d'Agnelet avec la servante de l'avocat. Assurément ce n'est pas dans cette conception que réside le génie de la pièce! Cependant ôtez lui *l'Avocat Patelin*, Brueys n'a plus d'autre titre que le premier acte du *Grondeur*. Grâce à *l'Avocat Patelin*, Brueys brille au premier rang de nos auteurs dramatiques : il vivra « tant qu'il y aura un théâtre en France (1). » Et le véritable auteur de *Patelin* nous est inconnu. Voilà les justices de la fortune ! *Sic vos non vobis !* s'écriait Virgile sortant de dévaliser à son profit Catulle et Théocrite.

CHAPITRE IV.

DE L'ANCIENNE COMÉDIE.

Qui voudra étudier de près le texte de Patelin, il est impossible de ne pas remarquer combien il faut supposer de jeux de théâtre, sans lesquels une foule d'effets comiques s'évanouissent, et l'on ne comprend rien à l'enchaînement des scènes ni à certaines

(1) Voltaire, *Siècle de Louis XIV*.

parties du dialogue. La plupart de nos pièces modernes ainsi déshabillées deviendraient des énigmes. Les manuscrits ni les éditions de Patelin ne fournissent aucune indication sur ce point si essentiel. La tradition y suppléait comme elle fait encore pour une multitude de détails de l'ancien répertoire ; mais de jour en jour la tradition s'efface et disparaît : nos comédiens ne savent déjà plus jouer Molière avec les traditions originelles. Nul doute que principalement les farces, comme *Pourceaugnac, le Médecin malgré lui, les Fourberies de Scapin*, n'y perdent considérablement. Je me suis donc attaché à retrouver la mise en scène de Patelin, et je l'ai marquée dans mon édition telle qu'elle m'a paru ressortir du texte même. Si j'ai réussi, on reconnaîtra qu'en outre de la verve comique et de l'esprit de mots, l'auteur possédait à un degré peu commun, même aujourd'hui, l'entente dramatique, l'art de faire rendre à une situation tout ce qu'elle renferme, sans la surcharger et la noyer dans les détails. Cette sûreté de tact est un don naturel, mais qui a besoin de se compléter par l'expérience. Je ne serais pas éloigné de croire que l'auteur a joué lui-même un rôle dans sa pièce, comme cela s'est pratiqué par tout pays dans les commencemens du théâtre. Et si cet auteur est en effet Antoine de La Sale, on ne sera pas embarrassé de lui appliquer ma conjecture : le gouverneur des enfans du bon roi René n'a sans doute pas manqué d'occasions pour s'initier à tous les secrets de l'art des représentations dramatiques : il étudiait sur le vif.

Toutefois distinguons bien entre la *farce* et le *mystère*.

Boileau qui, sauf le respect qu'on lui doit et que je lui porte, n'entendait pas le premier mot à ces questions d'histoire littéraire, nous a accoutumés à regarder comme les fondateurs de notre théâtre ces troupes de pèlerins vagabonds qui représentaient en plein vent ou dans une grange. En vain on fouillerait des milliers de vers de ces énormes et informes rapsodies, dans l'espoir d'y rencontrer un trait pathétique ou un mot spirituel : ce n'est qu'un stérile chaos.

Mais à côté de ces *mystères* exécutés quelquefois avec un luxe et des frais immenses (1), existait la

---

(1) La représentation du *Mystère des trois doms*, à Romans (1509), dura trois jours et coûta 14,920 francs de notre monnaie. (Voyez le Mémoire de M. Giraud : Lyon, L. Perrin, 1848.)

farce, courte, modeste, sans appareil, tirant toute sa valeur de la malice et de la vérité de ses peintures. C'est de cette farce qu'est sortie la gloire réelle et durable du théâtre français, la comédie ; et la comédie d'intrigue aussi bien que la comédie de caractère. Je doute un peu que *le Cid* et *Cinna* descendent du Mystère de la passion, mais je suis bien sûr qu'il y a une filiation directe entre la farce de Patelin et *le Légataire*, et *Tartufe*, et même *le Misanthrope*.

Patelin est un véritable caractère ; *Agnelet* n'est guères moins remarquable. Sans doute les farces en général sont très loin du mérite de celle-ci, mais dans toutes vous admirerez des traits précieux d'observation, de cette vérité comique qui jaillit si abondante dans Molière et dans Cervantes. Voici, par exemple, la veuve résolue à épouser son valet ; elle consulte sa commère qui la détourne d'abord :

> Ma commère, on en parlera !
> Pensez que l'un l'autre dira :
> O ! elle a espousé son valet,
> Ce bémy, ce vray sotelet,
> Ce conate, cet escollier ;
> Elle l'a trouvé franc du collier.

La veuve défend son garçon : il est de bon lignage,

il est honnête et loyal, etc. La voisine alors commence à tourner et finit par donner le conseil qu'on sollicite de sa complaisance :

> Et viste! et tost!
> Il nous faut mander le vicaire
> Et les voisins et le curé !

Sus, Robinet, s'écrie la bonne voisine, une chanson! Et les voilà tous trois à chanter et à danser. Mais au beau milieu de la danse, la veuve s'interrompt; elle fond en larmes : c'est un souvenir qui vient de la mordre au cœur :

> Han! han! han! j'ay le cœur marry!

ROBINET.

Et d'quoy?

LA VEUVE.

> De mon défunct mary,
> Du bon Roger, dont Dieu ait l'âme,
> Car c'estoit le meilleur pour femme,
> Qui fut jamais dessus la terre!

ROBINET.

Il est mort.

LA VEUVE.

> Je ne le puis croire!
> Toutes les nuicts il m'est avis
> Que je le voy là, vis-à-vis,
> Et si me monte en resverie
> Que jamais ne me remarie.

La commère et Robinet s'efforcent à chasser ces visions funèbres ; l'autre poursuit l'éloge du défunt; enfin l'amie fait appel à la raison. L'argument est tout-puissant sur l'esprit de cette veuve éminemment raisonnable, qui d'ailleurs se rappelle une circonstance significative des obsèques de son mari :

LA COMMÈRE.
Ce n'est rien qu'une femme seule,
Ma mie : un chacun la déboute !
LA VEUVE.
Raison veut que je m'y reboute,
Et Dieu m'en at ammonestée,
Car dès la première nuitée
Qu'on sonnoit pour le trespassé
Dont le deuil n'estoit pas passé,
J'ouys bien de nostre maison
Les cloches disant en leur son
Incessamment, ce me sembloit :
Prends ton valet ! prends ton valet !

Cette naïve personne rappelle le proverbe de Sancho : *La veuve rit d'un œil et pleure de l'autre.* Dufresny et Dancourt qui se sont tant de fois appliqués à dessiner des veuves, n'ont pas mis dans leurs portraits plus de finesse et de grâce piquante.

Ce qu'on appelle aujourd'hui l'esprit d'opposition a existé de tout tems. A cet esprit léger, subtil, impétueux surtout, une voie de dégagement est nécessaire; si l'on essaie de le comprimer, l'explosion est inévitable, après un tems plus ou moins long, suivant la force de la main qui tient la soupape fermée. De nos jours cet esprit s'est exhalé par la presse; au xviiie siècle, il s'échappait par les brochures philosophiques; au xve et au xvie siècle, par le théâtre. La politique et la religion sont à chaque instant mises en cause dans les farces, et avec une hardiesse dont Rutebœuf avait déjà fourni des modèles sous le règne de saint Louis. Dans *Science et Asnerie*, Science demande : « Que vendez-vous ? » et Asnerie répond : « Des bénéfices. » Le mot est vif ! Beaumarchais n'eût pas trouvé mieux. Le reste est à l'avenant :

> Qui fait les bons clercs ravaler?
> Qui fait justice mal aller?
> Qui cause tant d'impos nouveaux?
> Qui fait au monde tant de maux?
> Qui entretient la pillerie?
> Conclusion : c'est asnerie.

La pièce entière est résumée dans le mot de Montaigne : « Tout vice vient de bestise. »

Le Badin est placé entre Science et Anerie, comme le Strepsiade des *Nuées* entre le Juste et l'Injuste ;

il écoute plaider le pour et le contre, et à la fin il se décide naturellement comme le bourgeois d'Aristophane, pour le parti qui a tous les avantages de son côté : il se fait prêtre ou chanoine :

« Nota que le Badin se pourmaine tenant l'aumuche sur son bras. »

Dans la *Farce des brus* (1) c'est bien pis ! La vieille bru, nommée Tretaulde, ouvre la scène en compagnie de deux de ces demoiselles qu'elle instruit à la manière de Macette. La leçon est longue, savante, spirituelle, mais édifiante nullement. Paraissent deux ermites, frère Ancelot et frère Anselme ; ils écoutent un moment avant de se montrer aux trois femmes, et la tentation les poussant, ils se découvrent :

LA VIEILLE BRU (*à ses compagnes*).
Voicy deux frères frapabos
Qui viennent à nous disputer.
Nulle ne se veuille haster
De parler.....

FRÈRE ANSELME (*à la vieille*).
Madame, soyez secourable
Aux pauvres frères hermitaulx
Qui n'ont pécunes ne métaulx
Et boivent de l'eau tous les jours.

(1) *Bru* s'était dit d'abord comme synonyme de jeune mariée, et plus tard il se prit au sens de fille de joie, fille publique.

FRÈRE ANCELOT (*à l'une des filles*).
Hélas, jeune bru chrestienne,
Vous avez la chair tendre et jeune
A faire roidir les genoux !

A toutes ces prières la vieille seule répond, et elle n'a qu'un mot : « Frères, il n'y a rien pour vous. » Anselme insiste en termes qui rappellent le style de Tartufe avec Elmire :

FRÈRE ANSELME.
Vous avez le viaire angélique !
Quel embrasser telle relique !...
Beau regard gratieux et doux !
LA VIEILLE BRU.
Allez, il n'y a rien pour vous !

Et comme elle lui reproche son incontinence qui contraste avec sa profession : Dieu, dit-il,

Dieu nous a mis dessus la terre
Hommes roides, fors et puissans,
De tous nos membres jouissans
Comme les autres, en vérité.

C'est la seconde fois que l'auteur se rencontre avec Molière :

Ah ! pour être dévot je n'en suis pas moins homme.

. . . .

Je sais qu'un tel discours de moi paraît étrange,
Mais, madame, après tout je ne suis pas un ange.
. . . .
Et considérerez en regardant votre air
Que l'on n'est pas aveugle et qu'un homme est de chair.

Si vous êtes des hommes et fragiles comme les autres, répond philosophiquement la vieille bru, pourquoi promettez-vous plus que vous ne pouvez tenir ?

>   Pourquoi vouez vous chasteté,
>   Faisant d'autres sermens assez ?
>   Et tous vos vœux vous deslaissez ?
>   Allez ! vous estes misérables !...

Les deux tartufes jettent alors le masque : nous aurons vos deux brus par force !

FRÈRE ANCELOT.
Quant nous sommes aux bonnes villes
Nous faisons les frères frapars,
Mais aux chams droits demi-liepards
A poursuivre filles et femmes.

TRETAULDE.
Vos actes sont donques infames ?

FRÈRE ANSELME.
Quand nous allons par les maisons
Nous sommes pasles et desfaicts

> En disant salmes et oraisons
> Pour ceux qui nous ont des biens faicts ;
> Mais aux chams sommes contrefaicts
> Chantant chansons vindicatives
> Avecques paroles lascives.
> Donc, dame la gouverneresse,
> Faictes nous de vos brus largesse,
> Soit par force ou par amitié.

Assurément tout cela n'a rien de comparable, quant à la forme, avec la manière dont Tartufe exprime ses désirs à Elmire, avec la scène d'Orgon caché sous la table, avec les sages discours de Cléante ni les saillies de Dorine ; du xve au xviie siècle l'art de la comédie a fait des progrès, et puis c'est Molière ! Mais, au fond, *l'Imposteur* est en germe dans la *Farce des brus*.

Ici le dénouement se fait par de l'argent dont ils ont les poches pleines, ces pauvres frères qui ne boivent que de l'eau ! Chacun d'eux emmène une fille : ils vont déjeuner « d'un gras oyson et de la petite oye. » La moralité est que l'argent aplanit toutes les difficultés :

> Qui at argent il a des brus.

Et tout finit par des chansons et un ballet.

Dans une autre pièce on représente Église, Noblesse et Pauvreté faisant la lessive. Pauvreté, c'est le tiers-état, c'est le peuple tyrannisé, écrasé par les deux autres qui s'en vantent. C'est, comme vous voyez, sous la forme d'une farce ou moralité, la grande question politique qui s'est traitée plus sérieusement en 1789.

Les trois personnages se font connaître en ces termes :

L'ÉGLISE.

C'est moy, c'est moy, qui suis la mère Église,
C'est moy, c'est moy, qui fais seule à ma' guise.
Je sauve et damne à mon intention ;
Religion est dessous moy commise,
Hypocrisie avec papelardise,
Vérité, foy, avec ambition.
Puis après j'ay Simonie en devise,
Sous le semblant de grand dévotion.

NOBLESSE.

C'est moy qui suis Noblesse, la grand dame,
Qui n'ay jamais soucy ne crainte d'ame.
Soit bien soit mal comme il me plaist est faict.
C'est moy, c'est moy, que cueur mondain enflamme ;
C'est moy qui fais alumer feu et flamme,
Puis quant je veulx tout soudain est desfaict.

POVRETÉ.

C'est moy qui suis Povreté simple et fresle,
C'est moy en qui famine, deuil se mesle,

> Soucy travail et désolation.
> S'esbahit on se suis desfaicte et gresle?
> La pluye et vent, la tempeste et la gresle
> Me sont tousjours en consolation!

Après ces plaintes éloquentes dans leur simplicité et bien faites pour toucher les cœurs d'un auditoire populaire, on se met à laver le linge sale d'Église et de Noblesse ; Pauvreté est chargée de l'étendre pour le faire sécher. On conçoit combien cette donnée prête à une revue satirique : la pièce n'a point d'autre action, et sans doute le dialogue suffisait à intéresser vivement les spectateurs. La lessive finie, c'est encore Pauvreté qui porte le fardeau de tout le linge. Au moins, dit-elle, payez votre porteur. Église répond insolemment :

> Tu es trop pauvre crocheteur
> Pour porter quelque bénéfice.

Et Noblesse : —Va, va, tu auras les restes de notre cuisine.

POVRETÉ.
Ayez pitié de Povreté !
NOBLESSE.
Puisque toujours as povre esté,
De nous deux porteras le faix.

Et Noblesse et Église se retirent en chantant « d'accord parfait. » Mais Pauvreté ne chante pas, et l'on est libre de supposer qu'elle s'en allait en rêvant aux moyens de prendre la Bastille.

Dans ce bon vieux tems dont on nous propose toujours en exemple les mœurs et la piété, voilà comment le clergé était joué, bafoué et diffamé en plein théâtre. Et l'on ne voit pas qu'il ait récriminé en rendant injure pour injure. Aussi sa considération n'eut-elle point à souffrir de ces attaques. Le public qui riait au théâtre ne prenait pas frère Anselme ou sœur Fessue pour la religion, ni même pour le type du prêtre ou de la religieuse; c'étaient les abus de la profession : il y a des abus partout.

Mais quand le clergé se fâcha, quand il ne permit plus de séparer du corps entier un membre vicieux ; quand il ne souffrit plus de distinction entre l'apparence et la réalité, et prétendit abriter sous le manteau de la religion les abus mêmes et l'hypocrisie ; quand enfin Bossuet et Bourdaloue se scandalisèrent du Tartufe de Molière, alors le clergé fut pris au mot : la solidarité qu'il proclamait lui-même imprudemment, on l'accepta, et l'on se mit à confondre l'usage et l'abus dans une réprobation commune. Ce fut un malheur.

Vous avez vu tout à l'heure comment on raillait la luxure des moines ; les religieuses aussi n'étaient pas épargnées. Dès le tems de saint Louis, Rutebœuf disait :

> Religieuses sont, si bien tu les regardes,
> Par dehors com coulons, et par dedans renardes.

Et chaque couplet de sa ballade ramène ce refrain : « Papelards et béguins ont le siècle honni. » Ce n'est pas aux approches de la réforme que les couvens de femmes devaient s'attendre à plus d'indulgence ; mais la satire leur accorde du moins par privilége un peu de ce respect auquel le sexe a toujours droit : c'est-à-dire que la forme est, proportion gardée, moins cynique et moins outrageante pour exposer les tendres faiblesses des nonnes : le poëte prend la peine d'avoir de l'esprit ; il ne commet pas la faute d'ôter toute pudeur à ses personnages, mais il leur prête une sorte de naïveté qui atténue jusqu'à un certain point le scandale de leurs aveux. Sans être timoré, on trouvera qu'il en reste encore beaucoup. Qu'y faire ? C'est le xvie siècle.

Le chef-d'œuvre du genre est une farce empruntée pour le fond à la neuvième journée de Boccace, et digne pour l'exécution de Boccace à la fois et de La Fontaine, car c'est justement le *Psautier* de La Fontaine. On est surpris de rencontrer parmi les productions licencieuses et grossièrement enluminées de ce théâtre une œuvre touchée avec tant de finesse et d'originalité. (Je parle toujours relativement.) La farce est intitulée : *Sœur Fessue*. Les personnages sont l'abbesse, sœur Esplourée, sœur de Bon-Cœur, sœur Saffrette et sœur Fessue (1).

La pièce s'ouvre par l'entretien de deux religieuses. Sœur Esplourée rencontrant sœur de Bon-Cœur, après s'être fait un peu prier, lui confie le sujet de son déplaisir mortel :

>Vous cognoissez bien sœur Fessue ?
>Frère Roydymet l'a déçue
>Et gastée !
>######SŒUR DE BON-CŒUR.
>Ave, Maria !

(1) On voit ici un exemple de cette plaisanterie des noms propres qui faisait appeler une usurière madame la Ressource ; un procureur, M. Serre-Fort ; un médecin, Purgon, et un apothicaire, Fleurant ou Clistorel. Ces traits faciles ont réjoui nos pères pendant trois cents ans.

SŒUR ESPLOURÉE.

Elle est desjà grosse et ençaincte.
Sœur, ouyez, dà ! ce n'est pas feincte :
Nous sommes toutes *à quia*
Par son faict.

SŒUR DE BON-CŒUR.

Ave, Maria !
Hé Jésus ! et je l'ai tant faict
Et à mon plaisir satisfaict
Sans estre grosse !

La sœur Saffrette survient, s'enquiert du sujet de la conversation et on la met dans la confidence ; sur quoi elle se récrie comme sœur de Bon-Cœur, exprimant de plus la crainte de voir tout le couvent déshonoré. Mais sœur Esplourée a pris un parti là-dessus :

Mais afin de n'estre à blasmer,
Pour feindre estre de saincte vie,
Je veux desclarer par envie
A nostre abesse, ce n'est feincte,
Comme sœur Fessue est enceincte.

SŒUR DE BON-CŒUR.

C'est bien faict.

SŒUR SAFFRETTE.

C'est bien faict, ma sœur !
Nostre bon père confesseur
En aura le *miserere*.

SŒUR DE BON-CŒUR.

Je voudrois qu'il feust enterré
En ma chambre pour sa prison.

Ici paraît l'abbesse avec un haut-de-chausses sur la tête, en guise de voile (**1**).

SŒUR ESPLOURÉE.
Sans cause je ne vous viens voir.
L'ABESSE.
Certes, j'estois en ce parloir
En saincte contemplation
De mots d'édification,
Attendant l'heure du manger.

Les sœurs soupirent, l'abbesse les interroge; sœur Esplourée ne peut se décider à dire le gros mot : *Elle a faict.... elle a faict...* — *Et quoy?* — *Elle a faict.....* Après une suspension qui rappelle celle d'Agnès, l'aveu s'échappe, mais en latin, pour plus grande révérence : — Elle a fait *ficatores :*

L'ABESSE.
O le *grosson peccatores !*
Qui l'eust pensé !...

---

(1)   A quoi toute la bande,
Par un effet d'émotion trop grande,
N'avait pris garde, ainsi qu'on voit souvent. (LA FONTAINE.)

SŒUR ESPLOURÉE.

Elle l'a faict,
Et à son péché satisfaict,
Car elle est *grossus !*

L'ABESSE.

O la laide !
Il y convient mettre remède.
Mais à qui a-t-elle donné
Son corps ?

SŒUR ESPLOURÉE.

Ell' l'at habandonné
A frère Roydymet, le moine,
Il y a longtems.

L'ABESSE.

Que de peine !
Tenamus chapitrum totus;
Sonate clochetas totus.
Qu'el' *veniat.*

Voici la grande scène, celle du chapitre. Sœur Fessue y comparaît le cœur inquiet et troublé de fâcheux pressentimens. L'abbesse lui dit, pleine de dignité :

Venite, et aprochantes,
Madamus, agenouillate.

Elle interroge gravement, et les autres sœurs se réunissent pour accabler la pauvre Fessue, qui se défend de son mieux. — Où s'est passé le fait ? —

Au dortoir. — Pourquoi elle n'a pas crié? — De peur de violer la règle qui ordonne le silence au dortoir. — Elle devait au moins faire signe? — Elle l'a fait de toutes ses forces, à la vérité de la manière qu'indique Rabelais (1), sur quoi les autres sœurs font de beaux commentaires. — Enfin elle devait révéler sa grossesse et ne point s'exposer à gâter son fruit. L'excuse de la coupable est encore un scrupule de conscience :

> Et au bon frère Roydymet
> Je demandai confession,
> Lequel à l'absolution,
> Lorsque bien il me deschargea,
> Absolutement m'enchargea
> De ne dire ce qu'avions faict
> Nous deux ; ce que j'ay bien parfaict
> Pour crainte de damnation ;
> Car dire sa confession
> Et dire le secret du prestre,
> C'est assez pour à jamais estre
> Damnée avec les obstinés !

L'abbesse alors éclate en menaces de vengeance. Sœur Fessue la supplie, tâche à la fléchir par l'auto-

---

(1) *Pantagruel*, liv. III, chap. 19. Rabelais met la scène à Brignolles. Tous les autres détails sont ceux de la farce, hormis la circonstance du haut-de-chausses en guise de voile.

rité de l'Évangile et celle de l'apôtre saint Paul : On voit un fétu dans l'œil du voisin, et l'on ne voit pas une poutre dans le sien propre. Les jugemens sont odieux au Seigneur; saint Paul prescrit de se juger soi-même avant d'accuser autrui :

> Hélas ! je vous supply, madame,
> Ne regardez tant mon péché
> Que le vostre qui est caché ;
> Ne considérez....
> L'ABESSE.
> Ha, rusée !
> Suis-je de toy scandalisée ?
> . . . .
> Je te feray bien repentir !
> SŒUR SAFFRETTE.
> Elle se pourra convertir,
> Madame ; ce sera le mieux.
> SŒUR FESSUE.
> Ce qui vous pent devant les yeux (1),
> Qui faict vostre faulte cognoistre,
> Nous desmoustre qu'il ne peult estre
> Que vous ne fassiez de beaux jeux.
> L'ABESSE.
> Ce qui me pent devant les yeux ?....
> (Elle s'aperçoit de sa méprise.)

---

(1) Votre Psautier a ne sais quoi qui pend. (LA FONTAINE.)

Voilà probablement l'origine de cette façon de parler populaire : *Autant vous en pend à l'œil.* L'ancien théâtre doit avoir enrichi la langue d'allusions autant que le moderne.

Ave, Maria! Qu'est cecy?
(Aux autres religieuses.)
Vous m'avez trop hastée, aussy
De venir : j'estois empeschée.....
Hé, mon Dieu, que je suis faschée!

Alors commencent à pleuvoir les quolibets sur la supérieure :

SŒUR ESPLOURÉE.
Croyez, sy les lois ne sont fausses,
Que c'est icy un haut de chausses!

L'ABESSE.
Ave, Maria! Saincte dame!
Je ne suis moins digne de blasme
Que sœur Fessue.

SŒUR DE BON-CŒUR.
   Sont-ils d'usance
Hauts de chausses?

L'ABESSE.
   J'ay desplaisance
De mon faict.

SŒUR SAFFRETTE.
   Hé Dieu, quel outil!
Les abesses en portent-il
Maintenant?...

SŒUR ESPLOURÉE.
C'est bien nouvelle invention
Porter des chausses sur la teste!...

La malheureuse abbesse, prise en flagrant délit,

ne peut plus refuser l'absolution à sœur Fessue ;
elle la lui donne en ces termes :

> *Tu fecisti sicut et nos,*
> Parquoy *absolvo te gratis*
> *In peccata ; nunc dimittis.*
> SŒUR FESSUE.
> *Gratias.* Me voilà garie !

C'est le dénouement ; mais l'auteur, par la bouche de sœur Esplourée, n'oublie pas d'attacher la morale à sa pièce, et, pour plus de relief, elle est en vers d'une autre mesure. Cette morale, c'est que l'on pèche lourdement à vouloir reprendre les autres d'une faute dont soi-même on est coupable, car vous êtes découvert sans recours à l'indulgence :

Tesmoing l'abesse avecques sœur Fessue.

La Fontaine a reproduit ce tour et presque ces vers, non dans *le Psautier*, mais dans *la Courtisane amoureuse*, et pareillement dans la moralité finale :

Femme qui n'a filé toute sa vie
Tâche à passer bien des choses sans bruit,
Témoin Constance et tout ce qui s'ensuit.

Je ne puis dire si La Fontaine ne connaissait le sujet du *Psautier* que par Boccace, ou s'il avait lu aussi la farce de *Sœur Fessue*. Comme on disait de Molière : il n'est pas de bouquin qui se sauve de ses mains, on pouvait dire aussi que peu de ces vieux textes se sauvaient des mains de La Fontaine. Et ce qui fortifie la conjecture par rapport à ce recueil (1), c'est qu'on y trouve un peu plus loin le sujet d'un autre conte de La Fontaine dont jusqu'ici l'origine était absolument inconnue : *les Rémois* ne sont autre chose que la farce du *Meunier et la meunière* mise en récit. Le meunier est en un besoin d'argent; sa femme est courtisée par deux gentilshommes, M. de La Hannetonière et M. de La Papillonnière : elle les fait contribuer, et au moment où ils croient toucher le prix de leur munificence, le meunier, qui rentre à l'improviste, les oblige à se cacher dans le poulailler. On fait venir les deux dames l'une après l'autre, et le reste se passe comme vous savez (2). Cette farce ne le cède point à la précédente pour la verve et l'esprit, mais la licence du dialogue et des situations y est portée beaucoup plus loin, de sorte qu'à mon grand regret

(1) Manuscrit de La Vallière, n° 63, Biblioth. impér.
(2) Sedaine a reporté ce sujet au théâtre dans *les Femmes vengées*.

je n'en puis rien citer. Nos bons aïeux, qui n'avaient pas étudié Aristophane, ont parfois l'air de l'imiter, et quand on lit certaines œuvres du xv° siècle, dont les auteurs sont et sans doute resteront à jamais ignorés, le cynisme de Rabelais paraît moins audacieux et moins original. La farce du *Retraict* est grossière dans un autre genre : c'est la mésaventure d'un pauvre amant réduit, pour éviter la surprise d'un mari jaloux, à se réfugier en un lieu d'ordinaire peu destiné et mal séant aux intrigues d'amour, en un *retraict* enfin ; là, surpris par un accès d'une toux importune, il lui faut recourir à un moyen extrême et affronter sous les yeux du spectateur un danger d'asphyxie impossible à décrire. Je laisse encore ici les curieux chercher les détails dans le texte même (1). On voit dans cette pièce et dans plusieurs autres, un de ces valets narquois conduisant toute l'intrigue sans avoir l'air d'y toucher : ce type remarquable des Frontins du xviiie siècle s'appelle au xvie, *le badin*. C'est le *clown* anglais, le *gracioso* espagnol.

---

(1) C'est aussi la 72e des *Cent Nouvelles nouvelles* : « La né-
» cessité est ingénieuse. » On ne saurait dire combien de fois les mêmes sujets ont passé du théâtre au livre et du livre au théâtre.

Un choix de ces ébauches comiques où l'on rencontre çà et là des détails traités avec une verve exquise mériterait éminemment le surnom de grenier à sel trouvé par Boileau pour le théâtre de Gherardi. Le dialogue y est en général franc, naturel, étincelant de vivacité : l'esprit français, l'esprit gaulois paraît là dans tous ses avantages. En revanche, aucun art ne se montre dans la contexture : on n'y regardait pas de si près, et pourvu que la scène fût amusante, on ne s'embarrassait guères comment elle était amenée.

Une autre circonstance dont une lecture attentive ne permet pas de douter et qui favorisait le décousu en même temps qu'elle en diminuait les inconvéniens, c'est que le théâtre était partagé en plusieurs compartimens bien distincts : l'action voyageait au besoin de l'un dans l'autre, ou bien était représentée en plusieurs lieux à la fois. C'était une immense ressource pour les auteurs. L'unité de lieu, telle qu'on l'a pratiquée plus tard, a introduit forcément l'usage des récits qui sont d'un effet glacial, qui tuent le drame. Dans la farce du *Retraict*, la scène est partagée en trois ; dans celle du *Meunier* pareillement, et les trois scènes occupées à la fois dans un moment donné : le spectateur voyait du même coup d'œil messieurs de la Hannetonière et de la Papillonnière juchés dans le poulailler ; le meunier à table et caressant leurs femmes ; et dans la pièce voisine la meunière guettant et riant. Dans une autre farce intitulée *le Poulier*, il faut aussi deux scènes au moins ; dans *Patelin*, il faut en admettre trois : deux intérieurs séparés par une rue ; autrement le drame est incompréhensible.

Patelin, qui est de beaucoup l'aîné des autres farces que je viens de citer, se termine simplement comme une comédie de nos jours ; mais au xvie siècle la mode s'établit de clore la farce par une chanson, une espèce de vaudeville, comme on en voit aux petites pièces de Dancourt. Ce vaudeville, qui du reste paraît n'avoir eu aucun rapport avec la pièce, est amené brusquement par ces deux vers, formule finale à peu près invariable :

> En prenant congé de ce lieu,
> Une chanson pour dire adieu (1).
>   (*La farce de Sœur Fessue.*)

---

(1) La farce du *Meunier* varie cette formule :

> Mais pour réjouir nos esprits
> Une chanson, je vous supplys.

Ces chansons n'ont pas été conservées : apparemment l'acteur chantait ce qu'il voulait. On dansait aussi quelquefois :

> En prenant congé de ce lieu,
> Ore dansons pour dire adieu.
>
> (*La farce des Brus.*)

Il ne nous reste aucune tradition un peu ancienne sur l'exécution de ces farces. Les manuscrits en sont très défectueux, étant apparemment de simples *aide-mémoire*, ouvrage de copistes peu lettrés. Bien rarement un jeu de scène y est indiqué; le décor, jamais. Il faut aujourd'hui que la pénétration du lecteur supplée à tout cela. Faute d'un témoignage plus reculé, je pense qu'on ne sera pas fâché d'entendre celui de Noël Du Faïl sur la souplesse de talent de certains acteurs :

« Comme j'ay veu à l'issue des farces de ce gentil,
» docte et facétieux badin, sans béguin, masque, ne
» farine, Martinville de Rouen, soit qu'en mesme
» chambre il eust si dextrement contrefait messire
» Maurice disant son bréviaire au fin matin, cependant
» faisant l'amour aux chambrières qui alloient
» au puits tirer de l'eau ; ou le cousturier qui fit une

» cappe au gentilhomme d'un drap invisible fors à
» ceux qui estoient fils de putains ; ou bien qu'il jouast
» aiant un couvrechef de femme sur sa teste et le
» devanteau du tablier attaché à ses grandes et am-
» ples chausses à la Suisse, avec sa longue et grosse
» barbe noire, une jeune garse allant à l'eau, inter-
» rogeant sa compagne nouvellement mariée sur
» les points et articles de la première nuit de ses
» noces (1). »

Marot nous a laissé le portrait d'un excellent joueur de farces dans l'épitaphe de Jean de Serre :

> Il fut en son jeu si adextre,
> Qu'à le voir on le pensoit estre
> Ivrongne quand il s'y prenoit,
> Ou badin s'il l'entreprenoit.
>
> . . . .
>
> Or brief quand il entroit en salle
> Avec une chemise sale,
> Le front, la joue et la narine
> Toute couverte de farine,
> Et coiffé d'un béguin d'enfant
> Et d'un haut bonnet triomphant
> Garny de plumes de chapons,
> Avec tout cela je respons

---

(1) *Contes d'Eutrapel*, p. 147, édit. 1585, à Rennes.

Qu'en voyant sa grace niaise
On n'estoit pas moins gay ny aise
Qu'on n'est aux champs Élysiens.

Ce sont des portraits de famille dans la galerie du théâtre français. Malheureusement ils sont trop rares.

Le progrès de l'art du comédien est déjà marqué de Jean de Serre à Martainville. L'acteur rouennais est un artiste digne de ce nom : il a déjà relégué le masque et la farine aux tréteaux.

Un autre témoignage qu'il ne serait pas permis d'oublier dans un mémoire sur l'ancienne farce, est celui de Rabelais. Si la pièce dans laquelle lui-même avait joué un rôle est aujourd'hui perdue, il nous en a laissé du moins une analyse bien propre à nous la faire regretter :

« Je ne vous avois oncques puis veu que jouastes
» à Montpellier avecques nos antiques amys Ant. Sa-
» porta, Guy Bouguier, Balthasar Noyer, Tolet, Jean
» Quentin, Françoys Robinet, Jean Perdrier et Fran-
» çoys Rabelais, la morale comédie de celuy qui
» avoit espousé une femme mute. — Je y estois, dist
» Epistemon. — Le bon mary vouloit qu'elle par-
» last : elle parla par l'art du médicin et du chirurgien

» qui luy couparent un encycliglotte qu'elle avoit
» sous la langue. La parole recouverte, elle parla
» tant et tant que son mary retourna au médicin
» pour remède de la faire taire. Le médicin res-
» pondit en son art bien avoir remèdes propres pour
» faire parler les femmes, n'en avoir pour les faire
» taire : remède unique estre surdité du mary con-
» tre cestuy interminable parlement de femme. Le
» paillard devint sourd par ne sçay quels charmes
» qu'ils feirent. Sa femme voyant qu'il estoit sourd
» devenu, qu'elle parloit en vain, de luy n'estoit
» entendue, devint enraigée. Puis le médicin de-
» mandant son salaire, le mary respondit qu'il
» estoit vraiment sourd et que il n'entendoit sa de-
» mande. Le médicin luy jeta au dos ne sçay quelle
» poudre par la vertu de laquelle il devint fol. Adon-
» ques le fol mary et la femme enraigée se ralia-
» rent ensemble et tant battirent les médicin et
» chirurgien qu'ils les laissarent à demy morts. Je
» ne ris onques tant que je feis à ce patelinaige ! »
(*Pantagruel*, III, chap. xxxiv, édit. du *Panthéon*.)

Assurément les farces de Molière ne sont pas
construites avec plus d'art ni plus joyeusement sati-
riques que celle dont Rabelais nous expose ici le

plan et qu'il jouait avec ses amis dans le tems qu'il étudiait la médecine à Montpellier. Et qui sait s'il n'y était qu'acteur ? qui sait si cette *comédie morale de la femme mute* n'était pas un des premiers produits de la verve de Rabelais? Il s'en souvient avec une sûreté de mémoire et une complaisance toute paternelle ; il est difficile d'ailleurs de supposer que le génie qui dans son âge mûr devait créer Pantagruel ait passé sa jeunesse dans le silence et la stérilité. On s'aperçoit, en lisant *Pantagruel*, que Rabelais savait par cœur son *Patelin*, et la scène de *la Femme mute* où le mari demeure sourd à la demande du médecin qui veut être payé, est une imitation visible de la scène finale d'Agnelet avec son avocat. *La Femme mute*, si l'exécution répondait au plan, comme il y a apparence, n'en devait guères à *Patelin* ni au *Médecin malgré lui*. Quel dommage!...

C'est dans la farce ainsi conçue que vous trouverez abondamment épars les germes et déjà les preuves d'un art très fin, très avancé, dont les *mystères* ne vous offriront nulle part le moindre vestige. Malheureusement, comme c'est toujours le pire qui foisonne, il nous reste un très grand nombre de ces mystères indigestes à soixante et quatre-vingt-dix personnages, et il s'est trouvé pour eux des éditeurs ; mais personne ne s'est avisé d'exhumer du fond des rares manuscrits où elles reposent le peu de farces léguées par le moyen âge (1). *Patelin* lui-même, tout recommandé qu'il était par son antique renommée, attendait encore un éditeur qui fît de lui l'objet d'un travail sérieux : puisse-t-il l'avoir enfin rencontré !

Paris, 20 juin 1854.

(1) Il ne s'agit pas seulement d'exhumer, il faudra encore et surtout savoir choisir, car il y a bien du mélange ; ensuite rétablir des textes en ruine, et enfin les éclaircir. *Exoriare aliquis!*

AVIS AU LECTEUR.

Rien n'eût été plus facile que d'entasser au bas des pages de cette édition un nombre considérable de variantes prises soit dans les éditions antérieures, soit dans le manuscrit La Vallière, dans le manuscrit Bigot, et dans les fragmens des deux autres manuscrits, les seuls que l'on possède de la farce de *Patelin*. Cela m'était d'autant plus facile, que M. de Monmerqué avait eu la bonté de mettre à ma disposition un travail de comparaison de trois textes exécuté par lui-même, dès 1829, avec la scrupuleuse exactitude qu'on lui connaît. Mais en vérité je n'ai pas cru que le résultat en valût la peine. Toutes ces altérations du texte original n'ont pour but évidemment que de le rajeunir et de le rendre plus intelligible à l'auditoire devant lequel on représentait. Quel intérêt, par exemple, y a-t-il à savoir qu'au lieu de « faites venir *sire Thumas*, » comme porte l'édition *princeps* de 1490, le manuscrit La Vallière met « faites venir *monsieur Thomas?* » Le jargon est aussi modifié suivant le caprice des comédiens; ici c'est un vers qu'on redresse, là un archaïsme qu'on efface, et qui, placé à la rime, entraîne la refonte d'un ou deux vers : par exemple, pour obtenir la substitution d'*oie* à *oue*, etc., etc. Le passage sur Jean de Noyon, personnage oublié, inconnu, oblige de changer plusieurs vers. Le texte de 1490 disait :

> Ostez en vostre opinion.
> Seroit ce point Jehan de Noyon?
> Il me ressemble de corsaige.

Le manuscrit La Vallière substitue :

> Oustez en vostre fantasye.
> A ! vous estes en resverye :
> C'est un aultre d'aultre plumaige.

On a donc méprisé un appareil d'érudition qui n'eût été réellement qu'un fatras inutile et un charlatanisme bon tout au plus à duper l'œil des ignorans. L'objet de ce travail n'est pas d'imposer aux lecteurs superficiels, mais d'être utile aux esprits sérieux, et, s'il se peut, agréable aux gens d'esprit.

En conséquence, on s'est borné à reproduire l'édition de 1490, à quelques changemens près, dont on avertit et qu'on motive dans les notes. On y a joint çà et là quelques *variantes* choisies : il est à craindre que, malgré la sobriété dont on en a usé, le public n'en trouve encore trop.

Les figures (hormis le décor composé d'après la pièce) sont prises dans trois éditions du xve siècle : Germain Beneaut, Trepperel et P. Levet.

L. V., dans les variantes, le manuscrit La Vallière; — B., le manuscrit Bigot.

# LA FARCE

DE

MAISTRE PIERRE PATELIN

A CINQ PERSONNAGES.

PERSONNAGES.

MAISTRE PIERRE PATELIN, avocat.
GUILLEMETTE, sa femme.
GUILLAUME JOUSSEAUME, drapier.
THIBAULT AGNELET, berger.
LE JUGE.

Le théâtre représente d'un côté la boutique de Guillaume Jousseaume; de l'autre, une chambre avec un lit dans la maison de Patelin, et entre les deux une place publique.

LA
FARCE DE PATELIN.

SCÈNE PREMIÈRE.

(Chez Patelin.)

PATELIN, GUILLEMETTE.

PATELIN.

Saincte Marie, Guillemette,
Pour quelque paine que je mette
A cabuser n'a ravasser,

V. 3. — Tous les éditeurs : « A cabasser ne a ramasser. »
B. : « A brouiller ne à baracher. » Voyez la note.

Nous ne povons rien amasser!
Or vy je que j'avocassoye.

GUILLEMETTE.

Par nostre dame, je y pensoye,
Dont on chante en avocassaige;
Mais on ne vous tient pas si saige
Des quatre pars comme on souloit.
Je vy que chascun vous vouloit
Avoir pour gangner sa querelle;
Maintenant chascun vous appelle
Par tout advocat dessoubz l'orme.

PATELIN.

Encor ne le dis-je pas pour me
Vanter, mais n'a au territoire
Où nous tenon nostre auditoire
Homme plus saige, fors le maire.

GUILLEMETTE.

Aussi a il leu le grimaire,
Et aprins à clerc longue piece.

PATELIN.

A qui veez vous que ne despesche
Sa cause, se je m'y vueil mettre?

V. 19. — B.: « A Paris, il y a grant piece. » Cette leçon prouve que la scène n'est pas à Paris. Voyez la note sur la scène XIX.

Et si n'aprins oncques à lettre
Que ung peu; mais je m'ose vanter
Que je scay aussi bien chanter
25 Au livre avecques nostre prestre
Que se j'eusse esté à maistre
Autant que Charles en Espaigne.

GUILLEMETTE.

Que nous vault cecy? pas un peigne!
Nous mourons de fine famine;
30 Nos robbes sont plus qu'estamine
Reses, et ne povons sçavoir
Comment nous en peussons avoir.
Et que nous vault vostre science?

PATELIN.

Taisez vous! Par ma conscience,
35 Se je vueil mon sens esprouver
Je sçauray bien où en trouver
Des robbes et des chapperons!
Se dieu plaist, nous eschapperons
Et serons remis sus en l'heure.
40 Dea, en peu d'heure dieu labeure;
S'il convient que je m'applique

V. 28. — G. Leroy, 1490, et Trepperel : « Pas empaigne. »
Voyez la note.

A bouter avant ma practique,
On ne sçaura trouver mon per.
GUILLEMETTE.
Par saint Jaques, non de tromper;
45 Vous en estes ung fin droit maistre.
PATELIN.
Par celuy dieu qui me fist naistre,
Mais de droite advocasserie.
GUILLEMETTE.
Par ma foy, mais de tromperie,
Combien vraiement je m'en advise;
50 Quant, à vray dire, sans clergise
Et de sens naturel, vous estes
Tenu l'une des saiges testes
Qui soit en toute la paroisse.
PATELIN.
Il n'y a nul qui se congnoisse
55 Si hault en avocacion.
GUILLEMETTE.
M'aist dieu, mais en trompacion,
Au moins en avez vous le los.
PATELIN.
Si ont ceulx qui de camelos
Sont vestus et de camocas,
60 Qui dient qu'ilz sont advocas,
Mais pourtant ne le sont ilz mie.

Laissons en paix ceste baverie ;
Je m'en vueil aler à la foire.

GUILLEMETTE.

A la foire ?...

PATELIN.

Par saint Jehan, voire !
65 A la foire, gentil marchande.
Vous desplaist il se je marchande
Du drap ou quelque autre suffraige
Qui soit bon pour nostre mesnaige ?
Nous n'avons robbe qui rien vaille.

GUILLEMETTE.

70 Vous n'avez ne denier ne maille ;
Qu'y ferez vous ?

PATELIN.

Vous ne sçavez.
Belle dame, se vous n'avez
Du drap pour nous deux largement,
Si me desmentez hardiement.
75 Quel couleur vous semble plus belle,
D'un gris vert, d'un drap de Brucelle,
Ou d'aultre ? Il le me fault sçavoir.

GUILLEMETTE.

Tel que vous le pourrez avoir :
Qui emprunte ne choisit mie.

118   LA FARCE DE PATELIN.

PATELIN, en contant sur ses dois (1).

80   Pour vous deux aulnes et demie,

Et pour moi trois, voire bien quatre,
Ce sont...

(1) Cette indication est dans G. Leroy et dans 1490.

GUILLEMETTE.

Vous comptez sans rabattre :
Qui diable les vous prestera ?

PATELIN.

Que vous en chault qui ce sera ?
85 On les me prestera vraiement,
A rendre au jour du jugement,
Car plus tost ne sera ce point.

GUILLEMETTE.

Avant, mon amy, en ce point
Quelque sot en sera couvert.

PATELIN.

90 J'acheteray ou gris ou vert.
Et pour ung blanchet, Guillemette,
Me fault trois quartiers de brunette,
Ou une aulne.

GUILLEMETTE.

Ce m'aist dieu, voire !
Alez, n'oubliez pas à boire
95 Se vous trouvez Martin Garant.

PATELIN.

Gardez tout. (Il sort.)

GUILLEMETTE, seule.

Hé dieux, quel marchant !
Pleust or à dieu qu'il n'y vist goute !

SCÈNE II.

(Sur la place.)

PATELIN, seul, regardant la boutique du drapier.

N'est ce pas ylà? J'en fais doubte.....

Or si est, par sainte Marie.

100 Il se mesle de drapperie.

(En entrant.)

Dieu y soit!

SCÈNE III.

(Dans la boutique du drapier.)

PATELIN, GUILLAUME JOCEAULME.

GUILLAUME JOCEAULME.

Et dieu vous doint joye.

PATELIN.

Or ainsi m'aist dieu que j'avoye

De vous veoir grant voulenté.

Comment se porte la santé?

105 Estes vous sain et dru, Guillaume?

LE DRAPPIER.

Ouy, par dieu !

PATELIN.

Çà, ceste paulme.
Comment vous va?

LE DRAPPIER.

Et bien vraiement,
A vostre bon commandement.
Et vous?

PATELIN.

Par sainct Pierre l'apostre,
110 Comme celuy qui est tout vostre.
Ainsi vous esbatez?

LE DRAPPIER.

Et voire !
Mais marchans, ce devez vous croire,
Ne font pas tousjours à leur guise.

PATELIN.

Comment se porte marchandise?
115 S'en peult on ne soigner ne paistre?

V. 115. — *Sic* G. Leroy. — Tous les autres, *seigner* ou *saigner*.

LE DRAPPIER.

Et se m'aïst dieu, mon doulx maistre,
Je ne sçay; tousjours hay! avant!

PATELIN.

Ha, qu'estoit ung homme sçavant!
Je requier dieu qu'il en ait l'ame,
120 De vostre pere. Doulce dame!
Il m'est advis tout clerement
Que c'est il de vous proprement.
Qu'estoit ce ung bon marchant et sage!
Vous lui ressemblez de visage,
125 Par dieu, comme droite painture!
Se dieu eut oncq de creature
Mercy, dieu vray pardon luy face
A l'ame.

LE DRAPPIER.

Amen! par sa grace;
Et de nous quant il luy plaira!

PATELIN.

130 Par ma foy, il me desclaira
Maintefois et bien largement

V. 128. — Alors l'élision ne se faisait pas d'un interlocuteur à l'autre. Les textes rajeunis et le manuscrit La Vallière rectifient cet endroit : « Amen, Jésus Christ par sa grace, » et ils ôtent « à l'ame. » Voyez la note sur ce vers.

Le temps qu'on voit presentement :
Moult de fois m'en est souvenu.
Et puis lors il estoit tenu
135 Ung des bons...

LE DRAPPIER, offrant un siége.

Seez vous, beau sire :
Il est bien temps de le vous dire,
Mais je suis ainsi gracieulx.

PATELIN.

Je suis bien. Des biens temporeulx
Il avoit...

LE DRAPPIER, insistant.

Vraiement, vous serrez...

PATELIN, s'asseyant.

140 Voulentiers. Ha! que vous verrez,
Qu'il me disoit, de grans merveilles!
Ainsi m'aist dieu, que des oreilles,
Du nez, de la bouche et des yeulx,
Oncq enfant ne ressembla mieulx
145 A pere. Quel menton forché!
Vraiement c'estes vous tout poché!

V. 138. — *Sic* L. V. — B. : « Par Dieu precieulx. » —
G. Leroy et 1490 : « Par le corps precieulx. »

V. 139. — *Sic* B. — 1490. « Vous vous serrés. »

Et qui diroit à vostre mere
Que ne feussiez filz vostre pere,
Il auroit grant fain de tencer.
150 Sans faulte je ne puis penser
Comment nature en ses ouvrages
Forma deux si pareilz visaiges,
Et l'ung comme l'aultre tachié :
Car quoy? qui vous auroit crachié
155 Tous deux encontre la paroy
D'une maniere et d'ung arroy,
Si seriez vous sans difference.
Or, sire, la bonne Laurence,
Vostre belle ante, mourut elle?

LE DRAPPIER.

160 Nenny dea !

PATELIN.

Que la vis je belle,
Et grande, et droite, et gracieuse
Par la mere dieu precieuse,
Vous lui ressemblez de corsaige
Comme qui vous eust fait de naige.
165 En ce pays n'a, ce me semble,
Lignage qui mieulx se ressemble :

V. 158. — Sic G. Leroy. — 1490 : « La belle Laurence. »

Tant plus vous vois, par dieu le pere,

Veez vous là, veez vostre pere :

Vous luy ressemblez mieulx que goute

170   D'eaue, je n'en fais nulle doubte.

Quel vaillant bachelier c'estoit !

Le bon preud'homme ! et si prestoit

Ses denrées à qui les vouloit.

Dieu lui pardoint ! il me souloit

175   Tousjours de si tres bon cueur rire !

Pleust à Jhesus-Christ que le pire

De ce monde luy ressemblast !

On ne tollist pas ne n'emblast

L'ung à l'autre comme l'en fait !...

(Maniant le drap d'une des pièces à sa portée.)

180   Que ce drap icy est bien fait !

Qu'est il souef, doulx, et traitis !

LE DRAPPIER.

Je l'ay fait faire tout faitis

Ainsi des laines de mes bestes.

PATELIN.

Hen, hen, quel mesnagier vous estes !

V. 173. — Trepperel : « Ses deniers. »

V. 175. — *Sic* B.—Leroy, 1490 et Trepperel omettent *tres*.

V. 178. — *Sic* Leroy. — Ce vers est omis dans 1490.

V. 183. — *Sic* G. Leroy — 1490 : « Et de la laine de mes bestes. »

185   Vous n'en ystriez pas de l'orine
       Du pere : votre corps ne fine
       Tousjours, tousjours de besongner !

LE DRAPPIER.

Que voulez vous ? Il faut songner
Qui veult vivre, et soutenir paine.

V. 187. — *Sic* L. V. et B. — 1490 : « Tousjours de besoigner. »

PATELIN, touchant un autre drap.

190 Cestuy cy est il taint en laine?
Il est fort comme ung Cordouen!

LE DRAPPIER.

C'est ung tres bon drap de Rouen,
Je vous prometz, et bien drappé.

PATELIN.

Or vraiement j'en suis atrapé,
195 Car je n'avoie intention
D'avoir drap, par la passion
De nostre seigneur, quand je vins.
J'avoie mis à part quatre vings
Escus pour retraire une rente,
200 Mais vous en aurez vingt ou trente,
Je le voy bien, car la couleur
M'en plaist trestant que c'est douleur.

LE DRAPPIER.

Escus? Voire, se pourroit il faire
Que ceulx dont vous devez retraire
205 Ceste rente prinssent monnoye?

PATELIN.

Et oui dea, se je le vouloye;

Tout m'en est ung en payement.

(Reprenant le drap.)

Quel drap est cecy? Vrayement,
Tant plus le voy et plus m'assotte.
210 Il m'en fault avoir une cotte,
Bref, et à ma femme de mesme.

LE DRAPPIER.

Certes, drap est cher comme cresme!
Vous en aurez se vous voulez :
Dix ou vingt frans y sont coulez
215 Si tost!

PATELIN.

Ne me chault, couste et vaille!
Encor ay je denier et maille
Qu'oncques ne virent pere ne mere.

LE DRAPPIER.

Dieu en soit loué! Par saint Pere,
Il ne m'en desplairoit empiece.

PATELIN.

220 Bref, je suis gros de ceste piece :
Il m'en convient avoir.

V. 207. — J'ai rétabli la leçon de G. Leroy suivi par Trepperel. — 1490 : « Tout m'est ung or ou paiement. » — B. : « Tout m'est un quant au payement. »

LE DRAPPIER.

Or bien,
Il convient aviser combien
Vous en voulez. Premierement
Tout est à vostre commandement
225 Quant que il en y a en la pille;
Et n'eussiez vous ne croix ne pille.

PATELIN.

Je le sçay bien : vostre mercy.

LE DRAPPIER.

Voulez vous de ce pers cler cy?

PATELIN.

Avant, combien me coustera
230 La premiere aulne? Dieu sera
Payé des premiers, c'est raison :

(Donnant une petite pièce au drapier.)

Vecy ung denier; ne faison
Rien qui soit où dieu ne se nomme.

V. 224. — *Sic* Leroy, 1490 et Trepperel. Durand supprime *est* évidemment pour faire la mesure, mais *vostre* se proférait monosyllabe. — B. : « est en vo commandement. »

V. 225. — *Sic* B. et Leroy. — 1490 : « il en a. »

V. 228. — *Sic* Leroy et Trepperel. — 1490 : « Et voulez-vous. » — B. : « Voulez-vous de ce drap icy ? »

LE DRAPPIER.

Par dieu, vous estes un bon homme,
235 Et me n'avez bien resjouy.
Voulez vous à ung mot?

PATELIN.

Ouy.

LE DRAPPIER.

Chascune aulne vous coustera
Vingt et quatre solz.

PATELIN.

Non fera.
Vingt et quatre solz! Sainte dame!

LE DRAPPIER.

240 Il le m'a cousté, par ceste ame;
Autant m'en fault se vous l'avez.

PATELIN.

Dea, c'est trop!

LE DRAPPIER.

Ha! vous ne sçavez
Comment le drap est enchery!
Trestout le betail est pery
245 Cest yver par la grant froidure.

PATELIN.

Vingt solz, vingt solz.

LE DRAPPIER.

                Et je vous jure
Que j'en auray ce que je dy.
Or attendez à samedy :
Vous verrez que vault, La toison,
Dont il souloit estre foison,
Me cousta à la Magdalene
Huit blans, par mon serment, de laine
Que je souloie avoir pour quatre !

PATELIN.

Par le sang bieu, sans plus debattre,
Puis qu'ainsi va, donc je marchande ;
Sus, aulnez.

LE DRAPPIER.

              Et je vous demande
Combien vous en fault il avoir?

PATELIN.

Il est bien aisé à sçavoir :
Quel lé a il?

LE DRAPPIER.

        Lé de Brucelle.

PATELIN.

Trois aulnes pour moy, et pour elle
(Elle est haulte) deux et demie,

Ce sont six aulnes.... Ne sont mie?...
Et non sont, que je suis becjaune!

LE DRAPPIER.

Il ne s'en fault que demie aulne,
265 Pour faire les six justement.

PATELIN.

J'en prendray six tout rondement,
Aussy me faut il chapperon.

LE DRAPPIER, lui présentant son aune.

Prenez-la, nous les aulneron.
Si sont elles cy sans rabatre :

(Il mesure.)

270 Empreu, et deux, et trois, et quatre,
Et cinq, et six.

PATELIN.

Ventre saint Pierre!
Ric à ric!

LE DRAPPIER.

Aulneray je arriere?

PATELIN.

Nenny, ce n'est qu'une longaigne!

V. 273. — 1490 : « Nenny, en sanglante estraine. » — Leroy et Trepperel : « Nenny, de par une longaigne. » — L. V. : « Par saint Jacques d'Espaigne. » — 1614 : « Tant de peine m'en-

Il y a plus perte ou plus gaigne
275 En la marchandise. Combien
Monte tout?

LE DRAPPIER.

Nous le sçaurons bien.
A vingt et quatre solz chascune,
Les six neuf frans.

PATELIN.

Hen, c'est pour une!
Ce sont six escus?

LE DRAPPIER.

M'aist dieu, voire.

PATELIN.

280 Or, sire, les voulez vous croire
Jusques à ja quant vous viendrez?
Non pas croire, vous les prendrez
A mon huis, en or ou monnoye

LE DRAPPIER.

Nostre dame! je me tordroye
285 De beaucoup à aler par là.

---

gaigne. » J'ai suivi la leçon de l'exemplaire gothique sans date ni nom d'imprimeur, aux armes d'Huet (Bibl. imp., Y, 4408 a).

V. 279. — Leroy et 1490 : « *huit escus*, » mais c'est une faute de typographie; partout ailleurs où il est question du prix, on lit *six escus*.

PATELIN.

Hé! vostre bouche ne parla
Depuis, par monseigneur saint Gille,
Qu'el ne disoit pas Euvangile.
C'est très bien dit, vous vous tordriez!
290 *C'est cela! vous ne vouldriez
Jamais trouver nulle achoison
De venir boire en ma maison :
Or y burez vous ceste fois.

LE DRAPPIER.

Et par saint Jaques, je ne fais
295 Guere aultre chose que de boire!
Je iray; mais il fait mal d'acroire,
Ce sçavez vous bien, à l'estraine.

PATELIN.

Souffist il se je vous estraine
D'escus d'or, non pas de monnoye?
300 Et si mengerez de mon oye,
Par Dieu! que ma femme rotist.

LE DRAPPIER.

Vraiement cest homme m'assotist!

V. 290. — *Vouldriez* ne doit compter que pour deux syllabes, comme *tordriez* au vers précédent. Les éditions du xve siècle ne donnent pourtant pas d'autre leçon.

Alez devant : sus, je yray doncques
Et le porteray.

PATELIN
Rien quiconques!
305 Que me grevera il? pas maille,
Soubz mon esselle.

LE DRAPPIER.
Ne vous chaille :
Il vault mieux, pour le plus honeste,
Que je le porte.

PATELIN.
Male feste
M'envoise la saincte Magdalene
310 Se vous en prenez ja la paine.
C'est tres bien dit : dessoubz l'esselle.
Cecy m'y fera une belle
Bosse! — Ha, c'est tres bien alé!
(Il cache le drap sous sa robe.)
Il y aura beu et gallé
315 Chez moy ains que vous en aillez.

LE DRAPPIER.
Je vous pry que vous me baillez
Mon argent dez que j'y seray.

V. 309. — *M'envoise* ne comptait que deux syllabes, *m'en-roist*, comme au vers 1282 : « M'envoie dieu. »

LA FARCE DE PATELIN.

PATELIN.

Feray. — Et, par bieu, non feray
Que n'ayez prins vostre repas
320 Tres bien : et si ne vouldroie pas
Avoir sur moy de quoy payer.
Au moins viendrez vous essayer
Quel vin je boy. Vostre feu pere
En passant huchoit bien : Compere,
325 Ou que dis-tu ? ou que fais-tu ?
Mais vous ne prisez ung festu
Entre vous riches les pouvres hommes !

LE DRAPPIER.

Et, par le [saint] sang bieu, nous sommes
Plus povres...

PATELIN.

Ouay ! Adieu, adieu !
330 Rendez vous tantost audit lieu,
Et nous beuron bien, je m'en vant !

V. 327. — Dans le commun discours on ne tenait pas compte de l's du pluriel : *Les pouvre hommes.* C'est encore comme parle le peuple. Les éditeurs du XVIe siècle retranchent *les* pour laisser sonner l's du pluriel.

V. 328. — Comme au vers 1134 : « Par le saint sang bieu precieux. »

LE DRAPPIER.

Si feray je. Or alez devant,
Et que j'aye or. (Patelin s'en va.)

SCÈNE IV.

PATELIN, dans la rue.

Or? et quoy doncques?
Or! deable! je n'y failly onques!
335   Or! par le col soit il pendu!
Endea, il ne m'a pas vendu
A mon mot; ce a esté au sien :
Mais il sera payé au mien.
Il luy faut or? on le luy fourre!
340   Pleust à dieu qu'il ne fist que courre
Sans cesser jusque à fin de paye!
Saint Jehan! il feroit plus de voye
Qu'il n'y a jusque à Pampelune! (Il rentre.)

V. 332. — *Sic* B. — 1490 et Trepperel omettent « or ».
V. 339. — *Sic* G. Leroy. — 1490 : « on luy fourre ».

SCÈNE V.

LE DRAPPIER, chez lui.

Ilz ne verront soleil ne lune,
245 Les escus qu'il me baillera,
De l'an, qui ne les m'emblera.
Or n'est il si fort entendeur
Qui ne trouve plus fort vendeur :
Ce trompeur là est bien becjaune,
350 Quant pour vingt et quatre solz l'aulne
A prins drap qui n'en vaut pas vingt!

SCÈNE VI.
(Chez Patelin.)

PATELIN, GUILLEMETTE.

PATELIN.

En ay je?

GUILLEMETTE.

De quoy?

PATELIN.

Que devint
Vostre vielle cotte hardie?

GUILLEMETTE.

Il est grand besoin qu'on le die !
Qu'en voulez vous faire ?

PATELIN.

Rien, rien !
En ay je ? Je le disoie bien.
Est il ce drap cy ?

(Il découvre le drap caché sous sa robe.)

GUILLEMETTE.

Saincte dame !
Or, par le peril de mon ame,
Il vient d'aucune couverture.
Dieux ! d'ont nous vient ceste aventure ?
Helas ! helas ! qui le payera ?

PATELIN.

Demandez vous qui ce sera ?
Par saint Jehan ! il est ja payé.
Le marchant n'est pas desvoyé,
Belle seur, qui le m'a vendu !
Parmy le col soy je pendu
S'il n'est blanc comme ung sac de plastre !
Le meschant villain challemastre
En est ceint sur le cul !

GUILLEMETTE.

                Combien
370 Couste il donques?

PATELIN.

                Je n'en doy rien;
Il est payé : ne vous en chaille.

GUILLEMETTE.

Vous n'aviez denier ne maille!
Il est payé? en quel monnoie?

PATELIN.

Et, par le sang bieu, si avoie,
375 Dame : j'avoie ung parisi!

GUILLEMETTE.

C'est bien alé! Le beau nisi
Ou ung brevet y ont ouvré :
Ainsi l'avez vous recouvré.
Et quand le terme passera,
380 On viendra, on nous gaigera ;
Quancque avons nous sera osté!

PATELIN.

Par le sang bieu, il n'a cousté
Qu'ung denier, quant qu'il en y a.

GUILLEMETTE.

Benedicite, Maria!
385 Qu'ung denier! Il ne se peult faire!

PATELIN.

Je vous donne cest œil à traire,
S'il en a plus eu ne n'aura,
Ja si bien chanter ne sçaura.

GUILLEMETTE

Et qui est il?

PATELIN.

C'est ung Guillaume
390 Qui a son surnom de Joceaulme,
Puisque vous le voulez sçavoir.

GUILLEMETTE.

Mais la maniere de l'avoir
Pour ung denier? et à quel jeu?

PATELIN.

Ce fut pour le denier à dieu;
395 Et encore se j'eusse dit
« La main sur le pot, » par ce dit
Mon denier me fust demeuré.
Au fort est ce bien labouré;
Dieu et luy partiront ensemble

V. 390. — *Son* est fourni par L. V. — B. : « Qu'on sour-appelle Joceaulme. » — 1614 : « Saint Joceaulme. »

LA FARCE DE PATELIN.

400 Ce denier là, se bon leur semble,
Car c'est tout ce qu'ils en auront,
Ja si bien chanter ne sçauront,
Ne pour crier ne pour brester.

GUILLEMETTE.

Comment l'a il voulu prester,
405 Luy qui est ung homs si rebelle ?

PATELIN.

Par saincte Marie la belle,
Je l'ay armé et blasonné,
Si qu'il le m'a presque donné.
Je lui disoie que feu son pere
410 Fut si vaillant : Ha ! fais je, frere,
Qu'estes vous de bon parentaige !
Vous estes, fais je, du lignaige
D'icy entour plus à louer !
Mais je puisse dieu avouer
415 S'il n'est attrait d'une peautraille
La plus rebelle villenaille
Qui soit, ce croy je, en ce royaume.
Ha ! fais je, mon amy Guillaume,

V. 405. — B. et Le Caron : « Luy qui est homme. »

Que vous ressemblez bien de chere
420 Et du tout à vostre bon pere !
Dieu sait comment j'eschaffauldoie
Et à la fois j'entrelardoie
En parlant de sa drapperie !
Et puis, fais je, saincte Marie !
425 Comment prestoit il doucement
Ses denrées si humblement !
C'estes vous, fais je, tout craché.
Toutesfois on eust arraché
Les dens du villain marsouin
430 Son feu pere et du babouin
Le filz avant qu'ilz en prestassent
Cecy, ne que ung beau mot parlassent !
Mais au fort ay je tant bresté
Et parlé qu'il m'en a presté
435 Six aulnes !

GUILLEMETTE.

Voire, à jamais rendre ?

V. 432. — *Sic* Leroy et Trepperel. — 1490 : « Nenny ».
V. 433. — L. V. substitue à ces deux vers :

> Mais je l'ai tant doreloté,
> Que le meschant si m'a presté...

PATELIN.

Ainsi le devez vous entendre.
Rendre ? On lui rendra le dyable !

GUILLEMETTE.

Il m'est souvenu de la fable
Du corbeau qui estoit assis
440 Sur une croix de cinq à six
Toises de hault, lequel tenoit
Ung formage au bec : là venoit
Ung regnart qui vit ce formaige ;
Pensa à luy : Comment l'auray je ?
445 Lors se mist dessoubz le corbeau :
Ha ! fist-il, tant as le corps beau,
Et ton chant plein de melodie !
Le corbeau, par sa cornardie,
Oyant son chant ainsi vanter,
450 Si ouvrit le bec pour chanter,
Et son formage chet à terre,
Et maistre renart le vous serre

V. 437. — L. V.

L'on lui rendra, mais le grant diable !

V. 442. — *Sic* Le Caron. — 1490 : « Ung formage qu'en bec avoit. »

LA FARCE DE PATELIN.

A bonnes dens, et si l'emporte.
Ainsi est il (je m'en fais forte)
455 De ce drap : vous l'avez happé
Par blasonner et attrapé
En luy usant de beau langaige,
Comme fist renart du formage :
Vous l'en avez prins par la moe.

PATELIN.

460 Il doit venir menger de l'oe,
Mais vecy qu'il nous fauldra faire :
Je suis certain qu'il viendra braire
Pour avoir argent promptement;
J'ay pensé bon appointement :
465 Il convient que je me couche
Comme malade sur ma couche :
Et quant il viendra, vous direz :
Ha ! parlez bas, et gemirez
En faisant une chere fade.
470 Las ! ferez vous, il est malade
Passé deux mois ou six sepmaines.

V. 459. — L. V. rajeunit ainsi ce passage :
  Vous l'avez grippé par tel voye.
  — Il doit venir manger d'une ouaye.

V. 465. — Les édd. du XVIe siècle : « Il conviendra. »

Et s'il vous dit : Ce sont trudaines,
Il vient d'avec moy tout venant.
Helas! ce n'est pas maintenant
475 (Ferez vous) qu'il faut rigoler!...
Et le me laissez flageoler,
Car il n'en aura aultre chose.

GUILLEMETTE.

Par l'ame qui en moy repose,
Je feray tres bien la maniere ;
480 Mais se vous renchéez arriere,
Que justice vous en repreigne,
Je me doubte qu'il ne vous preigne
Pis la moitié qu'à l'aultre fois!

PATELIN.

Or paix! je sçay bien que je fais.
485 Il fault faire ainsi que je dy.

GUILLEMETTE.

Souviengne vous du samedy,
Pour dieu, qu'on vous pilloria :
Vous sçavez que chascun cria
Sur vous pour vostre tromperie.

PATELIN

490 Or laissez celle baverie.

Il viendra; nous ne gardons l'heure.
Il fault que ce drap nous demeure.
Je m'en vois coucher.

GUILLEMETTE.

Alez doncques

PATELIN, se fourrant dans le lit.

Or ne riez point!

GUILLEMETTE.

Rien quiconques,
495 Mais pleureray à chaudes larmes.

PATELIN.

Il nous fault tous deux estre fermes,
Affin qu'il ne s'en apparçoive.

SCÈNE VII.

LE DRAPPIER, seul chez lui.

Je croy qu'il est temps que je boive

V. 495. — *Sic* G. Leroy et 1490. — B. et Le Caron : « *A chaudes lermes.* » Voyez page 61 de l'Introduction.

V. 496. — *Sic* 1490. — G. Leroy et Trepperel : « Estre tous deux fermes. » — B. : « Il fault que nous nous tenons fermes, à fin qu'il ne s'en aperchoive. » (Ce manuscrit se conforme partout à la prononciation picarde, *ch* pour *c*.)

Pour m'en aler. Ha! non feray :
500 Je doy boire et si mengeray
De l'oe, par saint Mathelin,
Chiez maistre Pierre Pathelin,
Et là recevray je pecune :
Je happeray là une prune
505 A tout le moins sans rien despendre.
Je y vois, je ne puis plus rien vendre.
(Il sort, traverse la rue et vient frapper à la porte de Patelin.)
Hau! Hau! maistre Pierre?

SCÈNE VIII.

(Chez Patelin.)

PATELIN, dans le lit; GUILLEMETTE,
LE DRAPIER.

GUILLEMETTE, ouvrant.

Helas! sire,
Par dieu, se vous voulez rien dire,
Parlez plus bas.

LE DRAPPIER.

Dieu vous gart, dame!

GUILLEMETTE.

510   Ho, plus bas!

LE DRAPPIER.

De quoy?

GUILLEMETTE.

Bon gré m'ame...

LE DRAPPIER.

Où est il?

GUILLEMETTE.

Las! ou doit il estre?

LE DRAPPIER.

Le qui?

GUILLEMETTE.

Ha! c'est mal dit, mon maistre,
Où est il? Et Dieu par sa grace
Le sache! Il a gardé la place
515 Où il est, le povre martir,
Unze sepmaines sans partir!

LE DRAPPIER.

De qui?

GUILLEMETTE.

Pardonnez moi, je n'ose
Parler hault : je croy qu'il repose;
Il est ung petit aplommé.
520 Helas! il est si assommé
Le povre homme...

V. 513. — *Et*, qui complète la mesure, n'est fourni que par L. V.

V. 514. — *Sic* B. — G. Leroy, 1490, Trepperel et Le Caron : « Il garde la place. »

LE DRAPPIER.

Qui?

GUILLEMETTE.

Maistre Pierre.

LE DRAPPIER.

Ouay! n'est il pas venu querre
Six aulnes de drap maintenant?

GUILLEMETTE.

Qui, luy?

LE DRAPPIER.

Il en vient tout venant,
525 N'a pas la moitié d'un quart d'heure.
Delivrez moy, dea! je demeure
Beaucoup. Ça, sans plus flageoler,
Mon argent!

GUILLEMETTE.

Hé! sans rigoler :
Il n'est pas temps que l'en rigole.

LE DRAPPIER.

530 Çà, mon argent! Estes vous folle?
Il me fault neuf frans.

GUILLEMETTE.

Ha! Guillaume,
Il ne fault point couvrir de chaume

Icy ne bailler ces brocars;
Alez sorner à vos coquars,
535 A qui vous [vous] vouldrez jouer.

LE DRAPPIER.

Je puisse dieu desavouer,
Se je n'ay neuf frans!

GUILLEMETTE.

Helas! sire,
Chascun n'a pas si fain de rire
Comme vous, ne de flagorner.

LE DRAPPIER.

540 Dictes, je vous pry, sans sorner:
Par amour, faites moy venir
Maistre Pierre.

GUILLEMETTE.

Mesavenir
Vous puist il! et est ce à meshuy?

LE DRAPPIER.

N'est ce pas ceans que je suy
545 Chez maistre Pierre Pathelin?

GUILLEMETTE.

Ouy. Le mal saint Mathelin,

V. 546. — *Sic* B. et Trepperel. — Leroy et 1490 · « Saint Mathurin. »

(Sans le mien), au cueur vous tienne !
Parlez bas.

LE DRAPPIER.

Le diable y avienne !
Ne le oserais je demander ?

GUILLEMETTE.

550 A dieu me puisse commander !
Bas ! se voulez qu'il ne s'esveille.

LE DRAPPIER.

Quel bas ? Voulez vous en l'oreille,
Au fons du puis ou de la cave ?

GUILLEMETTE.

Hé dieu, que vous avez de bave !
555 Au fort, c'est tousjours vostre guise.

LE DRAPPIER.

Le diable y soit ! quant je m'avise :
Se voulez que je parle bas,
Payez moi sans plus de debas ;
Telz noises n'ay je point aprins.
560 Vray est que maistre Pierre a prins
Six aulnes de drap aujourd'huy.

V. 549. — Cette orthographe de Voltaire est bien dans 1490 et dans Trepperel. Voyez la note page 62 de l'Introduction.

10*

GUILLEMETTE, élevant la voix.

Et qu'est cecy? est ce à meshuy?
Diable y ait part! aga! quel prendre?
Ha! sire, que l'en le puist pendre
565 Qui ment! Il est en tel parti,
Le povre homme, qu'il ne partit
Du lit y a unze semaines!
Nous baillez vous de vos trudaines?
Maintenant en est ce saison?
570 Vous vuiderez de ma maison,
Par les angoisses dieu, moi lasse!

LE DRAPPIER.

Vous disiez que je parlasse
Si bas, saincte benoiste dame,
Vous criez!

GUILLEMETTE, parlant bas.

Cestes vous, par m'ame,
575 Qui ne parlez fors que de noise!

LE DRAPPIER.

Dictes, affin que je m'en voise,
Baillez moy.....

GUILLEMETTE, s'oubliant encore.

Parlez bas; ferez?

LE DRAPPIER.

Mais vous mesmes l'esveillerez :
Vous parlez plus hault quatre fois,
580 Par le sang bieu, que je ne fais !
Je vous requier qu'on me delivre.

GUILLEMETTE.

Et qu'est cecy? Estes vous yvre,
Ou hors du sens? Dieu nostre pere!

LE DRAPPIER.

Yvre? maugré en ait saint Pere !
585 Vecy une belle demande !

GUILLEMETTE.

Helas! plus bas.

LE DRAPPIER.

Je vous demande
Pour six aulnes, bon gré saint George,
De drap, dame.....

GUILLEMETTE.

On le vous forge !
Et à qui l'avez vous baillé?

LE DRAPPIER.

590 A luy mesme.

GUILLEMETTE.

Il est bien taillé
D'avoir drap! Helas! il ne hobe.
Il n'a nul besoin d'avoir robe :
Jamais robe ne vestira
Que de blanc, ne ne partira
595   D'ont il est que les piez devant!

LE DRAPPIER.

C'est donc depuis soleil levant?
Car je ay à luy parlé sans faulte.

GUILLEMETTE.

Vous avez la voix si tres haulte!
Parlez plus bas, en charité !

LE DRAPPIER.

600   C'estes vous, par ma verité,
Vous mesmes, en sanglante estraine !
Par le sang bieu, vecy grant peine!
Qui me payast, je m'en allasse !
Par dieu, onques que je prestasse,
605   Je n'en trouvay point autre chose!

V. 605. — Toutes les éditions du xv⁵ siècle ont *trouve*, mais il faut lire, avec l'accent, *trouvé*, au prétérit, que B. et le manuscrit de Crozet écrivent *trouvay*. Au présent de l'indicatif il n'y aurait pas *je trouve*, mais *je treuve*.

PATELIN, couché, feignant de se réveiller.

Guillemette? ung peu d'eaue rose !
Haussez moi; serrez moi derriere.
Trut! à qui parlé je? — L'esguiere ;
A boire. — Frottez moy la plante.

LE DRAPPIER.

610 Je l'os là.

GUILLEMETTE.

Voire.

PATELIN, à sa femme.

Ha, meschante,
Vien ça : t'avois je fait ouvrir
Ces fenestres? Vien moy couvrir.
— Ostez ces gens noirs! *Marmara,
Carimari, carimara*,
615 Amenez les moy, amenez!

GUILLEMETTE.

Qu'est ce? Comment vous demenez !
Estes vous hors de vostre sens?

PATELIN.

Tu ne vois pas ce que je sens.
Vela ung moine noir qui vole :
620 Prens le, bailles luy une estole.....
Au chat, au chat! Comment il monte !

GUILLEMETTE.

Et qu'est cecy? N'a' vous pas honte?
Et, par dieu! c'est trop remué.

PATELIN.

Ces phisiciens m'ont tué
625 De ces broulliz qu'ilz m'ont fait boire;
Et toutes fois, les fault il croire,
Ilz en œuvrent comme de cire

GUILLEMETTE, au drapier.

Helas! venez le voir, beau sire :
Il est si tres mal patient!

LE DRAPPIER.

630 Est il malade, à bon escient,
Puis orains qu'il vint de la foire?

GUILLEMETTE.

De la foire?

LE DRAPPIER.

Par saint Jehan, voire!
Je cuide qu'il y a esté.
(A Patelin.)
Du drap que je vous ay presté,
635 Il m'en fault l'argent, maistre Pierre.

PATELIN.

Ha! maistre Jean, plus dur que pierre
J'ay chié deux petites crottes

Noires, rondes comme pelotes.

Prenderay je ung aultre cristere.

LE DRAPPIER.

640 Et que sçay je? qu'en ay je afaire?

Neuf frans m'y fault, ou six escus.

PATELIN.

Ces trois petis morceaulx becuz

Les m'appellez vous pilloueres?

Ilz m'ont gasté les machoueres;

645 Pour dieu! ne m'en faites plus prendre,

Maistre Jehan : ilz m'ont fait tout rendre.

Ha! il n'est chose plus amere!

LE DRAPPIER.

Non ont, par l'ame de mon pere :

Mes neuf frans ne sont point rendus!

GUILLEMETTE.

650 Parmi le col soient pendus

Telz gens qui sont si empeschables!

Alez vous en, de par les diables,

Puisque de par dieu ne peult estre !

LE DRAPPIER.

Par celuy dieu qui me fist naistre,

V. 639. — *Sic* 1490, Le Caron, P. Levet et Trepperel. — B., *cristoire;* — L. V., *clystère*.

V. 642. — *Sic* Le Caron. — 1490 : « Ces trois morceaulx noirs et becuz. »

655 J'auray mon drap ains que je fine,
Ou mes neuf frans.

PATELIN, au drapier.

Et mon orine
Vous dit elle point que je meure?
Helas, pour dieu, quoy qu'il demeure,
Que je ne passe point le pas!

GUILLEMETTE au drapier.

660 Alez vous en! et n'est ce pas
Mal fait de lui tuer la teste?

LE DRAPPIER.

Dame dieu en ait male feste!
Six aulnes de drap maintenant,
Dites, est ce chose avenant,
665 Par vostre foy, que je les perde?

PATELIN, au drapier.

Se peussiez esclaircir ma merde,
Maistre Jehan? elle est si tres dure
Que je ne sçay comment je dure
Quant elle yst hors du fondement.

V. 658. — *Sic* G. Leroy et L. V. — 1490, Trepperel et Le Caron : « Pour Dieu, quoy qui demeure », omettant *hélas*. — B. : « Pour Dieu, pour Dieu, quoi qu'il demeure. »

V. 669. — B. : « Quant el sault hors. »

LE DRAPPIER.

670 Il me fault neuf frans rondement,
Que bon gré sainct Pierre de Rome.....

GUILLEMETTE.

Helas, tant tormentez cest homme!
Et comment estes vous si rude?
Vous veez clerement qu'il cuide
675 Que vous soyez phisicien.
Helas! le povre chrestien
A assez de male meschance :
Unze sepmaines, sans laschance,
A esté illec le povre homme!

LE DRAPPIER.

680 Par le sang bieu, je ne sçay comme
Cest accident luy est venu,
Car il est aujourd'huy venu
Et avons marchandé ensemble,
A tout le moins comme il me semble,
685 Ou je ne sçay que ce peult estre!

GUILLEMETTE.

Par nostre dame, mon doulx maistre,
Vous n'estes pas en bon memoire.
Sans faulte, se me voulez croire,
Vous irez ung peu reposer;

690 Moult de gens pourroient gloser
Que vous venez pour moy ceans ;
Alez hors. Les phisiciens
Viendront icy tout en presence ;
Je n'ay cure que l'en y pense
695 A mal, car je n'y pense point

LE DRAPPIER.

Et, maugrebieu ! suis je en ce point ?
Par la teste dieu, je cuidoye
Encor... Et n'avez vous point d'oye
Au feu ?

GUILLEMETTE.

C'est tres belle demande !
700 Ha, sire, ce n'est pas viande
Pour malades. Mengez vos oes,
Sans nous venir jouer des moes.
Par ma foy, vous estes trop aise !

V. 690. — B. et les éditions du xvie siècle : « Car moult de gens. » — L. V. : « Moult de gens pourroient supposer. » Leçons manifestement rajeunies d'après la prononciation moderne. Au xve siècle, le pluriel de ces imparfaits comptait une syllabe de plus qu'aujourd'hui : *pourroient*, pr. *pourriant*, ou *pourriont*. De là vient que la plupart des vers où ils se rencontrent paraissent trop courts d'une syllabe.

LA FARCE DE PATELIN.

LE DRAPPIER.

Je vous pry qu'il ne vous desplaise,
705 Car je cudoye fermement
Encore... par le sacrement
(A part.)
Dieu... Dea! je vois [ore] sçavoir :
Je sçay bien que j'en dois avoir
Six aulnes tout en une piece,
710 Mais ceste femme me despiece
De tous poins mon entendement!
Il les a eues vraiement.....
(Après réflexion.)
Non a, dea! il ne se peult joindre :
J'ay veu la mort qui le vient poindre;
715 Au moins ou il le contrefait.
(Il réfléchit encore.)
Et si a! il les print de fait
Et les mist dessoubz son esselle.....
(Nouvelle réflexion.)
Par sainte Marie la belle!
Non a!... je ne sçay se je songe :
720 Je n'ay point aprins que je donge
Mes drapz en dormant ne veillant

V. 707. — 1490. : « Adieu dea. Or je vois savoir. »

A nul, tant soit mon bien veuillant;
Je ne les eusse point acrues.
Par le sang bieu, il les a eues!
(Il rêve un peu.)
725 Et, par la mort! non a, ce tiens je;
Non a! — Mais à quoy donc en viens je?
Si a, par le sang nostre dame!...
Meschoir puist il de corps et d'ame,
Se je sçay qui sçauroit à dire
730 Qui a le meilleur ou le pire
D'eux ou de moy : je n'y voy goute! (Il sort.)

SCÈNE IX.

PATELIN, toujours au lit; GUILLEMETTE.

PATELIN, bas.

S'en est il alé?

GUILLEMETTE, bas.

Paix! je escoute
Ne sçay quoy qu'il va flageolant.
Il s'en va si fort grumelant
735 Qu'il semble qu'il doye desver.

PATELIN.

Il n'est pas temps de me lever ?
Comme est il arrivé à point !

GUILLEMETTE.

Je ne sçay s'il reviendra point ;
Nenny dea ! ne bougez encore.
740 Nostre fait seroit tout frelore,
S'il vous trouvoit levé.

PATELIN.

Saint George !
Qu'est il venu à bonne forge,
Luy qui est si tres mescreant !
Il est en luy trop mieulx seant
745 Que ung crucifix en ung monstier.

GUILLEMETTE.

En ung tel ort villain bronstier.
Onc lart es pois ne cheut si bien !
Avoy, dea, il ne faisoit rien
Aux dimenches !

PATELIN.

Pour dieu, sans rire !

V. 746. — *Sic* 1490 ; B., *Broutier ;* Bonfons, *putier ;* P. Levet et Trepperel, *Brustier ;* Durand, *Bruityer.*

750 S'il venoit il pourroit trop nuyre.
Je m'en tiens fort qu'il reviendra.

GUILLEMETTE.

Par mon serment, il s'en tiendra
Qui vouldra, mais je ne pourroie!

(Elle rit aux éclats.)

SCÈNE X.

LE DRAPPIER, chez lui.

Et par le saint soleil qui raye,
755 Je retourneray, qui qu'en grousse,
Chez cest advocat d'eaue douce.
Hé dieu! quel retraieur de rentes
Que ses parens ou ses parentes
Auroient vendus! Or, par saint Pierre,
760 Il a mon drap, le faulx tromperre!
Je luy baillay en ceste place.

GUILLEMETTE, chez elle.

Quant me souvient de la grimace
Qu'il faisoit en vous regardant,
Je ry! Il estoit si ardant,
765 De demander... (Elle recommence à rire.)

PATELIN.

Or paix, riace!
Je regnie bieu que ja ne face;
S'il advenoit qu'on vous ouist,
Autant vaudroit qu'on s'enfouist,
Il est si tres rebarbatif!

LE DRAPPIER, chez lui.

770 Et cest advocat portatif,
* A trois leçons et trois pseaumes,
Et tient il les gens pour Guillaumes?
Il est, par dieu! aussi pendable
Comme seroit ung blanc prenable.
775 Il a mon drap, ou je regnie bieu!
Et il m'a joué de ce jeu!...

(Il sort en fureur et va frapper chez Patelin.)

Hola! où estes vous fouye?

GUILLEMETTE, chez elle, bas.

Par mon serment, il m'a ouye!
Il semble qu'il doye desver.

V. 766. — *Sic* B., L. V. et Trepperel. — 1490 : « Que je ne face. »

V. 770. — *Sic* B. et L. V. — Leroy, 1490, Trepperel et Le Caron: « Potatif. »

PATELIN, de même.

780 Je ferai semblant de resver.
Alez là.

SCÈNE XI.

(Chez Patelin.)

PATELIN, au lit; GUILLEMETTE, LE DRAPIER.

GUILLEMETTE, ouvrant.

Comment vous criez!

LE DRAPPIER.

Bon gré en ait dieu. Vous riez?
Ça, mon argent!

GUILLEMETTE.

Sainte Marie!
De quoy cuidez vous que je rie?
785 Il n'a si dolente en la feste!
Il s'en va : oncques tel tempeste
N'ouystes ne tel frenaisie :
Il est encore en resverie :
Il resve, il chante et puis fatrouille

V. 789. — Sic B. — Leroy et 1490 : « et fatrouille. »

Tant de langaiges, et barbouille!...
Il ne vivra pas demie heure.
Par ceste ame, je ris et pleure
Ensemble.

LE DRAPPIER.

Je ne sçay quel rire
Ne quel plourer; à brief vous dire,
Il fault que je soye payé.

GUILLEMETTE.

De quoy? estes vous desvoyé?
Recommencez vous vostre verve?

LE DRAPPIER.

Je n'ay point aprins qu'on me serve
De telz motz en mon drap vendant.
Me voulez vous faire entendant
De vessies que sont lanternes?

PATELIN, s'éveillant en sursaut.

Sus, tost! la royne des guiternes,
A coup qu'el me soit aprouchée.
Je sçay bien qu'elle est acouchée
De vingt et quatre guiterneaux

V. 804. — *Sic* B. — 1490 : « que ce sont. »

Enfans à l'abbé d'Iverneaux.
Il me fault estre son compere.

GUILLEMETTE.

Helas! pensez à dieu le pere,
Mon amy, non pas à guiternes.

LE DRAPPIER.

810 Ha! quelz bailleurs de baluernes
Sont ce cy? Or tost, que je soye
Payé en or ou en monnoye,
De mon drap que vous avez prins!

GUILLEMETTE.

Hé dea, se vous avez mesprins
815 Une fois, ne suffist il mie?

LE DRAPPIER.

Sçavez vous qu'il est, belle amie?
M'aist dieu! je ne sçay quel mesprendre;
Mais quoy! il convient rendre ou pendre.
Quel tort vous fais je se je vien
820 Ceans pour demander le mien?
Que bon gré saint Pierre de Rome!...

GUILLEMETTE.

Helas! tant tormentez cest homme!
Je voy bien à vostre visage,
Certes, que vous n'estes pas saige;

825 Par ceste pecheresse lasse,
Se j'eusse aide je vous liasse.
Vous estes trestout forcené !

LE DRAPPIER.

Helas ! j'enraige que je n'ay
Mon argent !

GUILLEMETTE.

Ha, quel niceté !
830 Seignez vous ; *benedicite ;*
Faites le signe de la croix.

LE DRAPPIER.

Or regnie je bieu se j'acrois
De l'année drap ! Quel malade !

PATELIN, délirant.

Mere de diou, la Coronade,
835 Par fyé, y m'en voul anar,
Or renague biou, outre mar.
Ventre de diou ! zen dict gigone,
Castuy carible et res ne donne.
Ne carillaine, fuy ta none ;
840 Que de l'argent il ne [me] sonne.

(Au drapier.)

Avez entendu, beau cousin ?

GUILLEMETTE, au drapier.

Il eust ung oncle Limosin,
Qui fut frere de sa belle ante :
C'est ce qui le fait, je me vante,
845   Gergonner en Limosinois.

LE DRAPPIER.

Dea, il s'en vint en tapinois
Atout mon drap sous son esselle.

PATELIN, à sa femme.

Venez ens, doulce damiselle.

(Montrant le drapier.)

Et que veult ceste crapaudaille?
850   Alez en arriere, merdaille!
Cha tost, je veuil devenir prestre.
Or cha, que le deable y puist estre,
En chelle vielle prestrerie!
Et fault il que le prestre rie
855   Quant il deust canter se messe?

GUILLEMETTE

Helas! helas! l'heure s'apresse
Qu'il fault son dernier sacrement.

V. 856. — *Sic* Leroy et Trepperel. — 1490 : « s'aproiche. »

LE DRAPPIER.

Mais comment parle il proprement
Picart? D'ont vient tel coquardie?

GUILLEMETTE.

860 Sa mere fut de Picardie,
Pour ce le parle il maintenant.

PATELIN.

D'ont viens tu, caresme prenant?
Wacarme liefve, Gouedman!
Tel bel bighod gheueran.
865 Henriey, Henriey, conselapen
Ich salgned, ne de que maignen.
Grile, grile, schole houden,
Zilop, zilop, en nom que bouden
Disticlien unen desen versen
870 Mat groet festal ou truit den herzen.
Hau, Wattewille! come trie.
Cha, à dringuer, je vous en prie.
Commare, se margod de l'eaue;
Et qu'on m'y mette ung petit d'eaue.
875 Hau! Watwille, pour le frimas
Faites venir frere Thomas
Tantost, qui me confessera.

V. 876. — *Sic* B. — 1490 : « sire Thomas. »

LE DRAPPIER.

Qu'est cecy? Il ne cessera
Huy de parler divers langaige?
880 Au mains qu'il me baillast ung gaige
Ou mon argent, je m'en allasse.

GUILLEMETTE.

Par les angoisses dieu, moy lasse!
Vous estes ung bien divers homme!
Que voulez vous? Je ne sçay comme
885 Vous estes si fort obstiné.

PATELIN.

Or cha, Renouart au tiné,
Bé dea, que ma couille est pelouse!
El semble une cate pelouse,
Ou à une mouque à miel.
890 Bé! parlez à moy, Gabriel.
Les playes dieu! Qu'est che qui s'ataque
A men cul? est che or une vaque,
Une mouque ou un escarbot?
Hé dea, j'ay le mau saint Garbot!

V. 886. — Le Caron, Coustelier, Durand et la plupart des éditions : « Or charnouart austiné. » — B. : « Or cha Renouart a tiné. »

V. 892. — Sic Trepperel. — B. et 1490 : « A mon. »

895   Suis je des foyreux de Bayeux?
Jehan du Quemin sera joyeux
Mais qu'il saiche que je le sée.
Bé! par saint Miquiel, je berée
Voulentiers à luy une fés.

LE DRAPPIER.

900   Comment peult il porter le fés
De tant parler? Ha! il s'affolle!

GUILLEMETTE.

Celuy qui l'aprint à l'escole
Estoit Normand : ainsi avient
Qu'en la fin il luy en souvient.
905   Il s'en va!

LE DRAPPIER.

Ha, saincte Marie!
Vecy la plus grant resverie
Ou je fusse oncques mais bouté.
Jamais ne me fusse doubté
Qu'il n'eust huy esté à la foire!

GUILLEMETTE.

910   Vous le cuydiez?

V. 895. — *Sic* Leroy. — Le Caron et Trepperel : « foue-reux. » — B., 1490 et P. Levet : « *foureux.* »

V. 896. — Le Caron : « Jehan du Quainay. »

LE DRAPPIER.

Saint Jaques, voire!
Mais j'aperçoys bien le contraire.

PATELIN.

Sont il ung asne que j'os braire?
Halas, halas, cousin à moy!
Ilz seront tous en grant esmoy
915 Le jour quant [je] ne te verray;
Il convient que je te herray,
Car tu m'as fait grant trichery!
Ton fait il est tout trompery.
Ha oul danda oul en ravezeie
920 Corf ha en euf.

GUILLEMETTE.

Dieu vous ayst!

PATELIN.

Huis oz bez ou dronc noz badou
Digaut an can en ho madou
Empedit dich guicebnuan
Quez que vient ob dre donchaman
925 Men ez cachet hoz bouzelou
Eny obet grande canou

V. 912. — *Sic* B. — Leroy, 1490, Le Caron et Trepperel : « que jorre braire. »

LA FARCE DE PATELIN.

Maz rechet crux dan holcon,
So ol oz merveil gant nacon,
Aluzen archet episy,
930 Har cals amour ha courteisy.

LE DRAPPIER.

Helas, pour dieu entendez y!
Il s'en va! Comment il gargouille!
Mais que deable est ce qu'il barbouille?
Sainte dame, comme il barbote!
935 Par le corps Dieu! il barbelote
Ses motz tant qu'on n'y entent rien!
Il ne parle pas chrestien,
Ne nul langaige qui apere.

GUILLEMETTE.

Ce fut la mere de son pere
940 Qui fut attraicte de Bretaigne.
Il se meurt : cecy nous enseigne
Qu'il fault ses derniers sacremens.

PATELIN.

Hé, par sainct Gigon, tu ne mens.
Vualx te deu, couille de Lorraine,

V. 943. — *Sic* Le Caron et Trepperel. — B. et 1490 : « tu te mens. »

945 Dieu te mette en male sepmaine.

Tu ne vaulx mie une vielz nate.

Va, sanglante botte chavate,

Va foutre, va, sanglant paillard!

Tu me refais trop le gaillard!

950 Par la mort bieu! cha, vien t'en boire,

Et baille moy stan grain de poire,

Car vraiement je le mangera,

Et, par sainct George, je beura

A ty. — Que veux tu que je die?

955 Dy, viens tu nient de Picardie,

Jacquemart, que t'es ebaubis?

Et bona dies sit vobis,

Magister amantissime,

Pater reverendissime.

960 Quomodò brulis? quæ nova?

Parisius non sunt ova.

V. 945. — 1490 et Trepperel : « en botte semaine. » Presque toutes les éditions : « en *male* semaine, » que j'ai gardé. » B. : « en *bonne* semaine. »

V. 947. — 1490 : « botte *sanat.* » J'ai suivi B, hormis qu'au vers précédent il écrit *rate*. *Botte sanat* n'offre pas de sens; *botte savate*, botte éculée, vieille botte.

V. 952. — *Sic* B. — 1490 : « il le mangera ; — il bura. »

V. 956. — *Sic* B. — 1490 : « Jacques nyent ce sont ebobis. »

Quid petit ille mercator?
Dicat sibi quod trufator
Ille, qui in lecto jacet,
965 Vult ei dare, si placet,
De ocâ ad comedendum.
Si sit bona ad edendum
Pete sibi sine morâ.

GUILLEMETTE.

Par mon serment, il se mourra
970 Tout parlant. Comment il escume!
Veez vous pas comment il fume?
A haultaine divinité
Or s'en va son humanité;
Or demourray je povre et lasse!

LE DRAPPIER, à part.

975 Il fust bon que je m'en allasse
Avant qu'il eust passé le pas.
(A Guillemette.)
Je doute qu'il ne vousist pas

V. 970. — Leroy, 1490 et Trepperel :

    Comment il la scume !
Veez vous pas comment il escume
Haultement la divinité?
Elle s'en va, son humanité.

J'ai suivi la leçon de 1762.

Vous dire à son trespassement
Devant moy si privéement
980 Aucuns secrez par aventure.
Pardonnez moi, car je vous jure
Que je cuydoie, par ceste ame,
Qu'il eust eu mon drap. Adieu, dame.
Pour dieu, qu'il me soit pardonné !

GUILLEMETTE, le conduisant.

985 Le benoist jour vous soit donné ;
Si soit à la povre dolente !

SCÈNE XII.

LE DRAPPIER, dans la rue.

Par saincte Marie la gente,
Je me tiens plus esbaubely
Qu'onques. Le deable, en lieu de ly,
990 A prins mon drap pour moy tenter !
(Il se signe.)
Benedicite ! Atenter
Ne puist il ja à ma personne !
Et puis qu'ainsi va, je le donne
Pour dieu à quiconques l'a prins.
(Il rentre chez lui.)

SCÈNE XIII.

(Chez Patelin.)

PATELIN, sautant à bas du lit ; GUILLEMETTE

PATELIN.

995   Avant! vous ay je bien aprins?
Or s'en va il, le beau Guillaume.
Dieux! qu'il a dessoubz son heaulme
De menues conclusions!
Moult lui viendra d'avisions
1000   Par nuyt, quant il sera couché.

GUILLEMETTE.

Comment il a esté mouché!
N'ay je pas bien fait mon devoir?

PATELIN.

Par le corps bieu, à dire voir,
Vous y avez tres bien ouvré.
1005   Au moins avons nous recouvré
Assez drap pour faire des robes.

SCÈNE XIV.

(Chez le drapier.)

LE DRAPPIER, seul.

Quoi, dea! chascun me paist de lobes!
Chascun m'emporte mon avoir
Et prent ce qu'il en peult avoir!
1010 Or suis je le roy des meschans :
Mesmement les bergers des champs
Me cabusent ores le mien,
A qui j'ay tousjours fait du bien.
Il ne m'a pas pour rien gabbé :
1015 Il en viendra au pié l'abbé,
Par la benoiste couronnée!

SCÈNE XV.

(Chez le drapier.)

LE DRAPIER, THIBAULT AGNELET, berger.

LE BERGIER.

Dieu vous doint benoiste journée
Et bon vespre, mon seigneur doulx.

LE DRAPPIER.

Ha! es tu là, truant merdoulx!
1020 Quel bon varlet! mais à quoy faire?

LE BERGIER.

Mais qu'il ne vous vueille desplaire,
Ne sçay quel vestu de royé,

Mon bon seigneur, tout desroyé,
Qui tenoit ung fouet sans corde,
1025 M'a dit... Mais je ne me recorde
Point bien au vray que ce peult estre.
Il m'a parlé de vous, mon maistre,
Et ne sçay quelle adjournerie.
Quant à moy, par saincte Marie,
1030 Je n'y entens ne gros ne gresle.
Il m'a brouillé de pesle mesle,
De brebis, à de relevée,
Et m'a fait une grant levée
De vous, mon maistre, de boucler.

LE DRAPPIER.

1035 Se je ne te fais emboucler
Tout maintenant devant le juge,
Je prie à dieu que le deluge
Coure sur moy, et la tempeste!
Jamais tu n'assomeras beste,
1040 Par ma foy, qu'il ne t'en souvienne!
Tu me rendras, quoy qu'il advienne,
Six aulnes... dis-je, l'assommage
De mes bestes, et le dommage
Que tu m'as fait depuis dix ans.

V. 1035. — *Sic* Leroy et Trepperel. — 1490 : « je ne te sçay. »

LE BERGIER.

1045   Ne croyez pas les mesdisans,
Mon bon seigneur, car, par ceste ame...

LE DRAPPIER.

Et par la dame que l'en clame,
Tu les rendras ains samedy

V. 1048. — *Sic* B. — 1490 : « les rendras au samedy. »

Mes six aulnes de drap!... Je dy
Ce que tu as prins sur mes bestes.

LE BERGIER.

Quel drap? Ha, monseigneur, vous estes,
Ce croy je, courroucé d'aultre chose.
Par saint Leu, mon maistre, je n'ose
Rien dire quant je vous regarde!

LE DRAPPIER.

Laisse m'en paix, va t'en, et garde
Ta journée, se bon te semble.

LE BERGIER.

Monseigneur, accordons ensemble,
Pour dieu, que je ne plaide point!

LE DRAPPIER.

Va, ta besongne est en bon point;
Va t'en! Je nen accorderay,
Par dieu, ne nen appointeray
Qu'ainsi que le juge fera.

(Il le jette à la porte.)

Avoy! chascun me trompera
Mesouen se je n'y pourvoie!

V. 1052. — J'ai rétabli *je* d'après 1490, Le Caron et Trepperel. Sans doute on étranglait une syllabe dans la prononciation : *courcé*, comme on le trouve souvent écrit.

LE BERGIER.

1065 Adieu, sire, qui vous doint joye.
(Dans la rue.)
Il fault donc que je me defende.
(Il va frapper chez Patelin.)
A il ame là?

SCÈNE XVI.
(Chez Patelin.)

PATELIN, GUILLEMETTE.

PATELIN.

On me pende,
S'il ne revient, parmy la gorge !

GUILLEMETTE.

Et non fait, que bon gré saint George;
1070 Ce seroit bien au pis venir.

SCÈNE XVII.

PATELIN, AGNELET.

LE BERGIER, entrant.

Dieu y soit! dieu puist advenir!

PATELIN.

Dieu te gart, compains. Que te fault!

LE BERGIER.

On me piquera en default,

Se je ne vois à ma journée,

1075 Monseigneur, à de relevée,

Et, s'il vous plaist, vous y viendrez,

Mon doulx maistre, et me defendrez

Ma cause, car je n'y sçay rien,

Et je vous payeray tres bien,

1080 Pourtant se je suis mal vestu.

PATELIN.

Or vien çà, et parles. Qu'es tu?

Ou demandeur ou defendeur?

LE BERGIER.

J'ay afaire à un entendeur,

Entendez vous bien, mon doulx maistre,

1085 A qui j'ay long temps mené paistre

Ses brebis, et les [y] gardoye.

Par mon serment, je regardoye

V. 1075. — B. : « Monseigneur siet de relevée. »

V. 1086. — G. Leroy et 1490 : « et les gardoye. » Voyez plus bas, vers 1192.

Qu'il me payoit petitement....

Diray je tout?

PATELIN.

Dea, seurement

1090 A son conseil doit on tout dire.

LE BERGIER.

Il est vray et vérité, sire,

Que je les y ay assommées,

Tant que plusieurs se sont pasmées

Maintesfois et sont cheutes mortes

1095 Tant feussent elles saines et fortes.

Et puis je luy fesoie entendre,

Affin qu'il ne m'en peust reprendre,

Qu'ilz mouroient de la clavelée.

Ha! fait il, ne soit plus meslée

1100 Avec les aultres : jette la!

Volentiers, fais-je. Mais cela

Se faisoit par une autre voye,

Car, par saint Jehan, je les mengeoye,

Qui sçavoye bien la maladie!

1105 Que voulez vous que je vous die?

J'ay cecy tant continué,

J'en ai assommé et tué

Tant qu'il s'en est bien apperceu;

Et quant il s'est trouvé deceu,
1110 M'aist dieu! il m'a fait espier,
Car on les oyt bien hault crier,
Entendez vous, quant on le fait.
Or ay je esté prins sur le fait,
Je ne le puis jamais nier.
1115 Si vous voudroy je bien prier
(Pour du mien j'ay assez finance)
Que nous deux luy baillons l'avance.
Je sçay bien qu'il a bonne cause :
Mais vous trouverez bien tel clause,
1120 Se voulez, qu'il l'aura mauvaise.

PATELIN.

Par ta foy, seras tu bien aise?
Que donras tu se je renverse
Le droit de ta partie adverse,
Et se l'en t'en envoye assoulz?

LE BERGIER.

1125 Je ne vous paieray point en solz,
Mais en bel or à la couronne.

PATELIN.

Donc auras tu ta cause bonne.

V. 1119. — *Sic* B. — Leroy et 1490 : « bien clause. »

Et fust elle la moitié pire,

Tant mieulx vault et plus tost l'empire,

1130 Quand je veuil mon sens appliquer.

Que tu m'orras bien descliquer,

Quand il aura fait sa demande!

Or vien çà : et je te demande,

Par le saint sang bieu precieux,

1135 Tu es assez malicieux

Pour entendre bien la cautelle :

Comment est ce que l'en t'appelle?

LE BERGIER.

Par saint Mor, Thibault l'Aignelet.

PATELIN.

L'Aignelet, maint Aigneau de lait

1140 Tu as cabassé à ton maistre?

LE BERGIER.

Par mon serment, il peult bien estre

Que j'en ay mengé plus de trente

En trois ans.

PATELIN.

Ce sont dix de rente,

Pour tes dez et pour ta chandelle.

1145 Je croy que luy bailleray belle!

Penses tu qu'il puisse trouver

Sur piez par qui ces fais prouver?
C'est le chief de la plaiderie.

LE BERGIER.

Prouver, sire? saincte Marie!
Par tous les sainctz de paradis,
Pour ung il en trouvera dix
Qui contre moy deposeront!

PATELIN.

C'est ung cas qui bien fort desront
Ton fait! Vecy que je pensoye :
Je faindray que point je ne soye
Des tiens ne que je te veisse oncques.

LE BERGIER.

Ne ferez, dieux!

PATELIN.

Non, rien quelzconques
Mais vecy qu'il te conviendra :
Se tu parles, on te prendra
Coup à coup aux positions ;
Et en telz cas, confessions
Sont si tres prejudiciables
Et nuysent tant que ce sont diables !
Et pour ce vecy qu'il fauldra :

V. 1164. — *Sic* B. — Leroy : « vecy que fera. » — Trepperel : « Pour ce vecy que tu feras. »

1165 Ja tost quant on t'appellera
Pour comparoir en jugement,
Tu ne respondras nullement
Fors Bê, pour rien que l'en te die.
Et s'il advient qu'en te mauldie,
1170 En disant : Hé, cornart puant !
Dieu vous mette en mal an, truant !
Vous mocquez vous de la justice ?
Dy : Bê. — Ha ! feray je, il est nice :
Il cuide parler à ses bestes !
1175 Mais s'ilz devoient rompre leurs testes,
Que aultre mot n'ysse de ta bouche :
Garde t'en bien !

LE BERGIER.

Le fait me touche
Je m'en garderay vrayement
Et le feray bien proprement,
1180 Je le vous prometz et afferme.

PATELIN.

Or t'y garde ; tiens te bien ferme.
A moy mesme, pour quelque chose
Que je te die ne prepose,
Si ne me respondz aultrement.

V. 1184. — Leroy, 1490 et Trepperel : « Si ne respondz. »

LE BERGIER.

1185 Moy? nennin, par mon sacrement !
Dites hardiement que j'affole,
Se je dy huy aultre parole
A vous, n'a quelque aultre personne,
Pour quelque mot que l'en me sonne,
1190 Fors Bê, que vous m'avez aprins.

PATELIN.

Par saint Jehan, ainsi sera prins
Ton adversaire par la moe.
Mais aussi fais que je me loue,
Quant ce sera fait, de ta paye!

LE BERGIER.

1195 Monseigneur, se je ne vous paye
A vostre mot, ne me croyez
Jamais. Mais, je vous pry, voyez
Diligemment à ma besongne.

PATELIN.

Par nostre dame de Boulongne,
1200 Je tiens que le juge est assis,
Car il se siet tousjours à six
Heures, ou illec environ.
Or vien apres moy : nous n'iron
Nous deux ensemble pas en voie.

LE BERGIER.

1205 C'est bien dit, afin qu'on ne voye
Que vous soyez mon advocat.

PATELIN, le menaçant.

Nostre dame, moquin, moquat,
Se tu ne payes largement!...

LE BERGIER.

Dieux! à vostre mot vrayement,
1210 Monseigneur, et n'en faites doubte! (Il sort.)

SCÈNE XVIII.

(Sur la place.)

PATELIN, puis LE JUGE.

PATELIN, seul.

Hé dea, s'il ne pleut il degoute.
Au moins auray je une epinoche :
J'auray de luy, s'il chet en coche,
Ung escu ou deux pour ma paine.

(Le juge paraît et monte sur son tribunal.)

V. 1212 — Leroy : « ung epinoche. »

1215 Sire, dieu vous doint bonne estraine
Et ce que vostre cueur desire.

LE JUGE.

Vous soyez le bien venu, sire :
Or vous couvrez. Çà, prenez place.

PATELIN.

Dea, je suis bien, sauf vostre grace :
1220 Je suis icy plus à delivre.

LE JUGE.

S'il y a riens, qu'on se delivre
Tantost, affin que je me lieve.

SCÈNE XIX.

Les mêmes, LE DRAPIER et AGNELET.

LE DRAPPIER, au juge.

Mon advocat vient, qui achieve
Ung peu de chose qu'il faisoit,
1225 Monseigneur, et, s'il vous plaisoit,
Vous feriez bien de l'attendre.

LE JUGE.

Hé dea, j'ay ailleurs à entendre !

Se vostre partie est presente,
Delivrez vous, sans plus d'attente.
1230 Et n'estes vous pas demandeur?

LE DRAPPIER.

Si suis.

LE JUGE.

Où est le defendeur?
Est il cy present en personne?

LE DRAPPIER, montrant Agnelet tapi dans un coin.

 Ouy : véez le là qui ne sonne
 Mot, mais dieu scet qu'il en pense.

LE JUGE.

1235 Puisque vous estes en presence
 Vous deux, faites vostre demande.

LE DRAPPIER.

 Vecy doncques que luy demande :
 Monseigneur, il est verité
 Que pour dieu et en charité
1240 Je l'ay nourry en son enfance ;
 Et quant je vis qu'il eut puissance
 D'aler aux champs, pour abregier,
 Je le fis estre mon bergier
 Et le mis à garder mes bestes.
1245 Mais, aussi vray comme vous estes
 Là assis, monseigneur le juge,
 Il en a fait ung tel deluge
 De brebis et de mes moutons,
 Que sans faulte.....

V. 1249. — Nouvel exemple de l'hiatus autorisé par le changement d'interlocuteur (voy. vers 128 et la note). — Les éditions du XVIᵉ siècle ont aussi refait ce passage : « Que par sa faulte. »

LE JUGE.

Or escoutons.
(Au drapier.)

1250 Estoit il point vostre aloué?

PATELIN.

Voire : car, s'il s'estoit joué
A le tenir sans alouer....

LE DRAPPIER, reconnaissant Patelin.

Je puisse dieu desavouer
Se ce n'estes vous, vous sans faulte!
(Patelin se hâte de se cacher la figure.)

LE JUGE.

1255 Comment vous tenez la main haulte!
A'vous mal aux dens, maistre Pierre?

PATELIN, même jeu.

Ouy : elles me font telle guerre,
Qu'oncques mais ne senty tel raige :
Je n'ose lever le visaige.
1260 Pour dieu, faites le proceder.

LE JUGE.

Avant achevez de plaider.
Suz, concluez apertement.

V. 1260. — Leroy seul donne cette leçon. — 1490 : « faites les proceder » — *le proceder* substantif: « Faites le procéder », comme plus loin (v. 1472.) : « Et vous deffendz le proceder. »

LE DRAPPIER, bas, à part.

C'est il, sans aultre, vrayement !
(A Patelin.)
Par la croix où dieu s'estendy,
1265 C'est à vous à qui je vendy
Six aulnes de drap, maistre Pierre.

LE JUGE, à Patelin.

Qu'est ce qu'il dit de drap ?

PATELIN, au juge.

Il erre !

Il cuide à son propos venir ;
Et il n'y scet plus advenir,
1270 Pour ce qu'il ne l'a pas aprins.

LE DRAPPIER.

Pendu soy je se autre l'a prins,
Mon drap, par la sanglante gorge !

PATELIN, au juge.

Comme le meschant homme forge
De loing pour fournir son libelle !
1275 Il veut dire (il est bien rebelle !)
Que son bergier avoit vendu
La laine (je l'ay entendu !)
Dont fut fait le drap de ma robe ;
Comme s'il dist qu'il le desrobe,

1280 Et qu'il luy a emblé la laine
De ses brebis.

LE DRAPPIER.

Male sepmaine
M'envoie dieu, se vous ne l'avez.

LE JUGE.

Paix, de par le diable ! vous bavez.
Et ne sçavez vous revenir
1285 A vostre propos, sans tenir
La court de telle baverie ?

PATELIN, riant.

Je sens mal et faut que je rie :
Il est desja si empressé
Qu'il ne scet où il a laissé ;
1290 Il faut que nous luy reboutons.

LE JUGE, au drapier.

Suz, revenons à ces moutons :
Qu'en fut il ?

LE DRAPPIER.

Il en print six aulnes
De neuf frans.

V. 1282. — Dans ce vers, comme dans le suivant, la prononciation doit faire disparaître un *e* muet (voy. vers 309).

V. 1283. — Les éditions rajeunies suppriment *de*.

LE JUGE.

Sommes nous becjaunes,
Ou cornards? Où cuidez vous estre?

PATELIN.

1295 Par le sang bieu, il vous fait paistre!
Qu'est il bon homme par sa mine!
Mais je loe qu'on examine
Ung bien peu sa partie adverse.

LE JUGE.

Vous dites bien : il le converse,
1300 Il ne peult qu'il ne le congnoisse.

(Au berger.)

Vien çà, dy.

LE BERGIER.

Bê !

LE JUGE.

Vecy angoisse.
Quel Bê est ce cy? Suis je chievre?
Parle à moy.

LE BERGIER.

Bê !

V. 1297. — Leroy, 1490, Trepperel : « Mais je los. » — Les éditions du XVIe siècle : « Je le los. » J'ai pensé qu'il n'y avait qu'une faute d'impression, *los* pour *loe*, comme au vers 1489.

V. 1300. — Le second *ne* manque dans 1490 ; il est dans Leroy et dans Trepperel.

LE JUGE.

Sanglante fievre
Te doint dieu! et te mocques tu?

PATELIN.

Croyez qu'il est fol ou testu,
Ou qu'il cuide estre entre ses bestes.

LE DRAPPIER.

Or regnie je bieu, se vous n'estes
Celuy, sans aultre, qui l'avez
Eu, mon drap. — Ha! vous ne sçavez,
Monseigneur, par quelle malice...

LE JUGE.

Et taisez vous! Estes-vous nice?
Laissez en paix ceste assessoire
Et venons au principal.

LE DRAPPIER.

Voire,
Monseigneur, mais le cas me touche.
Toutesfois, par ma foy, ma bouche
Meshuy ung seul mot n'en dira.
Une aultre fois il en ira
Ainsi qu'il en pourra aler :
Il le me convient avaler
Sans mascher. Ore, je disoie

A mon propos comment j'avoie
Baillé six aulnes... doy je dire
Mes brebis — je vous en prie, sire,
Pardonnez moy. — Ce gentil maistre,
1325 Mon bergier, quant il devoit estre
Aux champs... il me dit que j'auroie
Six escus d'or, quand je viendroie...
Dy je, depuis trois ans en çà,
Mon bergier m'enconvenança
1330 Que loyaument me garderoit
Mes brebis, et ne m'y feroit
Ne dommaige ne villenie...
Et puis maintenant il me nie
Et drap et argent plainement!

(A Patelin.)

1335 Ah, maistre Pierre, vrayement
Ce ribault cy m'embloit les laines
De mes bestes, et toutes saines
Les fesoit mourir et perir
Par les assommer et ferir
1340 De gros bastons sur la cervelle...

(Au juge.)

Quant mon drap fut soubz son esselle,
Il se mit au chemin grant erre,

Et me dist que j'allasse querre

Six escus d'or en sa maison.

LE JUGE.

1345 Il n'y a ne rime ne raison

En tout quant que vous rafardez.

Qu'est cecy? vous entrelardez

Puis d'ung, puis d'aultre; somme toute,

Par le sang bieu, je n'y vois goute!

1350 Il brouille de drap et babille,

Puis de brebis, au coup la quille!

Chose qu'il die ne s'entretient.

PATELIN.

Or je m'en fais fort qu'il retient

Au povre bergier son salaire.

LE DRAPPIER.

1355 Par dieu! vous en peussiez bien taire!

Mon drap, aussi vray que la messe.....

(Je sçay mieulx où le bas m'enblesse

Que vous ne ung aultre ne sçavez.)

Par la teste bieu! vous l'avez.

V. 1345. — 1490 écrit « il nya, ce qui montre que l'on ne comptait que deux syllabes : i gnia. Trepperel et les autres, d'après lui, suppriment le premier ne : « Il n'y a rime. »

V. 1346. — Sic B., Leroy et Trepperel. — 1490 : « refardés. » C'est toujours le verbe itératif de *farder*.

LE JUGE.

1360 Qu'est ce qu'il a?

LE DRAPPIER.

Rien, monseigneur.
Par mon serment, c'est le greigneur
Trompeur... Holà! je m'en tairay,
Se je puis, et n'en parleray
Meshuy, pour chose qu'il adviengne.

LE JUGE.

1365 Et non; mais qu'il vous en souviengne.
Or concluez appertement.

PATELIN.

Ce bergier ne peult austrement
Respondre aux fais que l'en prepose,
S'il n'a du conseil, et il n'ose,
1370 Ou il ne scet en demander.
S'il vous plaisoit moy commander
Que je fusse à luy, je y seroye.

LE JUGE.

Avecques luy? Je cuideroye
Que ce fust trestoute froidure :
1375 C'est Peu-d'acquest.

V. 1367. — *Sic* Leroy et 1490. — Trepperel : « nullement. » — B. : « bonnement. »

PATELIN.

Mais je vous jure
Qu'aussi n'en veuil je rien avoir :
Pour dieu soit. Or je vois sçavoir
Au povret qu'il me vouldra dire,
Et s'il me sçaura point instruire
1380 Pour respondre aux fais de partie.
Il auroit dure departie
De cecy, qui ne le secourroit.

(Au berger.)

Vien çà, mon amy. Qui pourroit
Trouver.... entens.

LE BERGIER.

Bê !

PATELIN.

Quel Bê, dea!
1385 Par le sainct sang que dieu réa,
Es tu fol ? Dy moy ton affaire.

LE BERGIER.

Bê !

V. 1376. — *Sic* B. — Les éditeurs du xve siècle omettent *je*.

V. 1385. — *Rea, raya*. Les éditeurs du xvie siècle ont cru bien corriger *crea* au lieu de *rea*, qui est du verbe *rayer*, couler en rais ou rayons.

PATELIN.

Quel Bêê! Oys tu tes brebis braire?
C'est pour ton prouffit : entens y.

LE BERGIER.

Bêê!

PATELIN.

Et dy ouy et nenny.

(Bas, à l'oreille.)

1390 (C'est bien fait! Dy tousjours, feras?)

LE BERGIER, doucement.

Bê!

PATELIN, de même.

Plus hault, ou tu t'en trouveras
En grans despens, et je m'en doubte.

LE BERGIER, très fort.

Bê!

PATELIN.

Or est il plus fol cil qui boute
Tel fol naturel en procez.
1395 Ha! sire, renvoyez le à ses
Brebis : il est fol de nature.

LE DRAPPIER.

Est il fol? Saint Sauveur d'Esture!
Il est plus saige que vous n'estes.

PATELIN, au juge.

Envoyez le garder ses bestes,
1400 Sans jour que jamais ne retourne.
Que maudit soit il qui adjourne
Telz folz ne ne fait adjourner!

LE DRAPPIER.

Et l'en fera l'en retourner
Avant que je puisse estre ouy?

PATELIN.

1405 M'aist dieu, puis qu'il est fol, ouy.
Pourquoy ne fera?

LE DRAPPIER.

Hé dea, sire,
Au mains laissez moy avant dire
Et faire mes conclusions.
Ce ne sont pas abusions
1410 Que je vous dy, ne mocqueries.

LE JUGE.

Ce sont toutes tribouilleries
Que de plaider à folz ne à folles!
Escoutez, à mains de paroles,
La court n'en sera plus tenue

V. 1402. — Textes rajeunis : « ou les fait ajourner. »

LE DRAPPIER.

1415 S'en iront ilz sans retenue
De plus revenir?

LE JUGE.

Et quoy doncques?

PATELIN, au juge.

Revenir! Vous ne veistes oncques
Plus fol n'en faict ne en response;
(Montrant le drapier.)
Et cil ne vault pas mieulx une once :
1420 Ilz sont tous deux folz sans cervelle ;
Par saincte Marie la belle,
Eulx deux n'en ont pas ung quarat!

LE DRAPPIER.

Vous l'emportastes par barat
Mon drap sans payer, maistre Pierre.
1425 Par la char bieu ne par sainct Pierre,
Ce ne fut pas fait de preud'homme !

V. 1418. — J'ai suivi B. — Leroy, 1490, Trepperel, Le Caron, donnent ici un texte évidemment altéré :

> Plus fol n'en faictes neant response.
> Et s'il ne vault pas mieulx une once
> L'aultre : tous deux sont folz sans cervelle.

PATELIN.

Or je regny sainct Pierre de Rome,
S'il n'est fin fol ou il affolle!

LE DRAPPIER.

Je vous congnois à la parolle
1430   Et à la robbe et au visaige;
Je ne suis pas fol, je suis saige,
Pour congnoistre qui bien me fait.
(Au juge.)
Je vous compteray tout le fait,
Monseigneur, par ma conscience.

PATELIN, au juge.

1435   Hé, sire, imposez leur silence!
(Au drapier.)
N'avous honte de tant debattre
A ce bergier pour trois ou quatre
Vieilz brebiailles ou moutons
Qui ne valent pas deux boutons?
1440   Il en fait plus grand kirielle...!

LE DRAPPIER.

Quelz moutons? C'est une vielle!
C'est à vous mesme que je parle,
A vous! Et le me rendrez, par le
Dieu qui voult à noel estre né!

LE JUGE.

1445 Véez vous? Suis je bien assené?

Il ne cessera huy de braire.

LE DRAPPIER.

Je luy demand.....

PATELIN, au juge.

Faites le taire.

(Au drapier.)

Et, par dieu, c'est trop flageolé.

Prenons qu'il en ait affollé

1450 Six ou sept, ou une douzaine,

Et mengez; en sanglante estraine,

Vous en estes bien meshaigné !

Vous avez plus que tant gaigné

Au temps qu'il les vous a gardez.

LE DRAPPIER, au juge.

1455 Regardez, sire, regardez !

Je luy parle de drapperie ;

Et il respont de bergerie !

(A Patelin.)

Six aulnes de drap, où sont elles,

Que vous mistes soubz vos esselles ?

1460 Pensez vous point de les moy rendre ?

V. 1459. — *Sic* Leroy. — 1490 : « Soubz vostre esselle. »

PATELIN, plaidant.

Ha ! sire, le ferez vous pendre
Pour six ou sept bestes à laine ?
Au mains reprenez vostre alaine ;
Ne soyez pas si rigoureux
1465 Au povre bergier douloreux,
Qui est aussi nu comme ung ver !

LE DRAPPIER.

C'est tres bien retourné le ver !
Le diable me fist bien vendeur
De drap à ung tel entendeur !

(Au juge.)

1470 Dea, monseigneur, je lui demande.....

LE JUGE.

Je l'assoulz de vostre demande,
Et vous deffendz le proceder.
C'est un bel honneur de plaider
A un fol ! (Au berger.) Va t'en à tes bestes.

LE BERGIER.

1475 Bê !

LE JUGE, au drapier.

Vous monstrez bien qui vous estes,
Sire, par le sang nostre dame !

LE DRAPPIER.

Hé dea, monseigneur, bon gré m'ame,
Je luy vueil.....

PATELIN.

S'en pourroit il taire?

LE DRAPPIER, se retournant sur Patelin.

Et c'est à vous que j'ay à faire :
1480 Vous m'avez trompé faulsement,
Et emporté furtivement
Mon drap par vostre beau langaige.

PATELIN, au juge.

Ho! j'en appelle en mon couraige,
Et vous l'ouez bien, monseigneur?

LE DRAPPIER.

1485 M'aist dieu, vous estes le greigneur
Trompeur!...Monseigneur, quoy qu'on die.

LE JUGE.

C'est une droicte cornardie
Que de vous deux : ce n'est que noise.
(Il se lève.)

V. 1483. — *Sic* B. — Le manuscrit de Crozet : « Or j'appelle. » — Les éditions du xve siècle tronquent ce vers : « J'en appelle à mon couraige. »

V. 1484. — Leroy et 1490 : « Vous l'ouez. » — Trepperel : « Vous l'oyez. »

V. 1487. — B. : « droite comédie. »

M'aist dieu, je loe que je m'en voise.

(A Agnelet.)

1490 Va t'en, mon amy; ne retourne
Jamais, pour sergent qui t'ajourne :
La court t'assoult, entens tu bien ?

PATELIN, à Agnelet.

Dy grant mercy.

LE BERGIER.

Bê.

LE JUGE, à Patelin.

Dis je bien ?

(Au berger.)

Va t'en, ne te chault; autant vaille.

LE DRAPPIER.

1495 Mais est ce raison qu'il s'en aille
Ainsi ?

LE JUGE.

Ouy, j'ay affaire ailleurs :
Vous estes par trop grans railleurs :
Vous ne m'y ferez plus tenir :

V. 1489. — *Sic* Leroy et Trepperel. — 1490 : « je loz que il s'en voise. »

V. 1495. — *Sic* le manuscrit de Crozet. — B. : « Et esche raison. » — Les éditions du xve siècle tronquent le vers : « Est ce rayson. »

Je m'en vois. — Voulez vous venir
Souper avec moy, maistre Pierre?

PATELIN.

Je ne puis.

(Le juge s'en va.)

SCÈNE XX.

PATELIN, LE DRAPIER, AGNELET.

LE DRAPPIER, le regardant aller.

Ha! qu'es tu fort lierre!

(A Patelin.)

Dites, seray je point payé?

PATELIN.

De quoy? Estes vous desvoyé?
Mais qui cuidez vous que je soye?
Par le sang, de moy! je pensoye
Pour qui c'est que vous me prenez.

LE DRAPPIER.

Bé dea!

V. 1501. — *Sic* Leroy. — 1490 : « Ha, qu'es tu ung fort liare. »

PATELIN.

Beau sire, or vous tenez.
Je vous diray, sans plus attendre,
Pour qui c'est que me cuidiez prendre :
1510 Est ce point pour esservellé?
Voy! nennin, il n'est point pelé,
Comme je suis, dessus la teste.

LE DRAPPIER.

Me voulez vous tenir pour beste?
C'estes vous en propre personne,
1515 Vous de vous; vostre voix le sonne,
Et ne le croy point aultrement.

PATELIN.

Moy de moy? Non suis vraiement.
Ostez en vostre opinion.

V. 1507. — *Sic* Leroy. — 1490 : « or vous tairés. »

V. 1509. — *Sic* B. — Leroy, 1490 et Le Caron : « Pour qui vous me cuidez prendre. »

V. 1510. — 1490 : « Pour ung esservellé? — Avoy, nennin. » J'ai suivi Leroy et Le Caron.

V. 1515. — Au lieu de *vous de vous*, locution apparemment déjà surannée et obscure, Galliot Dupré, Trepperel et les éditions *restituées au naturel* mettent *vous-même*, et plus bas (vers 1517) : « Moi, dea, moi? »

V. 1517. — *Sic* 1490. — Leroy, Levet, B. : « Et ne le croyez nullement. »

Seroit ce point Jehan de Noyon?
Il me ressemble de corsage.

LE DRAPPIER.

Hé deable! il n'a pas le visage
Ainsy potatif ne si fade.
Ne vous laissé je pas malade
Orains dedens vostre maison?

PATELIN.

Ha! que vecy bonne raison!
Malade? Et de quel maladie?
Confessez vostre cornardie :
Maintenant est elle bien clere.

LE DRAPPIER.

C'estes vous, je regnie sainct Pierre;
Vous, sans aultre, je le sçay bien,
Pour tout vray!

PATELIN.

Or n'en croyez rien,
Car certes ce ne suis je mie.

V. 1522. — *Sic* 1490. — Leroy : « portatif ».

V. 1526. — Leroy, 1490 et Trepperel, omettent *de*.

V. 1531. — Leroy, 1490 et Trepperel, omettent la fin du vers que donne Bigot.

De vous onc aulne ne demie
Ne prins : je n'ay pas le los tel.

LE DRAPPIER.

1535 Ha, je vois voir en vostre hostel,
Par le sang bieu, se vous y estes !
Nous n'en debatrons plus nos testes
Ici se je vous treuve là.

PATELIN.

Par nostre dame, c'est cela !
1540 Par ce point le sçaurez vous bien.

SCÈNE XXI.

PATELIN, AGNELET.

PATELIN.

Dy, Aignelet.

LE BERGIER.

Bê !

PATELIN.

Vien çà, vien.
Ta besongne est elle bien faite ?

LE BERGIER

Bêê !

PATELIN.

Ta partie est retraicte :
Ne dy plus bêe; il n'y a force.
1545　Luy ay je baillé belle estorce?
T'ay je point conseillé à point?

LE BERGIER.

Bê !

PATELIN.

Hé dea, on ne te orra point.
Parle hardiement : ne te chaille.

LE BERGIER.

Bê !

PATELIN.

Il est temps que je m'en aille :
1550　Paye moi.

LE BERGIER.

Bê !

PATELIN.

A dire voir,
Tu as tres bien fait ton debvoir,
Et aussy bonne contenance.

V. 1552. — *Sic* Leroy. — 1490 et Trepperel : « Et aussi très bonne. » — B. : « Et aussy bien la contenance. »

Ce qui luy a baillé l'advance,
C'est que tu t'es tenu de rire.

LE BERGIER.

Bê !

PATELIN.

1555 Quel bêe? Il ne le fault plus dire.
Paye moy bien et doulcement.

LE BERGIER.

Bê !

PATELIN.

Quel bê ! Parle sagement,
Et me paye : si m'en iray.

LE BERGIER.

Bê !

PATELIN.

Scez tu quoy? je te diray :
1560 Je te pry, sans plus m'abaier,
Que tu penses de moy payer.
Je ne veuil plus de ta baierie ?
Paye tost.

LE BERGIER.

Bê !

PATELIN.

Est ce mocquerie?

Est ce quant que tu en feras?

1565 Par mon serment, tu me paieras,

Entens tu? se tu ne t'envoles.

Çà, argent!

LE BERGIER.

Bê!

PATELIN.

Tu te rigoles!

Comment! N'en auray je aultre chose?

LE BERGIER.

Bê!

PATELIN.

Tu fais le rimeur en prose.

1570 Et à qui vends tu tes coquilles?

Scez tu qu'il est? Ne me babilles

Meshuy de ton bêe, et me paye.

LE BERGIER.

Bê!

PATELIN.

N'en auray je aultre monnoye?

A qui te cuides tu jouer?

1575 Je me devoie tant louer

De toy! or fay que je m'en loc.

LE BERGIER.

Bê!

PATELIN.

Me fais tu mengier de l'oe?
Maugrebieu! ay je tant vescu
Que ung bergier, ung mouton vestu,
1580 Ung villain paillard me rigolle?

LE BERGIER.

Bê!

PATELIN.

N'en auray je aultre parolle?
Se tu le fais pour toy esbatre,
Dy le, ne m'en fais plus debatre;
Vien t'en souper à ma maison.

LE BERGIER.

1585 Bê!

PATELIN.

Par saint Jehan, tu as raison :
Les oisons mainent les oes paistre!
Or cuydoy je estre sur tous maistre
Des trompeurs d'icy et d'ailleurs,
Des fort coureux et des bailleurs
1590 De paroles en payement
A rendre au jour du jugement,

V. 1589. — Trepperel imprime *fors coureurs*, à quoi les éditions rajeunies substituent *corbineurs*.

224   LA FARCE DE PATELIN.

Et ung bergier des champs me passe!
Par saint Jaques! se je trouvasse
Ung sergent, je te fisse prendre!

LE BERGIER.

1595   Bê!

PATELIN, le contrefaisant.

Heu, bê! l'en me puisse pendre

Se je ne vois faire venir
Un bon sergent; mesavenir
Luy puisse il s'il ne t'emprisonne !

LE BERGIER, s'enfuyant.

S'il me treuve je luy pardonne !

(Patelin court après lui.)

EXPLICIT.

NOTES.

LA FARCE DE PATELIN.

J'ai adopté l'orthographe *Patelin*, quoique les anciennes éditions écrivent *Pathelin*. L'*h* est ici parasite, et de toutes les étymologies proposées aucune n'autorise à la conserver. Du Cange croit que *Patelin* est le même mot que *Patalin* et *Patarin*, nom donné aux hérétiques albigeois, et devenu, dit-il, un adjectif caractéristique, parce que ces hérétiques s'efforçaient de séduire et d'attirer à leur doctrine par des manières insinuantes : « Hos (Valdenses) nostri *Patalins* et *Patelins* voca- » runt.... hinc *patelins* vulgò appellamus fallaces, adu- » latores, blandos assentatores qui, ut sunt hæretico- » rum plerique, palpando decipiunt, etc. »

> Comme le *savant* homme forge
> De loin pour fournir son *glossaire!*

Il me semble qu'il n'est pas nécessaire d'aller chercher si loin ni si haut. *Patelin* doit venir tout simplement de *pate* : c'est un homme qui fait patte de velours, un *pate-pelu*. Je consens que *Patalins* ait été le sobriquet de certains hérétiques ; cela est sans aucun rapport à notre Patelin, et l'explication en est bien simple. Les Vaudois renfermaient toute leur liturgie dans l'oraison dominicale : on les a surnommés *paterins*, hérétiques du *pater;* par corruption *patarins*, et puis *patalins* (les liquides *l* et *r* se substituant sans cesse : *collidor* et *corridor;* en français *colonel*, en espagnol *coronel*, etc.). La ressemblance entre *patelin* et *paterin* est toute fortuite, toute dans la surface, sans aucune relation de sens ni d'origine. La langue abonde en exemples de ces rencontres. Je crois, pour moi, que Du Cange s'est laissé faire illusion par la forme extérieure et matérielle des mots, et que *patelin*, dans le sens actuel, a été créé par l'auteur de la *Farce de Patelin*, comme *tartufe* par Molière.

Les Vaudois sont du XIIe siècle; la *Farce de Patelin* est du XVe; qu'on produise dans cet intervalle un exemple de l'adjectif *patelin*, et je pourrai croire à l'étymologie de Du Cange, sinon je garde la mienne.

La Monnoye voit dans le nom de *Patelin* une allusion aux manières *pâteuses* du personnage, et voudrait écrire *pastelin*, conformément à la racine supposée *pasta*. On s'étonne qu'un aussi bon esprit se soit laissé décevoir à ce point par une métaphore toute moderne.

L'abbé Guillon de Mauléon tient pour les *patarins*. (*Archives du Rhône*, 1826, avril, p. 463.)

V. 2.   Pour quelque paine que je mette
         A cabuser n'a ravasser.

De même au vers 1182 :

   A moy mesme pour *quelque* chose
   Que je te die ne prepose.

Et au vers 1189 :

> Pour *quelque* mot *que* l'en me sonne.

Nous voyons déjà établie cette locution vicieuse *quelque que*. On eût dit aux xiiᵉ et xiiiᵉ siècles : Pour *quelle* peine *que* je mette. Je puis assurer que cette faute, devenue la règle de notre tems, est continuelle dans le petit Jehan de Saintré, dans les *Quinze joies de mariaige*, et dans les *Cent Nouvelles nouvelles*, que j'attribue tous trois à Antoine de la Sale. J'ai noté également dans ces ouvrages *le lendemain* pour *l'endemain; tandis que* au lieu de *tandis* simplement, qui était l'ancien usage, et *quoique*, adverbe. Ainsi cette corruption du langage remonte pour le moins au milieu du xvᵉ siècle.

V. 3. A cabuser n'a ravasser.

Toutes les éditions mettent :

> A *cabasser* n'a *ramasser*,

où *cabasser* fait un contre-sens, puisqu'il n'a jamais signifié autre chose que *gaspiller*, comme au vers 1139 :

> L'Aignelet, maint aigneau de lait
> Tu as *cabassé* à ton maistre ?

L'éditeur de 1762, voulant que *cabasser* signifie *tromper*, allègue un passage du petit Jehan de Saintré, qu'il ne comprend pas : « Par ma foi, madame, il en » a *cabassé* la moitié (de son argent). » Sur quoi Saintré renchérit en ces termes : « Par ma foi, madame, sauf » vostre grace, il ne m'en est demeuré denier. » (Chapitre xi.) — La citation même devait éclairer l'éditeur.

J'ai restitué par conjecture *cabuser*, filouter, fourber, qu'on lit au vers 1012 :

> Mesmement les bergiers des champs
> Me *cabusent* ores le mien !

De Laulnaye, dans son glossaire de Rabelais, cite le vers 3 de *Patelin* où il explique ingénieusement, mais arbitrairement, *cabasser*, ramasser, entasser dans un *cabas*. Le Complément du dictionnaire de l'Académie (Didot, 1842) donne « CABASSER, voler, cacher, tromper, » agir de ruse. » Contre-sens et conjectures suggérées par cet endroit du *Patelin* manifestement corrompu, et affirmées sans hésitation, selon l'usage. Il suffit d'ouvrir Du Cange au mot *Cabusare*.

Du Guez, dans sa grammaire française rédigée vers 1530, pour les Anglais, explique fort bien CABASSER, *to trifle* (p. 939).

Amasser, *ramasser*, ne peuvent pas se trouver ensemble à la rime. La leçon *ravasser* m'est fournie par la copie de M. de Monmerqué, faite sur un manuscrit du XVIIe siècle, supposé de la main de Huet, et dont la trace est aujourd'hui perdue.

Rêvasser en français moderne ; *ravasser* en vieux français ; *ravacher*, suivant la prononciation picarde ; *rabâcher*, prononciation gasconne adoptée de nos jours avec une acception particulière qui jadis appartenait à *ravasser* : « Et (le mari) l'escoute parler et se glorifie en » son fait et sa preudhomie, combien qu'à l'adventure » elle ne sçait qu'elle *ravasse*. » (12e des *Quinze joies de mariaige*.)

V. 8.   Mais on ne vous tient pas si saige
        Des quatre pars comme on souloit.

Les quatre parts ou quatre quarts font l'unité, le tout. *De*, dans cette formule, exprime la manière. Ainsi *sage des quatre parts* signifie, sage aussi complétement que possible, d'une sagesse accomplie. Vous n'êtes pas aussi sage *des quatre parts*, c'est-à-dire, vous n'êtes pas *du tout* aussi sage.

Marot, dans son épître au dauphin pour obtenir un congé de six mois :

> Mais, monseigneur, ce que demander j'ose
> *Des quatre parts* n'est pas si grande chose.

N'est pas du tout une si grande affaire.

Il y a des éditions qui portent *de quatre parts;* cette leçon est aussi fréquente et aussi bonne que l'autre.

Il est curieux de retrouver encore cette expression au xviie siècle, dans Pascal : « Si les médecins n'avoient des » souliers et des mules, et que les docteurs n'eussent » des bonnets carrés et des robes *trop amples de quatre* » *parties* , jamais ils n'auroient dupé le monde. » (*Pensées.*)

V. 13. Partout advocat dessoubz l'orme.

Comme on dit *juge de village*. — Attendez-moi sous l'orme, vous m'attendrez longtems. Ces façons de parler proverbiales doivent remonter au temps où saint Louis rendait la justice sous un arbre, à Vincennes. *Attendez-moi sous l'orme*, et le fripon qui donnait ce rendez-vous devant la justice, au jour marqué faisait défaut.

Avocat sous l'orme, c'est-à-dire qui attend là des causes qui ne viennent point, avocat sans causes. C'est ce que le poëte appelle ailleurs (v. 771) « avocat por- » tatif, à trois leçons et trois pseaumes. »

Maistre Mathieu de Hocheprune
Patron des enfans dissolus,
Notaire en parchemin de corne
Et grant avocat dessoubz l'orme.
(COQUILLART, *l'Enqueste d'entre la simple et la rusée.*)

Toutefois je ne dois pas dissimuler sur ce proverbe l'opinion d'un savant membre de l'Institut. Les Chroniques de Saint-Denis sur l'an 1306 racontent que vingt-huit hommes, coupables d'avoir renversé dans la boue les provisions de bouche du roi, furent pendus aux ormes qui ombrageaient les quatre principales entrées de Paris : « De cet usage de pendre aux ormes qui om-
» brageaient l'entrée des portes (1), ne peut-on pas tirer
» l'origine du proverbe : *Attendez-moi sous l'orme?* Pour
» moi, je n'en fais aucun doute. » (P. PARIS, *Chron. de Saint-Denys*, V, 174.)

Il me semble, au contraire, qu'on était toujours sûr en ce cas de trouver son homme au rendez-vous.

V. 18.   Aussi a il leu le grimaire (2).

L'édition de Coustelier porte *le grimoire*, d'autres *la grandmaire*.

Grimoire n'est autre chose en effet que *grammaire* défiguré. Dans *Baudouin de Sebourg*, poëme du XIVᵉ siècle, l'archevêque de Reims, envoyé par le roi pour traiter de la paix avec le redoutable Baudouin, s'informe où il pourra le trouver. Baudouin paraît tout à coup devant lui :

(1) Rien ne dit que ce fût un usage.

(2) Avant d'avoir vu l'édition de Guill. Leroy, j'avais adopté la leçon « *leu de gramaire* »; c'est pourquoi elle se trouve à la page 25 de l'introduction.

Et li bastart s'escrie : vez me chi, biaus amis.
Lut avés de gramare : je suis li anemis.

(Chant XX, p. 242.)

Il fait allusion à ces histoires si répandues au moyen âge, de curieux qui, lisant imprudemment dans le grimoire d'un sorcier, avaient fait apparaître le malin esprit. — Vous avez lu dans la grammaire, dit Baudouin en plaisantant :

Vous avez évoqué le diable : me voilà !

Le *Grimoire* était la grammaire latine : « En France, » c'était aussi à l'étude du latin qu'on donnait le nom de » grammaire. » (DAUNOU, *Disc. sur l'état des lettres au* XIIIᵉ *siècle*, dans l'*Hist. littér.*, XVI, p. 138.)

V. 27.   Autant que Charles en Espaigne.

Autant qu'a duré l'expédition de Charlemagne contre les Sarrasins espagnols, sept ans. Allusion au début de la chanson de Roland :

Carles li reis nostre emperere magne
Set anz tuz pleins ad ested en Espagne.

Cette expression *autant que Charles en Espagne*, pour dire très longtems, était restée en commun proverbe.

Dans Martial d'Auvergne, une dame parlant d'un vieillard : « Et quant est de l'aimer, il y seroit avant » *autant que Charlemagne en Espagne.* » (*Arrests d'amour.*)

V. 28.   Que nous vault cecy ? pas *un peigne !*

C'est ainsi que je lis au lieu d'*empaigne* que portent les

éditions. Je n'ai jamais vu l'empeigne d'un soulier citée comme terme de comparaison d'un objet de vil prix, tandis qu'*un peigne* se rencontre souvent dans ce sens. Le peigne figurait parmi ces objets sans valeur intrinsèque que le vassal devait donner à son suzerain, à certaines époques, en signe de foi et hommage. Un peigne, une baguette, un couteau, de l'herbe, un fétu, et moins encore : « *unum bombum* ». Villon, dans la ballade *Père Noé*, où il recommande « *l'âme du bon feu maistre Jean Cotard* » :

> Jadis extrait fut il de vostre ligne,
> Luy qui beuvait du meilleur et plus cher ;
> Et ne deust il avoir vaillant qu'*un pigne ;*
> Certes, sur tous c'estoit un bon archer !

Sur quoi Le Duchat allègue ces vers du roman de la *Rose*, où le mot *serant* est substitué au mot *peigne* :

> Quand les dons nous furent faillis,
> Lors devint il son pain querant,
> Et je n'eus vaillant ung *serant*.

Les mots *serant*, *serancer*, sont encore d'usage en quelques provinces, où *serancer* le chanvre, c'est le peigner.

> Va, glous, che dist Gaufrois, je ne te prise *un pigne !*

> (*Baudouin de Sebourg*, t. I, p. 184.)

Cette expression *un peigne*, comme terme de mépris, se trouve encore au XVIIIe siècle, dans le poëme de *Cartouche ou le vice puni*, par l'organiste Grandval, père du célèbre comédien :

> Quand j'ai bu, dit Gripaut, il n'est rien que je craigne :
> Je tuerois maintenant un archer *pour un peigne !*

> (*Cartouche*, chant X, p. 81.)

V. 29. Nous mourons de *fine* famine.

> Vous en estes ung *fin droit maistre !* (V. 45.)

Fin, dans l'ancienne langue, se joignait à un substantif ou à un adjectif pour lui donner la force superlative :

> De lermes sont leurs vis mouillés
> Sourdans de *fin cueur amoureux*.....
> La dame estoit si *fine bele*.....
> (*Rom. du chast. de Coucy.*)

Il en reste des traces dans la langue moderne :

> Près de Rouen, pays de sapience,
> Gens pesant l'air, *fine fleur* de Normands !
> (La Fontaine, *Le remède.*)

> Et nous fûmes coucher sur le pays exprès,
> C'est-à-dire, mon cher, en *fin fond* de forêts.
> (*Les fâcheux*, acte II, scène 7.)

> D'un village ici près je suis le *fin premier*.
> (*Ésope à la ville*, II, 6.)

V. 40. Dea, en peu d'heure Dieu labeure.

C'était un proverbe :

> En petit d'eure Diex labeure :
> Tel rit au main qui le soir pleure.
> (*Estula*, dans Barbazan, III, 67.)

V. 58. Si ont ceulx qui de camelos
Sont vestus et de camocas.

Il y avait du camelot de laine et du camelot de soie ;

c'est du dernier qu'il s'agit ici. Originairement c'était un tissu de poil de chameau : *camelus.*

Camocas vient de *camos* ou *camois*, taches ou empreintes que laissaient sur la peau les mailles du haubert.

> Del osberc fu tout *camoisié.*
> (*Chron. des ducs de Normandie*, t. II, p. 131.)

> *Camoussié* fu de l'osberc qu'ot vesti.
> (*Gérard de Viane.*)

Du Cange explique *camocatus*, couvert de plaies, de taches, de souillures. L'étoffe de soie appelée *camocas* s'employait aux vêtemens des rois, aux ornemens sacerdotaux. Il en est question à chaque page des testamens des souverains et princes d'Angleterre :

« Un vestiment dun *camoka* rouge et ynde, ove tut » l'aparail.... 1 vestiment d'un *camoka* rouge tanné, ove » tut l'aparail. » (*Testam. de lady Clare*, ann. 1355.)

« 1 vestiment de rouge *camoka* embroidé d'ymagerie » d'or.... 1 vestiment de noir *camoka* pur requiem, ove » une chape... » (*Ibid.*, p. 31.)

Le camocas était de la moire ou du damas de soie.

De *camoka* l'on a fait *mocade*, et de *mocade* le diminutif *moquette*, qui est encore en usage. Ces modifications dans la forme comme dans l'acception des mots n'ont rien de surprenant.

Voyez Du Cange, au mot *Camoca.*

V. 62. Laissons en paix ceste baverie.

Le vers écrit a une syllabe de trop, mais il est probable qu'on disait en récitant :

> Laissons en paix 'ste baverie.

C'est ainsi qu'on parlait dans le langage familier. L'écriture affectant toujours la régularité grammaticale, trompe la langue et blesse l'oreille par égard pour les yeux. Les exemples de cette nature reviendront plus d'une fois dans le cours de cette pièce. C'est comme si nos vaudevillistes faisaient imprimer avec l'orthographe académique ces couplets où le chant tronque les mots et les réduit ainsi à la mesure.

V. 75. *Quel couleur vous semble plus belle?*

Et plus haut, vers 65 :

A la foire, *gentil marchande.*

Tous les adjectifs formés d'adjectifs latins en *is*, comme *qualis, grandis, gentilis,* ou de participes présens en *ens, valens, adveniens,* etc., n'avaient aussi en français qu'une seule forme pour le masculin et le féminin : *Qué couleur vous semble plus belle ?*
La refonte de la langue au XVIe siècle a supprimé cette règle ; cependant l'usage, plus fort que les pédans, a maintenu *grand mère, grand messe, grand route,* qu'on doit écrire sans apostrophe, attendu qu'il n'y a rien de retranché au mot *grand*.
Palsgrave, qui composait sa grammaire à la fin du XVe siècle, ne connaît déjà plus la règle générale, mais il en recueille un débris qui se trouve sous sa main : — « Les poëtes joignent *tel, quel,* et d'autres adjectifs ter-
» minés de même en *el*, avec des noms féminins. Par
» exemple : *tel paour ; — quel amour ; — mortel playe ;*
» *— mémoire perpétuel.* » (P. 43.) L'observation de Palsgrave est incomplète et même fausse en ce point qu'il l'a restreinte à la poésie. Ce n'est plus que de l'empi-

risme ; l'esprit et le motif de la règle lui échappent ainsi que sa portée.

V. 82. ....Vous comptez sans rabatre.

Locution proverbiale équivalente à celle-ci : Vous comptez sans votre hôte.

Dans la partie inédite du Baudouin de Sebourg, Hector de Salorie expose à Baudouin, roi de Jérusalem, comment le bâtard de Bouillon, fils naturel de Baudouin et de Synamonde, lui a tué son fils à la suite d'une partie d'échecs ; mais il se garde bien de dire que le défunt, dépité de se voir mat, avait provoqué la colère de son vainqueur en l'appelant *fils de putain*. « Si ce n'eût été le respect que je vous porte, dit le père affligé, je me serais fait justice avec l'épée. » Aussitôt le jeune homme s'élance d'un coin de la chambre où il était caché, et s'écrie :

Vous comptez sans rabattre, si ait m'ame pardon !

Car si l'on fût venu pour me saisir, vous n'eussiez pas eu si bon marché de moi :

Car s'on me fust venu dans ma chambre à bandon,
Vous éussiez éu à moi telle tenchon
Que jamais pour nul mire n'éussiez garison.

(Manuscrit 305, S. F., fol. 152, col. 1.)

V. 91. Et pour ung *blanchet*, Guillemette.

Du *blanchet*, c'était de la flanelle blanche ; et par métonymie on appelait *un blanchet* une sorte de chemise ou robe de cette flanelle : — « Trois paires de draps de lit, » une paire de chausses de *blanchet*. » (*Lettres de grâce* de 1377.)

Le *blanchet*, vêtement de dessous, était doublé de toile : —« Un neuf *blanchet* doublé de toile, à poignées rouges. » (*Lettres de grâce* de 1400. Du Cange, sous *Blanchetum.*)

C'est ainsi qu'un bon petit drap appelé du *bonnet* a laissé son nom à un couvre-chef où il était d'ordinaire employé. Plus tard, les bonnets se firent de n'importe quelle étoffe, voire de fourrures; et de même ici Patelin parle de faire son *blanchet* avec de la *brunette*.

V. 95. Se vous trouvez Martin Garant.

Le peuple a de tout tems aimé à forger de ces espèces de noms significatifs pour des types imaginaires :

Moi qui n'ay le renom d'être *Jean-qui-ne-peut*.
(REGNIER.)

Voyez la note sur *Peu-d'acquest*, v. 1375.

V. 97. Pleust ore à Dieu qu'il n'y vist goute!

La Sale, dans les *Quinze joies de mariaige* : « Pleust ore à Dieu que je n'eusse jamais autre paradis fors seulement estre toujours entre vos bras ! » (5ᵉ *joie.*)

V. 101. Dieu y soit !.....

Formule de salut. Dans le roman de *Theseus, fils de Floridas, roi de Coulongne*, Theseus, caché dans la chambre de Flore, fille de l'empereur, lorsque la princesse est endormie, s'approche du lit, une lampe à la main :

La courtine entrouvrit et dist : *Que Dieu y soit!*

V. 105. Estes vous sain et dru, Guillaume ?

Il paraît que c'était une espèce de formule d'usage ; dans la farce du *Poulier*, le second gentilhomme :

Je suis sain et dru, Dieu mercy !

Au surplus, l'auteur du *Poulier* semble avoir imité quelquefois *Patelin*. (Voyez sur le vers 198.)

V. 114. Comment se porte *marchandise*.

Marchandise avait alors l'acception du mot *commerce*, dont on n'usait pas dans ce sens.

Beaumanoir rapportant l'histoire d'un boucher soupçonné de meurtre et qui voulait prouver un alibi : — « Il » respondit qu'il s'estoit parti de Clermont au point du » jor, et estoit alé tost le droit cemin de Clermont à » Saint-Just por se *marceandise*.

» Demandé li fu en quele compagnie. Il respondi : » Avec Pierre, Jehan, Gautier, Guillaume, qui boucier » estoient et aloient en lor *marceandise*. » (Ch. 40 des *Enquestes*, t. II, p. 138. Voy. sur 255.)

V. 115. S'en peult on ne *soigner* ne paistre ?

(Avant d'avoir vu l'édition de Guill. Leroy, j'avais adopté la leçon *seigner*, qui est celle de tous les éditeurs sans exception. On me pardonnera la petite vanité qui me fait maintenir la note rédigée sur cette leçon.)

Dans la farce de *Maistre Mimin*, ce jeune étudiant revient des écoles si imbu du jargon pédantesque, qu'on ne le comprend plus :

NOTES.   241

LUBINE.

Son maistre l'a mis à ces lois :
Il s'y est fourré si avant,
Qu'on n'entend non plus qu'un Anglois
Ce qu'il dit.

LE PÈRE.

A Dieu nous command !
Il ne parle plus, *je m'en seigne,*
(Icy faict le signe de la croix.)
Mot de francoys !

(*Ancien théâtre français*, t. II, p. 340.)

Se signer d'effroi ou d'admiration d'une chose ; par extension, en bénir Dieu, en rendre grâces au ciel. — Comment va le commerce ? y a-t-il sujet d'en bénir Dieu ? peut-on y gagner sa vie ?

On obtiendrait un meilleur sens, plus naturel et plus suivi, si l'on pouvait lire au lieu de *seigner*, *soigner*. — « S'en peut-on ne soigner ne paistre ? » Peut-on s'en vêtir et nourrir ? — On dit encore *se soigner* ; *une mise soignée.* (Voyez Du Cange, sous *Soniare.*) La question de Patelin serait alors en rapport avec ce proverbe recueilli par le commandeur Fernand Nugnez : « Mauvaise est
» l'œuvre qui ne nourrist ne cœuvre. »

V. 116.   Et se *m'aïst* Dieu, mon doulx maistre.

Remarquez que tantôt le poëte fait ce verbe de deux syllabes, à l'antique, tantôt monosyllabe, suivant la modification introduite déjà dans le parler de son tems par l'écriture, car au début de cette scène il a dit :

Or ainsi *m'aist* Dieu que j'avoye, etc...

16

V. 117. Je ne sçay ; tousjours hay, avant !

Haye, avant! hue, en avant! c'est le mot des charretiers fouettant leur attelage. Dans la farce du marchand de pommes :

> Hay avant! c'est assez presché.
> Voisine, voulez-vous venir ?

Bonaventure Desperriers, dans le préambule de ses contes : — « Tels les voyez, tels les prenez. Ouvrez le » livre : se un conte ne vous plaist, *haye à l'autre !* »

Le Duchat aurait pu citer cet endroit de *Patelin* dans la remarque qu'il a faite sur cette expression : — « *Hay évant, Poinsat!* expression proverbiale dont on use à Metz pour se moquer d'un malotru monté sur une haridelle. Jean Poinsat est le nom d'un écuyer d'écurie du duc de Bourgogne, Charles le Hardi, lequel envoyait souvent cet homme à Metz pour des intérêts qu'il avait à démêler avec cette république. Les Messins, qui connaissaient ce Poinsat, qu'ils voyaient toujours monté sur la même mazette, lui criaient dans leur patois : *Haye évant, Poinsat !* pour lui dire de s'avancer vers le lieu de leur assemblée, s'il voulait être expédié. » (*Ducat.*, II, 530.)

V. 119. Je requier Dieu qu'il en ait l'ame.

Une ballade de Charles d'Orléans sur la mort de sa maîtresse a pour refrain :

> Je prie à Dieu qu'il en ait l'ame.

Il semble bien qu'il y ait une allusion entre les deux poëtes, mais lequel des deux se souvenait de l'autre ? Je crois que c'était le poëte dramatique.

V. 128.   A l'ame. — Amen ! par sa grace.

C'est le texte de toutes les éditions du xve siècle, Leroy, P. Levet, G. Beneaut, Trepperel, et du manuscrit Bigot. Mais ce vers a paru tronqué aux éditeurs et aux copistes du xvie siècle, qui ont rajusté ce passage de la manière suivante :

> . . . Dieu vray pardon lui fasse.
> Amen ! Jésus-Christ par sa grace.
> (Manuscrit La Vallière.)

Ils ont prouvé par là qu'ils ignoraient une règle de versification du xve siècle, à savoir, que l'élision ne se faisait pas d'un interlocuteur à un autre. Le *Patelin* présente d'autres exemples de ces prétendus vers faux, qui se justifient de la même manière :

> Pour six aulnes, bon gré saint George,
> De drap, *dame*. — *On* le vous forge !
> Que sans *faulte* — *or* escoutons.
> Je l'os là — *voire !* — *Ha*, meschante.

Le manuscrit Bigot n'a pas donné dans cette erreur, et c'est une marque qu'il mérite de faire autorité.

V. 146.   Vraiement, *c'estes vous* tout *poché !*

De même aux vers 574, 1514 et 1529 :

> Vous criez. — *C'estes vous*, par m'ame.
> *C'estes vous* en propre personne.
> *C'estes vous*, je regnie sainct Pierre.

Aujourd'hui nous disons *c'est vous*, *c'est moi*, faisant

concorder le nombre du verbe avec le pronom indéterminé *ce* qui le précède : *Cela est vous, cela est moi.* Au xv⁰ siècle, le verbe se réglait sur le pronom personnel qui le suivait immédiatement :

« Elle sault sus et vint à l'huis tout esperdue, disant :
» Mon mary n'est point revenu ; vous perdez tems. —
» Ouvrez, ouvrez, dit-il, m'amye : *ce suis je.* » (88ᵉ des *Cent Nouv. nouvelles.*)

Dans la nouvelle du *Mari confesseur :* — « Et pensiez-
» vous que je ne sceusse bien que *c'estiez vous* à qui me
» confessoye ?... De l'escuyer me suis accusée, et *c'estes*
» *vous :* quant vous m'eustes à mariaige, vous estiez es-
» cuier. Le chevalier aussy dont j'ay touché, *c'estes vous.*»

Une ballade de Charles d'Orléans a pour refrain ce mot que lui avait écrit sa maîtresse :

C'estes vous de qui suis amye.
(*OEuvres*, p. 56.)

Qu'esse la ? qui vient si matin ?
— *Ce suis-je.* — Vous, saint Valentin ?
(*Le même*, p. 382.)

Je viens à cette locution *tout poché*.

La *poche* dont il s'agit ici est ce qu'on appelle autrement un *pâté d'encre*. Le Valentin des *Ménechmes* dit :

Et deux gouttes de lait ne sont pas plus semblables.

Deux gouttes d'encre sont un terme de comparaison aussi exact, et le verbe *pocher* est formé de *poche*, laquelle est proprement une cuiller à potage, ce qu'on nomme en quelques endroits une *louche*. Une *poche* d'encre est donc dit comme un *verre* d'eau, une *bouteille* de vin, une *assiette* de soupe : le nom du contenant pour exprimer sa capacité, la quantité contenue.

« *Pocher*, dit Trévoux, terme technique à l'usage des
» maîtres d'écriture. »

De là vient, à mon avis, l'expression d'*yeux pochés*,
c'est-à-dire présentant une enflure noire qui rappelle
l'aspect d'un gros pâté d'encre.

La Monnoye veut que *poché* dans les deux cas vienne
de *pollex*, et signifie pressé avec le pouce : « Parce que
» le pouce, quand on l'appuie trop sur la plume, en fait
» couler l'encre en trop grande quantité. » (*Glossaire des
Noëls*, au mot CRAICHÉ.)

La Monnoye doit avoir emprunté cette étymologie
au Trésor de Nicot : — « PAUCHER ou PAULCER les
» yeux : *oculos pollice clidere*. Aulcuns escrivent *pocher*. »

Je ne saurais partager cette opinion : le *pouce* ne fait
ni les pâtés d'encre, ni les yeux ni les œufs pochés.

Je ne quitterai pas le sujet sans exposer une autre
erreur venue d'une confusion de mots. Un *pochon* est le
diminutif d'une *poche :*

Grandes pierres gettoient chil qui sont as crestians,
Pochons de vive chaus et de fer grans barriaus.

(*Baudouin de Sebourg*.)

Un *poisson d'eau-de-vie* est dit corruptivement pour
un *pochon*. Trévoux et ceux qui l'ont suivi, dérivant ce
poisson du latin *potio*, se trompent *toto cœlo*. *Poisson*,
d'après eux, devrait s'appliquer à toute espèce de breuvage, eau, vin, bière, etc. Mais l'essence de ce mot diminutif est d'exprimer une quantité réduite; c'est pourquoi
l'on dit un *poisson d'eau-de-vie*, et l'on ne dit pas un
poisson de vin, ni un *poisson d'eau claire*.

On ne saurait trop se défier de cette tendance à conclure la filiation de la ressemblance extérieure et matérielle : c'est au fond du sens qu'il faut chercher les rapports réels des mots.

V. 149. Il auroit grant fain de tencer.

Grand'faim, pour *grande envie*, est encore d'usage commun en Picardie, comme dans les *Cent nouvelles nouvelles* : — « Et cria mercy à son maistre qui tant » *grant fain* avoit de rire qu'à peine sçavoit il parler. » (Nouv. 76, *Le laqs d'amour*.)

Verville, dans son sale bouquin intitulé : *Le moyen de parvenir*, dit que cette locution, *avoir faim, avoir soif de...*, etc., pour signifier *avoir envie*, est d'usage à Paris (ch. 81, INSTANCE). On ne peut citer.

V. 156. D'une maniere et d'ung arroy.

Un dans le sens emphatique du latin *unus, un seul ;* il avait souvent cette force :

L'un l'autre ressemblez de corps et de fachon,
Si bien qu'il n'a personne jusqu'en Cafarnaon
Qu'il ne jurast sur sains et sur le cors Jeson
Que *vous estes d'un sang et d'une extracion*.

(*Baudouin de Sebourg*, t. I, p. 256.)

V. 158. .....la bonne Laurence,
Vostre belle *ante*, mourut elle?

La forme moderne *tante* est venue par l'addition d'un *t* euphonique, pour fuir cet hiatus *ma ante*, ou cette élision fâcheuse *m'ante*. — Ma*t* ante, ou ma *T*ante.

Sylvius, dans sa grammaire latine-française, p. 94, explique que de son tems le désir d'éviter les hiatus

a conduit à mettre des pronoms masculins devant des noms féminins : par exemple, *mon* âme, *mon* espée; ce que nos aïeux évitaient, dit-il, par l'addition d'un *t* intercalaire : « Quam asperitatem ut vitarent *t* in qui-
» busdam interjecerunt. — Mea, tua, sua, avia, amita :
» ma, ta, sa *T*aïe, *T*amte, vel *T*ante, pro *A*ïe, *A*mte, vel
» *A*nte. » (Voy. sur 300.)

Les lettrés sont parvenus à faire prévaloir *mon âme, mon épée,* sur *m'ame, m'épée ;* mais *ma tante* était si profondément passé dans le langage, qu'ils n'ont pu l'en arracher pour y substituer *mon ante* : « *Hodièque manent vestigia.* »

Rabelais paraît s'être souvenu de la tante Laurence de *Patelin,* dans ce passage : — « On regard du hault de
» chausses, ma grant tante Laurence jadis me disoit qu'il
» estoit faict pour la braguette. »(*Pantagruel*, III, 7.)

V. 184.   Qu'est il souef, doulx et *traitis !*
       — Je l'ay fait faire tout *faitis...*

De *tractare*, *tractitius*, maniable, souple ; comme *faictis* de *factitius* (*facere*), fait exprès.

On a depuis fabriqué le mot *factice*, auquel s'attache une autre nuance de sens.

V. 185.   Vous n'en *ystriez* pas de l'orine
       Du pere.

D'*exire*, *issir*. Dans *istriez*, le *t* est adventice comme dans *naistre* et *cognoistre* ; on ne saurait prononcer *issriez*, mais oui bien *itriez*, ou plutôt *iriez :* « Vous
» n'en iriez pas de l'orine. »

Car le futur *j'irai* et le conditionnel *j'irais* sont empruntés du verbe *issir*, pour compléter le verbe défectueux *aller*. — *J'isserai* ou *j'isterai*, syncopé *j'israi*, *j'irai*.

> Il jura dame Dieu et ses saintes vertus
> S'il n'ist par les fenestres qu'il istera par l'us.
> (*Baudouin de Sebourg*, ch. XX, p. 234.)

V. 186. ....Vostre corps ne fine
Tousjours, tousjours de besongner.

Mon corps, votre corps, ton corps, pour *je, vous, tu*, périphrase très usitée aux xive et xve siècles. On la rencontre à chaque page du *Baudouin de Sebourg* :

> Au maieur m'amena là-haut en ce dongon,
> Et voloit qu'on messist le *mien corps* en prison.
> (Ch. VII, p. 231.)
> Père, dist Yvorine, *vo corps* si m'engenra.
> (*Ibid.*, XIII, 363.)
> S'ossi grant peur aviez, por Dieu! que *mes corps* a,
> Ne vous devesteriez pour tout l'or c'uns rois a.
> (*Ibid.*, vers 146.)

Il est à noter que cette périphrase est un des plus anciens archaïsmes de notre langue; on la trouve dans le *Roland* de Theroulde :

> En Rencesvals irai *mun cors* juer.
> (Chant II, vers 241.)

Comme nous disons aujourd'hui *jouer sa vie*.

> Jo conduirai *mun cors* en Rencesvals.
> (*Ibid.*, vers 232.)

C'est une périphrase latine qui remonte aux Grecs.

Corpora virum, ou simplement *corpora*, c'est-à-dire des hommes :

> Hùc delecta *virûm* sortiti *corpora* furtim
> Includunt cæco lateri.   (*Æneid*. II, 18.)
> Primus abit, longèque ante omnia *corpora* Nisus
> Emicat.   (*Ibid*., V, 318.)

De même dans la *Médée* d'Euripide, v. 24 : « livrant » *son corps* à la douleur », σῶμ' ὑφεῖς' ἀλγηδόσι, c'est-à-dire, *se* livrant à la douleur.

Finer de construit avec un infinitif est du style ordinaire d'Antoine de La Sale :

« Hélas, je ne fine jour et nuit de nourrir porcs, pous- » sins, cannes. » (6ᵉ des *Quinze joies de mariaige*.)

V. 198.   J'avoie mis à part quatre vings
           Escus pour retraire une rente.

Dans la farce du *Poulier* (poulailler), le premier gentilhomme prêtant cent écus au meunier afin de le tromper, lui dit pareillement :

> Je les avois boutés à part
> Pour cuyder un paiement parfaire.

Cette farce du *Poulier* est très plaisante, pleine d'heureux mots et de verve comique. Elle mériterait l'honneur d'être réimprimée avec plusieurs autres qui sont à la farce de *Patelin* ce que les comédies de Regnard sont à celles de Molière.

V. 246.   Encor ay je denier et maille
           Qu'oncques ne virent perc ne mere.

C'est-à-dire un trésor caché, un boursicot, comme

celui d'un enfant qui peut en disposer à sa fantaisie, parce que ni son père ni sa mère ne lui en demanderont compte.

Le manuscrit La Vallière, farci de mauvaises leçons, met ici : *qui ne vit onc père ne mère.*

Rabelais, qui savait par cœur son *Patelin*, s'est souvenu de cet endroit au chapitre 17 du second livre de *Pantagruel :*

« Un jour je trouvay Panurge quelque peu escorné et
» taciturne, et me doubtay bien que il n'avoit denare.
» Dont je luy dis : Panurge, vous estes malade, à ce que
» je voy à vostre physiognomye, et j'entens le mal : vous
» avez ung fluz de bourse ; mais ne vous souciez : j'ai
» encore six sols et maille

Qu'oncq ne veidrent pere ne mere,

» qui ne vous fauldront non plus que la verolle en
» vostre necessité. »

V. 219. Il ne m'en desplairoit empiece.

Empièce ou *en pièce*, adverbialement, comme *en rien*, c'est-à-dire nullement, pas du tout.

Les amis d'un homme marié à une femme avare, mal hébergés chez leur ami, quittent le lendemain matin la maison de leur hôte : — « Et toutesfois ils ne sont pas
» bien contens et dient qu'ils n'y entreront mais *em-*
» *pièce.* » (6ᵉ des *Quinze joies de mariaige.*)

Pantagruel dit à Panurge : « Je n'en suis *en pièce*
» marry. »

Les Italiens emploient encore *pezzo* dans de pareilles locutions : Un *pezzo fà*, un *pezzo prima*, que nous avons aussi reproduites dans *pièce a* ou *pieça :* il y a longtems, jadis. *C'è un pezzo*, mot à mot : il y a une pièce de tems, ou, en langage familier, un bon bout de tems.

NOTES. 251

Le petit Saintré déclare à Jacques Martel que l'argent envoyé par sa mère, il l'a employé à se faire « honneste-
» ment habiller. » — « Et vrayement, dist l'escuyer, je
» vous amoye bien par avant, mais encores vous aimé
» je assez mieulx. Lors se tourna vers les aultres gen-
» tilz hommes paiges et leur dist : Ha, très maulvais gar-
» sons ! vous ne feriez *empièce* ainsy ! » (*Petit Jehan de Saintré*, chap. 11.)

« Car je suis si mesfais en mon païs ke je n'i porrai
» mais *en pièche* pais avoir. » (*Flore et Jeanne*.)

Le mot *pièce* fut donc employé jadis pour composer avec *ne* une négation, à la manière de ces autres substantifs *pas*, *point*, *mie*, *brin*, *goutte*, et même *rien*, qui est *rem*, quelque chose.

Dans cette farce du *Poulier*, dont Verville a fait un des meilleurs contes du *Moyen de parvenir* (1), et La Fontaine ses *Rémois*, le mari jaloux, parlant des amoureux, dit à sa femme :

    Touchez là : se je les tenois,
    Sans espargner foible ne fort,
    Je ruerois tant que je pourrois
    Dessus : tip ! toup ! tap !... tu es mort !...
        LA FEMME.
Sans confession ?
        LE MARI.
        Droict ou tort !
Et pour tant qu'il vous en souvienne !
        LA FEMME.
Je garderay bien qu'il n'en vienne
Pièce céans !

Qu'il n'en vienne *mie*, *brin*, *pas*, *point*.

(1) Chap. 69, COUVENT.

Quant à cette espèce d'affixe *en*, il servait à marquer l'emploi adverbial. On disait de même pour *premier*, *preu*, adjectif, et *empreu*, adverbe.

V. 220.   Bref, *je suis gros de ceste piece.*

Allusion aux envies des femmes grosses. Dans des lettres de rémission de 1470 : « Beau sire, tais toi et ne » me dis rien : *je suis gros* de te battre! » (*Biblioth. de l'École des chartes*, 2ᵉ série, t. IV, p. 259.)

V. 225.   Quant que il en y a en la pille.

Quant que, quant (um cum) que.
« Je donne au diable tout *quant qu*'il en y a sous mes » deux mains. » (7ᵉ des *Quinze joies de mariaige*.)
« Car ils ne savent pas *quant que* l'on fait. » (*Ibid.*)

V. 236.   Voulez vous *à ung mot?* — Ouy.

On dirait aujourd'hui : Voulez-vous *le dernier mot?* *Un*, comme *unus* en latin, un seul. (Voy. sur 156.)
« Auparavant leurs affaires et boutiques se portoient » heureusement pour la fidélité entre eux, et n'y avoit » qu'*un mot* en leurs ventes et achapts. » (*Eutrapel*, fol. 13, Rennes, 1585.)
« Ces femmes avoient fait grand gain pour ce que » desja on surfait la marchandise en ce pays là, et des » Allemans avoient achepté leurs denrées *à leurs mots*. » (*Moyen de parvenir*, chap. 38.)

V. 252.   Huit blans, par mon serment, de laine
          Que je souloie avoir pour quatre.

Ces mots, *par mon serment*, sont jetés au milieu de la

phrase de manière à en rompre la construction et faire entendre *mon serment de laine*. C'est le genre de plaisanterie exploité avec tant de succès par le Jeannot de Dorvigny : « Il en avait un beau, mon grand père, de cou-
» teau (Dieu veuille avoir son âme!), pendu à son côté,
» dans une gaîne ! » Aussi Rabelais, mettant ce mot du drapier dans la bouche du seigneur de Humevesne, s'arrête-t-il au premier vers, ce qui rend l'intention de l'amphigouri encore plus sensible : « Considéré qu'à la mort
» du roy Charles on avoit en plein marché la toison
» pour *six blancs, par mon serment, de laine.* »

Ces *jeannoteries* paraissent avoir été fort goûtées dans le xviᵉ siècle ; on les retrouve chez plusieurs bons écrivains, entre autres chez la reine de Navarre. Dans la *Farce du malade*, la femme du malade rend compte au médecin de l'état de son mari, et propose un remède que lui vient d'apprendre une de ses commères :

> Monseigneur, bien que du latin
> Vous ayez parfaicte science,
> Arsoir m'apprist la grant Catin
> Une bien bonne expérience,
> *Monsieur, de merde* d'un tout blanc
> Pigeon me dist que bon bruvaige
> J'en feisse, qui ne couste ung blanc,
> Et si ne peult faire dommaige.

V. 255.   Puis qu'ainsi va, donc *je marchande*.

C'est-à-dire, je fais du commerce. Ce que nous exprimons aujourd'hui par *marchander*, débattre le prix, se disait dans la vieille langue, *bargaigner*. Les Anglais ont encore *bargain* (marché), d'où nous est demeuré *barguigner*, au sens d'*hésiter*.

> Iluec trouverent le mercier
> Et lor dame qui remuoit
> Les joiaus et les *bargignoit*.
> Chascun aussi de la mesnie
> Ont mainte chose *bargignie*,
> Et li aucuns ont achaté.
>
> (*Roman de Coucy.*)

Voyez sur le vers 114.

V. 273. Nenny, ce n'est qu'une longaigne.

Ce mot *longaigne* signifie ordinairement des latrines, un cloaque. (Du Cange, sous *Latrina*.) Mais il avait aussi le sens, que ne donnent pas les glossaires, de longueur exagérée, abusive, soit au propre, soit au figuré. Par exemple, dans le *Pescheor de Pont-sur-Seine* :

> Ja ne vous lerroie bouter
> Vostre longaigne de boiel.
>
> (Barbazan, III, p. 186.)

Dans la leçon que j'ai préférée, il signifie allongement, perte de tems.

Dans le manuscrit Bigot on a changé ce vers, évidemment à cause de ce mot suranné :

> Foy que doy les sains de Bretaigne.

L'édition de J. Bonfons met :

> Nenny, ce n'est que langaige.

Cette leçon, qui fausse à la fois la rime et la mesure, est une altération manifeste de la nôtre.

V. 278. ..... Hen! c'est pour une!

Expression du vocabulaire des joueurs. Dans *l'Aisnée fille de fortune*, poëme composé en 1489, à la louange de Anne de Beaujeu, sœur du roi Charles VIII, strophe 7 :

> Je croy que le bon Dieu des cieux
> Lui gaigne toutes ses querelles :
> Mal fait jouer à ses marelles,
> Que à tout coup en baille *pour une*.

Sur quoi Le Duchat : « Ces deux vers contiennent chacun un proverbe emprunté du jeu des mérelles, espèce de jeu de tablier, où souvent le moins habile des deux joueurs est affiné par l'autre, qui, comme on parle, *lui en baille d'une* par quelque piége qu'il lui a tendu. » (*Ducatiana*, t. II, p. 442.)

Cette locution se retrouve dans Molière :

> Et pour qui, je vous prie, un tel préparatif?
> — Pour toi, premièrement, puis pour ce bon apôtre
> Qui veut *m'en donner d'une* et m'en jouer d'une autre.
>
> (*L'Étourdi*, IV, scène 7.)

V. 284. Nostre Dame! je me tordroye
De beaucoup à aler par là!

Tordre son chemin, se détourner.

« Mais onques l'empereur ne voult entrer par porte à » la cité, ne *teurdre son chemin* pour aler à son palais. » (*Chroniques de Saint-Denys*, sur l'an 1309, chap. 64.)

V. 294. Jamais trouver nulle achoison...

Achoison, mot formé de deux racines françaises :

choir à. Le mot *occasion*, importé brut du latin, est de la dernière époque de la langue; auparavant c'était toujours *achoison*. Le traducteur du *Livre des Rois*, qui était Normand, et par conséquent prononçait *cheir* au lieu de *choir*, dit aussi *acheison* : — « Par ceste *acheisun* apele-
» rent cel lieu la pierre departante. » (P. 93.)

V. 300.   Et si mengerez de mon oye...

P. Gringoire fait allusion à cet endroit du *Patelin* :

> Tel dist : Venez manger de l'oye,
> Qui cheuz lui n'a rien d'appresté.
>   (*Les feintises du monde.*)

Il serait intéressant de savoir au juste à quelle époque le soin de l'euphonie introduisit la permission d'unir le masculin du pronom possessif à un substantif féminin commençant par une voyelle. Sylvius, dont le livre parut en 1531, dit que les mots féminins, *étable*, *exemple*, *évangile*, *œuvre*, *épée*, *ame*, *épouse*, *étoile*, *amoureuse*, s'unissent au pronom possessif masculin, « *fuga apostrophi*, » pour éviter une élision; qu'ainsi l'on doit dire : « *mon*, *ton*, *son espée*, *ame*, *espouse*, *amou-*
» *reuse*, etc.; car il serait trop dur de dire : *m'estable*,
» *m'exemple*, *m'évangile*, *m'espée*...» (*Isagoge*, etc., p. 94.)
Le *Patelin* nous montre cette alliance des deux genres pratiquée au xve siècle, et en voici un exemple qui remonte au xiiie (si le passage n'est altéré). C'est dans le poëme de *Roncisvals*. Roland à l'agonie s'écrie :

Dame Deu pere, *mon arme* et mon cors a vos rant.

Mais c'était une licence; la règle, d'accord avec la logique, voulait : *m'ame*, *m'espée*. Le seul vestige que nous en ayons conservé est *m'amie*, qu'on écrit aussi *ma mie*, à tort, bien que sous l'autorité du *Dictionnaire de l'Académie*. (Voy. sur le vers 158.)

V. 305.   Que me *grevera il ?* Pas maille...

Théodore de Bèze fait une règle exprès pour nous avertir de prononcer un *t* intercalaire dans ces formes : *dine il? va il?*

Primitivement ce *t* caractéristique de la troisième personne s'écrivait toujours adhérent au verbe, comme on peut s'en convaincre par le texte du *Livre des Rois* et du *Roland*.

Au XVIe siècle on le supprima pour l'œil, tout en le conservant pour l'oreille.

Aujourd'hui nous écrivons le *t* entre deux traits d'union : *dine-t-il? va-t-il?* et ce juste milieu me semble des trois partis le pire, car il laisse ignorer d'où vient ce *t* et à quel mot il appartient. L'étymologie et le bon sens voudraient que l'on reprît l'orthographe du XIIe siècle et qu'on écrivît *dinet il? vat il?* On n'écrit pas *dinen-t-ils? von-t-ils?* le *t* entre deux traits d'union. Pourquoi cette différence du singulier au pluriel ? Sur quoi se fonde-t-elle pour n'être pas une inconséquence et un non-sens ?

Elle est venue à la suite de celle que le XVIe siècle avait créée (et qui subsiste encore) entre une phrase interrogative et une phrase affirmative.

Le XVIe siècle imagine de ne plus écrire le *t* à la troisième personne du singulier : « *ce seroit ridicule,* » dit Peletier; mais on a grand soin de le prononcer dans les formules interrogatives, « *sans faculté en ce cas de plus l'élider.* »

Le moyen âge écrivait partout *il aimet* et *ils aiment*, avec le *t* final, pour correspondre au latin *amat* et *amant*.

Ainsi vous demandez avec le *t* final : Cet enfant *aimet il* à jouer? et l'on vous répond sans *t* final : Il *aime à* jouer. Cette distinction a paru si judicieuse, si lumineuse, si belle, qu'elle est restée et fait la règle d'aujourd'hui ; seulement on figure le *t* entre les deux mots pour aider aux faibles, mais sans qu'ils y puissent rien comprendre; point essentiel! Telle est la loi de Peletier et son amendement dont l'auteur est malheureusement inconnu. La foule a suivi, et nous suivons la foule. (Voy. sur 369.)

V. 314. Il y aura beu et *gallé...*

Galler, faire *gala*, dont il nous reste *régaler*.
« Si advient que trois ou quatre de ses commères s'es-
» battent en la maison de l'une d'elles pour *galler* et par-
» ler de leurs choses. » (8ᵉ des *Quinze joyes de mariaige*.)

Antoine de la Sale emploie aussi le substantif *gallerie* :
« Elles despendent et confondent plus de biens à celle
» *gallerie...* » (*Ibid.*) C'est-à-dire dans ce gala.

Les romans épiques des XIIᵉ et XIIIᵉ siècles usent fréquemment de l'adjectif *galazin*. *Un paille galazin*, un habit de gala de drap de soie.

La Fontaine, dans *le Diable de Papefiguière*, emploie *galer* métaphoriquement et comme verbe actif :

Vous voilà donc, Phlipot, la bonne bête?
Çà, çà, *galons-le* en enfant de bon lieu.

Régalons-le en fils de famille, c'est-à-dire rossons-le d'importance.

V. 339. Il luy faut or ! on le luy fourre !...

Voici sur ce vers la remarque de Le Duchat : « Cette

» façon de parler fait allusion à ces pièces de monnoie
» qu'on appelle *fourrées*, parce que le faux monnoyeur y
» a fourré un flaon de faux aloi, que couvre dessus et
» dessous une feuille de bon or. » (*Ducatiana*, t. II,
p. 501.)

V. 346.   ...qui ne les m'emblera.

Qui, au sens du latin, *si quis*, ou *nisi quis*. C'est ici le second : *nisi quis nummos furatus mihi fuerit*.

« On auroit trop à faire *qui* tousjours voudroit estre
» avec vous ! » (9ᵉ des *Quinze joyes de mariaige*.)

Hei mihi, si tibi quis semper adesse velit!

V. 349.   Ce trompeur là est bien *becjaune*...

Les petits oiseaux qui gardent encore le nid ont le bec garni d'une sorte de frange jaune. De là, par métaphore, être bec jaune, c'est-à-dire manquer d'expérience, être dupe. Molière use fréquemment de ce mot : Laissez-moi lui montrer son *béjaune*... — Je veux que monsieur vous montre votre *bec jaune* (ou *béjaune*, selon que les éditions se règlent sur la prononciation ou sur l'étymologie). Mais Molière ne dit pas *être béjaune*.

Bec-jaune ou *niais*, c'est tout un : *niais* vient de *nidularius*, pris au nid ; c'était, dans l'origine et au propre, un terme de fauconnerie. Un *faucon niais* est celui qui, récemment enlevé du nid, n'est pas encore dressé, ne sait rien absolument.

V. 364.   Le marchant n'est pas *desvoyé*...

Dévoyé, par métaphore, sorti des voies de la raison, fou, insensé.

Beroalde de Verville, dans *Le moyen de parvenir* : —
« Hé, qui ne s'estonneroit du malheur de ces tems (1)?
» Voilà! ces misérables *desvoyés* ont assez de livres de
» vétilles; ils n'auroient pas sitost en main un *moyen de*
» *parvenir!* » (Chap. 12, Vidimus.)

Ailleurs, parlant d'Antoine de Bourbon, il l'appelle
« le père de ceste pouvre *desvoyée* qui a tant fait dispu-
» ter. » (Chap. 48.)

367.   S'il n'est blanc comme ung sac de plastre.

L'épitaphe d'Ortiz, le More du roi, dans Marot, fait connaître le sens de cette façon de parler :

> C'est Ortiz; ô quelles douleurs!
> Nous le vismes de trois couleurs
> Tout mort : il m'en souvient encore :
> Premièrement il estoit More,
> Puis en habit de cordelier
> Fut enterré sous ce pilier ;
> Et avant qu'eust l'esprit rendu,
> Tout son bien avoit despendu.
> Par ainsy mourut le folastre
> *Aussy blanc comme un sac de plastre*,
> Aussy gris qu'un fouyer cendreux,
> Et noir comme un beau diable ou deux.

Par conséquent, *blanc* ou *pâle* signifiait ruiné. Cette métaphore paraît prise des malades qui, à force d'avoir été saignés, n'ont plus une goutte de sang dans les veines. Le drapier est blanc par rapport à son drap, c'est-à-dire qu'il en est ruiné, qu'il n'en aura pas un sou.

Villon, dans sa première ballade en argot :

(1) Je crois qu'il faut lire « *qui s'estonneroit.* »

Brouez moi sur ces grans passans,
Et pictonnez au large sur les champs,
Qu'au marriage ne soyez sur le banc
Plus qu'un sac n'est de plastre blanc.

Tombez-moi, camarades, sur ces imbéciles de voyageurs, et picorez abondamment dans la campagne, afin, lorsqu'on vous jugera, de ne pas vous trouver sur la sellette plus blancs qu'un sac de plâtre. — Dépourvus, à sec de monnaie.

Le *marriage* est le jugement; le *marrieux* est l'archer ou le juge qui rend les gens *marris :*

Eschec qu'acollez ne soyez
Par la poe du marrieux !
(8ᵉ ballade.)

Gare que vous ne tombiez sous la griffe du juge !

V. 368.   Le meschant villain challemastre
En est *ceint sur le cul.*

« Or s'en vient le gentil gallant qui s'est mis en la
» nasse, car la dame le veult marier s'elle peut à la de-
» moyselle, car il est très bien hérité et est simple et bé-
» jaune : si en sera Martin de Cambray, car il sera ceint
» sur le baudray (1). » (11ᵉ des *Quinze joyes de mariaige.*)

« Couillatris courtoysement remercie Mercure, revere
» le grand Jupiter, sa coingnée antique attache à sa cein-
» ture de cuir et s'en ceinct sus le cul, comme Martin de
» Cambray. » (RABELAIS, *Nouveau prologue* du IVᵉ livre.)

Martin et Martine sont deux figures de paysans qui frappent l'heure sur l'horloge de la cathédrale de Cam-

---

(1) *Le baudray*, par euphémisme. Rabelais dit *le brodier.*

bray. L'homme porte sur sa jaquette une ceinture attachée fort bas et serrée fort étroit. C'est une mode du xive siècle. Guillaume de Machault, dépeignant les jeunes seigneurs de son tems, dit qu'ils portent divers costumes, l'un de telle façon, l'autre de telle :

> Mais ils ont tous solers beccus
> Et à chascun d'yaux pert li cus.

Challemastre, mot inexpliqué jusqu'ici, paraît le même que *chalemastit* qu'on trouve dans des *Lettres de grâce* de 1474 : « Vilain plus que *chalemastit*. » Sur quoi Du Cange : « Vocis hujus gallicæ origo mihi incomperta, qua vile » quoddam officium significari videtur. » (Sous *Calamites*.)

V. 369.   Combien
  Couste il doncques? — Je n'en doy rien.

De même au vers 858 :

> Mais comment *parle il* proprement
> Picart?

Jacques Peletier, en 1550, et Théodore de Bèze, en 1584, prescrivent déjà, tout en conservant cette orthographe, d'y introduire en parlant le *t*, qui se prononçait toujours :

« Souvent nous prononçons des lettres qui ne s'es-
» crivent pas, comme quand nous disons : *dîne-ti?*
» *ira-ti?* et escrivons *dîne-il? ira-il?* et seroit chose
» ridicule si nous les escrivions selon qu'ils se pronon-
» cent. » (PELETIER, *De l'orthographe*, liv. I, p. 57.)

« Cette lettre *t* offre une particularité curieuse : c'est
» qu'on la prononce là où elle n'est pas écrite. Vous voyez
» écrit *parle il?* et vous prononcez, en intercalant le *t*,

» *parle til?* On écrit : *ira il? porlera il? va il? aime il?*
» et l'on prononce : *ira til? parlera til? va til? aime*
» *til?* » (Bèze, *De fr. linguæ recta pronunt.*, p. 36.)

Ainsi le xvie siècle prononçait ces locutions absolument comme fait le xixe. Mais la moitié au moins de la règle de Bèze est fausse pour les siècles antérieurs au xvie. Je pense bien qu'on n'a jamais fait l'hiatus *va il? a il?* et qu'on a toujours dit *vat il? at il?* Mais pour les personnes du verbe terminées par *e* muet, *aime, parle, coûte,* il est certain que l'élision se pratiquait au gré du poëte. Sans parler des deux passages du *Patelin,* les exemples abondent de toutes parts. Dans le *Baudouin de Seboury* (xive siècle), le duc de Bourgogne dit de Philippe le Bel :

Bien en venrai à pais au roy de mont Laon :
Puis c'on a de l'argent à lui se *raccorde on.*

(Chant XX, vers 23.)

Il y a plus : le *t*, qui est primitivement caractéristique de la troisième personne du singulier aussi bien que du pluriel, et qui à ce titre devait toujours s'écrire dans les deux nombres, ce *t*, même lorsqu'il est écrit, n'empêche pas l'élision, s'il plaît au poëte d'en user. Le *Roland* en fournirait des exemples par centaines :

Il enappele*t* e ses dus e ses cuntes.

(Chant I, vers 14.)

Sa custume est qu'il parole*t* à leisir.

(*Ibid.*, vers 141.)

Sans élision. Marsille a la main tranchée :

Del sanc qu'en ist se *pasmet et* angoisset ;
De devant lui sa muiller Bramimunde
Pluret et criet, mult forment se doluset. (IV, vers 179.)

V. 376. .....Le beau *nisi*
Ou ung *brevet* y ont ouvré.

« Lequel notaire fit audit exposant un *nisi* ou obliga-
» tion. » (*Lettres de rémission* de 1388.)

« Lesquels Huguenin et Jehan furent en accort, par
» lequel ledict Jehan fist un *nisi*, ouquel il estoit obligié
» à paiier... » (*Autres lettres* de 1396.)

Du Cange, au mot *Nisi*.

« Faire obliger sous *nisi*, ou sur peine de sentence
» d'excomuniement. » (Nicot.)

On disait : Lettres de *nisi*, obligation de *nisi* :

> Feu Michelet de Mauchoisy,
> Lequel pour passer ung *nisi*
> Et faire une monition
> En vieil parchemin tout moisy
> Estoit ung ouvrier de renom.
>
> (Coquillart, *Enqueste d'entre la simple et la rusée*.)

Sur le *nisi* et l'origine de cette formule d'obligation, voyez un mémoire de l'abbé de Vertot *Sur l'ancienne forme des sermens* (*Mém. de l'Acad. des inscript.*, II, p. 724, in-4°).

Brevet, minute d'un acte par-devant notaire. (Voyez Furetière et Du Cange, sous *Breve*, 2.)

« Estre enferré bien avant aux *brevets* des marchans
» usuriers et aultres gens de main mise. » (*Eutrapel*, p. 78, édit. de Rennes, 1585.)

V. 380. On viendra, on nous *gaigera*.

Gager quelqu'un, au sens de lui saisir ses meubles, sauf à les rendre après la dette acquittée, est dans Nicot.

NOTES.   265

Philippe le Bel, dit Pasquier, voulant favoriser l'université, « ordonna, en l'an 1299, que pour une debte
» réelle on ne pourroit *gager un escholier en ses meubles.* »
(*Recherches*, liv. III, chap. 19.)

V. 384.   Benedicite, Maria !

Dans les *Quinze joyes de mariaige*, l'exclamation habituelle des femmes étonnées, c'est : *Ave Maria!* « *Ave*
» *Maria!* faict elle ; y a il tant affaire à moi ? »

« *Ave Maria!* par mon serment, ma mère, se je n'eusse
» embrassé mon mary, il estoit mort, le pauvre homme ! »

« *Ave Maria!* faict elle, j'aimasse mieux qu'elles fus-
» sent en leurs maisons. »

Benedicite! exclamation d'effroi ou d'admiration, formule d'exorcisme, accompagnée d'un signe de croix.
Ainsi au vers 830 :

> Seignez vous : *Benedicite !...*
> Faites le signe de la croix.

Parce que le drapier se démène comme un possédé et
s'écrie : *J'enrage!* Et au vers 991, où le drapier suppose que c'est le diable déguisé sous la forme de Patelin,
qui lui a pris son drap afin de le tenter :

> *Benedicite!* atenter
> Ne puist il ja à ma personne !

Pierre Gringoire, dans *Le jeu du prince des sots et de
mère sotte*, débute par ce compliment à l'assemblée :

> Honneur ! Dieu gard' les sots et sottes.
> *Benedicite*, que j'en voy !

Les Anglais disent pareillement : *God bless me!*

Honneur était le mot de politesse correspondant au *bonjour* de notre tems :

LE VOESIN entre.

Honneur, honneur!

LE FILZ.

Dieu vous gart, maistre.

(*La farce de la bouteille.*)

V. 386. Je vous donne cest oeil à traire...

De même dans *Le chevalier de la Charrette*, par Chrestien de Troyes :

> Ce dist qu'il se lairroit son oeil
> Voire ou deus de la teste traire
> Einz qu'à ce se poist atraire.
>
> (Page 184, édit. de Reims, 1849.)

V. 394. Ce fut pour le denier à Dieu...

Le denier à Dieu s'appelait ainsi, parce qu'il devait s'appliquer à quelque emploi pieux, non au bénéfice de celui qui le recevait. (Voyez Du Cange, *Denarius Dei.*)

V. 395. Et encore se j'eusse dit :
La main sur le pot, par ce dit
Mon denier me fust demeuré.

Cette formule se rapporte à la coutume de boire le vin du marché : Si j'eusse renvoyé la remise du denier à Dieu au moment où nous boirions le vin du marché, au repas dans lequel il doit manger de mon oie et goûter de mon vin, comme ce moment ne viendra jamais, mon argent me fût demeuré. Patelin se reproche sa générosité ou sa prodigalité : il aurait encore pu économiser le denier à Dieu.

Dans le *Baudouin de Sebourg*, le traître Gaufroy de Frise offre au Rouge-Lion de lui livrer Ernoul de Beauvais avec les quatre fils de ce prince ; mais, dit-il :

Mais ains que vous puissiez cestui fait terminer,
Me donrez tant d'avoir que vourai demander,
Et *vourai boire à vous* enchois mon dessevrer,
Car à tel marchandise faire et perseverer
Affiert bien carité et boire bon vin cler.
— Par Mahom, dist li rois, bien me doit agréer !
Or *allons boire ensemble*, sans point de l'arrester,
Car j'ay par pluseurs fois oï dire et conter
Que trop pau de marquiez voit on à bien aller
Puissedi c'on en fait carité respiter.
(Tome I, ch. I, p. 16.)

« J'ai ouï dire qu'on voit réussir peu de ventes lors-» qu'on oublie de les arroser du vin du marché. »

Voyez Du Cange sous *Charitas*, *Mercipotus* et *Vinum*.

V. 403.   Ne pour crier ne pour *brester*.

Mais au fort ay je tant *bresté* (v. 433)...

Brester, c'est, au sens propre, attraper les petits oiseaux au *brest*, c'est-à-dire à la glu ; au figuré, Patelin veut dire que par violence ni par ruse on ne lui fera rien rendre. Et dans le second passage : Mais enfin, j'ai si bien tendu mes gluaux, j'ai tant pipé, etc.

Bray, brest, broi, limon, glu. Dans *Gérard de Viane* :

Que si sont pris comme oiselet à *broi*.

> Si se tenront en nostre loi
> Tant qu'il nos aient pris al *broi*.
>
> (*Partonopeus.*)

Broyer, réduire en *broi*, en bouillie.

Le nom de la ville de *Brest* paraît venir du limon maritime au milieu duquel elle est située. Ainsi est fait le nom de *Bray-sur-Somme*.

Pline, Columelle et Calpurnius ont employé *bruttia* (sous-entendu *pix*) pour signifier de la poix, à cause que le *Bruttium* fournissait beaucoup de poix. Est-ce de là que vient *broi*, *bray*? — Ménage l'affirme, et pour aider à la vraisemblance, il dit *bruttia* ou *bretia*; mais cette variante a bien l'air d'être sortie de l'imagination aventureuse du grand étymologiste.

Le *Manuel-Lexique* de l'abbé Prévost (1755) donne encore « Breste, chasse à la glu pour prendre de petits » oiseaux. »

De l'Aulnaye se trompe donc lorsque, dans son glossaire de Rabelais, il explique « *brester*, contester, quereller, disputer. » Comme on fait trop souvent, il devine d'après le sens général du passage. Cette faute a été reproduite dans le *Complément du Dict. de l'Académie*.

Si l'on écrit *bretté* avec quelques éditeurs du XVIe siècle, c'est une autre métaphore. *Bretter* ou *breteller*, c'est, dit Furetière, gratter un mur, tailler une pierre avec un outil *bretté* ou *bretellé*, c'est-à-dire dentelé. Truelle *brettée*, marteau *bretté*. Les sculpteurs ont aussi des ébauchoirs *brettés*.

V. 415.   S'il n'est attrait d'une *peautraille*.

« Il vantoit et trompetoit sa noblesse, combien, ainsy

» que dit Patelin, qu'il feust issu de la plus vilaine *peau-*
» *traille.* » (*Contes d'Eutrapel.*)

« PEAUTRE, le gouvernail d'un vaisseau. On dit pro-
» verbialement : Aller au *peautre* ; — je l'ai bien envoyé
» au *peautre.* Ce mot vient du langage celtique ou bas
» breton, où l'on appelle *peautres* les mauvaises filles,
» ou autres mauvaises gens, tels que sont les bateliers. »
(FURETIÈRE.)

La terminaison *aille* indique le mépris : *canaille, marmaille, racaille, ferraille, antiquaille, valetaille,* etc.

V. 454.   ... je m'en fais *forte.*

L'Académie déclare que dans cette locution : *se faire fort, fort* est invariable. — « Elle se fait *fort* d'obtenir la
» signature de son mari, et non pas *forte ;* ils se faisaient
» *fort* d'une chose qui ne dépendait pas d'eux, et non
» pas *forts.* »

Cette décision n'est pas conforme à l'usage de notre ancienne langue. — « Et quelques jours après, la femme
» se *faisant forte* du consistoire, se mit à faire la mes-
» chante. » (*Le moyen de parvenir,* chap. 103, COMMITTIMUS.)

« Hé, que non, dist madame ; hé, que si, disrent elles ;
» nous nous *faisons fortes* pour luy. » (*Le petit Jehan de Saintré,* chap. 3.)

« La royne..... en vouldroit bien avoir une (pein-
» ture)..... Je me suis *faicte forte* que luy en envoiriés
» bientost une aultre mieulx faicte. » (*Lettres de Marie Stuart,* publ. par M. Labanoff, t. I, p. 5-8.)

Est-elle plus conforme à la logique? Pas davantage. Car que signifie *se faire fort de...?* C'est *se rendre fort* au moyen de ou relativement à...? Pourquoi *fort* serait-il invariable à côté de *faire* et variable à côté de *rendre?*

Pourquoi serait-il dans le premier cas adverbe, adjectif dans le second?

L'Académie veut sans doute qu'on dise : Cette petite fille se fait *grande*, et non pas *grand*? Pourquoi y a-t-il une règle pour l'adjectif *grand* et une autre contraire pour l'adjectif *fort*?

Voltaire a pu dire correctement :

Les Turcs encore *forts* de nos divisions...

Est-ce qu'il n'aurait pu dire en prose : Les Turcs devenus *forts* ou se rendant *forts* par nos divisions? Assurément si. Et s'il eût mis : Les Turcs *se faisant forts* de nos divisions, il eût fait un solécisme, selon l'Académie. L'Académie condamne « les Turcs *se faisant forts*, » au pluriel, et « les Turcs *se rendant fort*, » au singulier. Il faut avouer que c'est une étrange manière d'entendre notre langue, de la régler, d'en favoriser le progrès et d'en faciliter l'étude !

Les écrivains sans préjugés comme sans superstition littéraire doivent toujours faire accorder *fort*.

V. 472.   Et s'il vous dit : Ce sont trudaines.

Trutania, dans la basse latinité, doit avoir formé le français *trudaine*. *Trutania*, ramas de truands, truandaille. Les truands étaient des gueux vagabonds, qui mendiaient en étalant de fausses plaies ; leur nom signifiait essentiellement paresse et mensonge. *Trudaine*, *truenderies*, chansons de truands, faussetés, balivernes : « Adonc iceluy Jameton dit audit Coyrier : Ce ne sont » que *truenderies* que tu me dis. » (Du Cange, *Trutania*.)

Truhan est un mot breton qui signifie *mendiant* (1), et

---

(1) *Truhez*, pitié ; *tueza*, avoir pitié ; *truck*, *truhant*, gueux.
(*Dict. de* Legonidec.)

qui du celtique est passé dans la langue vulgaire, et de là dans la basse latinité : *Trutanus, trudanus, truannus.* Chez les infidèles, où les truands avaient pénétré à la suite de l'armée des croisés, on les appelait *tafurs* : « *Thafur* » apud gentiles dicuntur quos nos, ut nimis litteraliter » loquar, *trudennes* appellamus. » (GUIBERT de Nogent.)

Trudaine, chanson ou propos de truand, de mendiant de profession, qui ne vaut pas qu'on s'y arrête.

> Et, vertubieu, que de *trudaines!*
> (*Moralité joyeuse à quatre personn.*, p. 15.)

V. 476. *Et le me laissez flageoler*...

Je retrouve l'emploi métaphorique de *flageoler* dans une pièce du XIVᵉ siècle, *Le chemin de pauvreté et de richesse.*

L'auteur de ce poëme, Jean Bruyant, après avoir écouté tour à tour les argumens contradictoires de *Raison* et de *Barat*, ne sait plus à qui s'en rapporter ; la tête lui tourne :

> Mais bien croi qu'au derrain creusse
> *Barat*, s'autre conseil n'eusse,
> Car si bel n'avoit *flageollé*
> Que tout sus m'avoit affolé.

Car il m'avait si bien joué du flageolet, qu'il m'avait rendu fou !

V. 486. *Souviengne vous du samedy*...

Et non *souvenez-vous*, forme moderne qui choque le bon sens non moins que l'étymologie : *subveniat tibi*, *veniat tibi sub* (*mentem*)..... et non : *veni tibimet ipsi sub mentem.*

« Pardieu, Jeanne m'amie, *souvienne vous de moy* et » me recommandez à elle. » (5ᵉ des *Quinze joyes de mar.*)

« Alors le povre desprisonné print à genoulx de ma- » dame congié et des aultres : lors s'en va, et au congié » elles luy dirent : *Souviengne vous de la promesse,* car » nous sommes pleiges pour vous. » (*Petit Jehan de Saintré,* p. 11.)

« Damp abbez, *souviengne vous des injures* qu'avez dictes » des chevaliers et escuiers qui vont par le monde faire » armes pour leurs honneurs accroistre! » (*Ibid.*, p. 271.)

Je ne sais comment La Fontaine a pu oublier sa langue naturelle, la vieille langue française, jusqu'à écrire :

Je ne me souviens point que vous soyez venue
Depuis le temps de Thrace habiter parmi nous.

(*Philomèle et Progné.*)

Il était ce jour-là bien distrait ! Peut-être aussi y avait-il sur son manuscrit *il ne me souvient point*, et les imprimeurs sont-ils les vrais coupables d'une faute à laquelle La Fontaine n'aura pas pris garde. Cette distraction-là se conçoit mieux.

Ce sont de tels solécismes que l'Académie française devrait signaler et proscrire. Elle en obtiendrait facilement la répression, grâce à l'autorité dont elle jouit et dont elle ne saurait faire un meilleur usage. Pourquoi préfère-t-elle les ratifier et les consacrer ?

V. 498.   Je croy qu'il est temps que je boive
            Pour m'en aler — Ha ! *non feray.*

C'est-à-dire, je ne boirai pas.

Faire, dans l'ancienne langue, avait l'emploi particulier de se substituer à un verbe qu'il eût fallu répéter, en prenant les tems, nombre et personne du verbe qu'il représente.

« Or, monseigneur, vous avez perdu la gageure. Vous
» le congnoissez bien, *faictes* pas? » (26ᵉ des *Cent Nouvelles nouvelles*.)

Ne le connaissez-vous pas?

« Mettez tout sur nous, dirent-elles ; nous l'apaiserons
» bien. — Si *feray*, dist-elle. » (*Ibid.*, nouv. 27.)

Je mettrai tout sur votre compte.

« Monseigneur passoit ainsi que à deux cruches j'aloye
» à la rivière. Il me salua, si *fis-je* luy. » (*Ibid.*, nouv. 3.)

Les Anglais nous ont emprunté cet usage du verbe *faire*, et ils l'ont conservé : — Do you like it? Did you see him? *I do* not ; *I did* not. Aimez-vous cela? L'avez-vous vu? Non *fais-je* ; non *fis-je*.

Le xvIIᵉ siècle gardait encore cette locution :

> Il l'aime dans son âme
> Cent fois plus qu'il ne *fait* mère, fils, fille et femme.
> (*Tartufe*, I, 2.)

Depuis nous avons laissé perdre ce tour, et c'est un véritable appauvrissement de la langue. Aujourd'hui, on ne ferait nulle difficulté de dire : Il l'aime cent fois plus que sa mère, son fils, sa fille et sa femme. Or ce ne serait point parler français, car l'expression est ambiguë. Voulez-vous dire qu'Orgon aime Tartufe cent fois plus qu'il n'aime sa famille, ou cent fois plus que sa famille n'aime Tartufe? Cette équivoque se produit à chaque instant et l'on n'y prend pas garde : signe de décadence.

Avec *fait*, qui représente *aime*, l'incertitude n'est pas possible.

V. 500. Je doy boire et si mengeray
De l'oc.....

Beroalde de Verville, au chapitre 81 du *Moyen de parvenir*, fait le conte d'un curé gourmand qui avait mis rôtir une oie, et au moment de l'entamer, appelé au chevet d'un malade, comme il se défiait de ses domestiques, s'avise d'aller serrer la volaille toute chaude au fond de son église, en un bahut dont il cache les clefs sous une tombe. Cependant son valet l'avait guetté : « Sitost » que le curé eut pris l'air, il s'en vint avec la cham- » brière et un autre de leurs familiers, et allèrent manger » l'oie tant qu'ils purent ; puis ils dépendirent toutes les » images et les mirent autour de ce coffre, leur ayant » graissé le minois et les mains du reste. Il restoit encore » une demi-cuisse qu'ils mirent en la goule du diable » qui est sous saint Michel, et s'en allèrent fermant l'huis » et remettant les clefs au mesme lieu où elles avoient » esté mussées. Le curé revenu va droit aux clefs, et » les ayant trouvées comme il les avoit mises, dit : *Je* » *mangerai de l'oie à mon compère!*... etc. »

Le bon curé se rappelait son *Patelin*, et il le citait en lui-même, bien éloigné de croire le rapprochement aussi exact, et qu'il dût se voir frustré de son oie comme le pauvre drapier Guillaume Jousseaume.

M. P.-L. Jacob, qui a donné la plus récente édition du *Moyen de parvenir*, met ici en note :

« *A* pour *avec;* locution bien plus ancienne que » l'époque assignée à la composition de ce livre. »

Cette erreur provient de ce que l'éditeur n'a pas reconnu l'allusion. Je mangerai de l'oie *avec mon compère* ne signifierait rien ; il n'a pas été question de compère dans l'histoire : c'est l'oie *de* mon compère Patelin.

V. 504. Je happeray là une prune...

Une prune se disait d'une mauvaise aubaine comme d'une bonne. Dans la fable du *Cheval, le Loup et le Renard*, après que le loup a reçu la ruade du cheval :

> Se Isengrin lire ne sevust
> Encor *ceste prune* il n'eust.
> (*Renart contrefait.*)

Les prunes sont restées une métaphore du langage familier :

> D'où vous peuvent venir ces douleurs non communes ?
> — Si je suis affligé, ce n'est pas *pour des prunes !*
> (MOLIÈRE, *Sganarelle*, 16.)

> Diantre ! ce ne sont pas *des prunes* que cela !
> (*L'école des femmes*, III, 4.)

« Ce *le* où elle s'arrête (Agnès) n'est pas mis là *pour des
» prunes !* » (*Critique de l'École des femmes*, scène 3.)

V. 532. Il ne fault point couvrir de chaume...

Couvrir de chaume, dissimuler, user de feinte. Cette métaphore se rapporte à l'usage de recouvrir de paille les meules de blé qui passent l'hiver dans les champs. Guillaume Guiart use de la même allusion dans ce passage où il reproche aux Flamands de faire sonner bien haut leurs victoires sur les Français, et de dissimuler leurs défaites :

> A brief parler toutes leurs pertes
> Estoient aussi bien *couvertes*
> Que l'en pourroit couvrir espis.

V. 534.   Alez *sorner* à vos coquards...

Et plus loin, vers 540 :

Dictes, je vous pry, sans *sorner*.

« PHILAUSONE. *Sorner*, en un mot, c'estoit ce que vous
» ne pouvez exprimer qu'en trois : *dire des sornettes*... Le
» povre drappier de maistre Pierre Pathelin en use. »
(H. ESTIENNE, *Du langage françois italianisé*, p. 130.)

« Lequel Colart print à noiser avec iceluy Bertran, et
» le *sorner* et mocquer de ce qu'il l'avoit battu. » (*Lettres
de rémiss.* de 1420.)

De là *sornette* ou *sournette* :

« Ung nommé Chaponnay tira à par le supliant et lui
» dist à secret que s'il vouloit venir devers ce soir, qu'il
» verroit une bonne *sournette* ou esbattement. » (*Autres
lettres*, de 1452.) Voy. DU CANGE, au mot *Subsannatio*.

La racine de ces mots est *soir*. *Sornette*, conte ou amusement de la veillée.

La *sorgne* ou la *sorgue* est restée dans l'argot des voleurs pour dire la *nuit*. (Voyez le dictionnaire à la suite du poëme de *Cartouche*.)

Du Cange, sous *Coquibus*, donne l'origine du mot *coquart* : c'est *coquille*, sorte de coiffure particulièrement à l'usage des enfans et des femmes. Un mari trompé par sa femme était appelé *coquart*, *coquillart*, *coquebin*, *coquebert*, toutes expressions qui se prenaient généralement au sens de *sot*. Dorine :

Elle? elle n'en fera qu'un *sot*, je vous assure !

V. 546.   Le mal saint Mathelin...

C'est la folie, de l'italien *matto*. On invoquait saint

Mathelin contre la folie, comme sainte Claire contre les maux d'yeux ; saint Avertin contre le vertige, saint Genou contre la goutte, etc.

De Matelin on avait formé *matelineux*, sujet à des accès de folie, d'une humeur brusque et variable. La Macette de Regnier, recommandant à son élève de se défier des poëtes :

Ces hommes mesdisans ont le feu sous la lèvre ;
Ils sont *matelineux*, prompts à prendre la chèvre.

(Sat. XIII.)

Quelques modernes ont écrit que saint Mathurin ou Mathelin, car c'est le même, était aussi invoqué contre la colique ; ils ont été induits en erreur, faute d'avoir compris une périphrase du xvie siècle, qui disait : *une colique de saint Mathurin*, pour signifier un accès de folie. (Voyez les *Curiosités françoises* d'Oudin, p. 110.)

V. 555.   Au fort, c'est tousjours vostre guise.

« Or, belle dame, taisez vous en, et ne le soustenez pas » contre moy, car c'est tousjours vostre manière. » (*Quinze joies de mariaige.*)

« Mais, au fort, faites en à vostre guise. » (*Ibid.*, 6e joie.)

Au fort revient à chaque page des *Cent Nouvelles nouvelles* et des *Quinze joies*.

V. 559.   Telz noises n'ay je point aprins.

Cette expression, pour dire *je n'y suis pas accoutumé*, se retrouve dans les *Cent Nouvelles* : — « Et le père qui » *ne l'avoit point aprins* de le voir si muet, luy dist de rechief. » (Nouv. 66.)

V. 563. ..... *Aga!* quel prendre ?

« Il est d'usage d'employer l'apocope dans certaines
» locutions, *a'vous* pour *avez-vous* ; *sa'vous* pour *savez-*
» *vous.* Mais *aga* pour *regarde*, *agardez*, pour *regardez*
» sont des formes abandonnées à la populace de Paris. »
(TH. DE BÈZE, *De linguæ fr. recta pron.*, p. 84.)

Molière emploie *aga* dans le langage de ses paysans :
« PIERROT : *Aga*, quien, Charlotte... » (*Festin de Pierre*,
II, 1.)

V. 570. Vous vuiderez de ma maison...

Dans la 100ᵉ des *Cent Nouvelles nouvelles* :

« Sitost que les jeunes gens sceurent ce partement, ilz
» la vindrent visiter, laquelle au premier ne vouloit
» *vuider* de sa maison. »

« Lors fist *vuyder* chacun *de la salle* pour aller sou-
» per. » (*Le petit Jehan de Saintré*, chap. 65, p. 213.)

V. 571. Par les angoisses dieu, moi lasse !

Me miseram !

Hélas, n'est que la réunion de l'exclamation *hé !* avec
l'adjectif *las*. L'adjectif devait donc varier selon les
genres ; puis il a contracté l'immobilité de l'adverbe ;
puis on en est venu à dire adverbialement aussi *las !*
pour *hélas !*

Dans la 1ʳᵉ des *Quinze joyes de mariaige*, une femme,
parlant d'elle-même, s'écrie : « *Pauvre lasse !* pour-
» quoi ne vient la mort te prendre ! »

« Hé lasse, moy dolente ! dist Ysabel ; ce povre enfant
» est devant nous bien gehenné ! » (*Petit Jehan de Saintré*,
chap. 12, p. 57.)

V. 572.   Vous disiez que je parlasse...

Disiez est de trois syllabes. De même au vers 1226 :

> Vous *feriez* bien de l'attendre.

C'est l'ancienne prosodie conservée au xvᵉ siècle; les poésies du roi René en offrent à chaque page l'exemple :

> Bien vous *pourriez*, sur ma foi,
> D'amours alors tant vous complaindre
> Se vous *estiez* comme moy.
> Aussy *feriez* vous, je croy,
> Se vous *estiez* comme moy.

V. 584.   ..... Maugré en ait saint Pere !

Maugré, mauvais gré. On voit ici la locution sans ellipse. On disait aussi, comme aujourd'hui : *Maugré saint Père ! maugré saint George !...* Et par euphémisme : *Bongré saint Père, bongré saint George.*

Bongré est tombé en désuétude, *malgré* seul est resté; encore l'usage est-il de le construire mal, car, que signifient : *malgré lui, malgré moi, malgré vous?* Il faudrait évidemment : *malgré mien, malgré sien, malgré vostre;* c'est-à-dire, son mauvais gré, le mien, le vôtre. C'est comme on parlait toujours autrefois, et la locution moderne, qui, d'un ablatif absolu raisonnable, a fait un adverbe absurde, eût été alors plus barbare que ne serait aujourd'hui l'ancienne :

> O Rogier que *maugré sien* glennent,
> Trente et six chevaliers i prennent.
>
> (G. GUIART, t. I, p. 190.)

> Mais annuit vos a regardée
> Keux li seneschaus *maugré suen*.
>
> (*Le chevalier de la charrette.*)

V. 590. ..... Il est *bien taillé*
D'avoir drap !

Une autre forme de la même métaphore : *Il est bien tranché de.....*

« Pardieu, Jeanne fait la dame, il est bel et gracieux. — » Vrayement, madame, vous dites bien... et croy qu'*il se-* » *roit tranché d'*aimer loyaument. » (*Quinze joyes de mar.*)

Être bien taillé de, locution fréquente dans les écrivains du XVe siècle : — « *Il estoit taillé*, s'il eust vescu, » *d'estre* un grant homme et *d'avoir* des biens large- » ment. » (22e des *Arrests d'amour*.)

L'auteur anonyme du poëme à la louange de la dame de Beaujeu :

> Monsigneur Dunois est il gay ?
> Qu'en dites vous, à vostre advis ?
> De voir abattre Parthenay
> Et d'estre de ses biens desmis ?
> *Il est bien taillé d'avoir pis !*...
>
> (Strophe 25.)
>
> *Taillez serions d'avoir* grant payne.
>
> (Strophe 20.)

V. 591. ..... Hélas ! il ne *hobe*.

> Regardes m'en deux, trois assises
> Sur le bas du ply de leurs robes
> En ces monstiers, en ces esglises ;
> Tires t'en près et ne t'en *hobes*.
>
> (VILLON.)

Approche-toi d'elles et n'en bouge.

« Lors il la baise et l'accole et fait ce qu'il luy plaist :
» et la dame..... le laissant faire neantmoins, se tenant
» pesamment, ne s'aydant point, ne *hobe* neant plus
» qu'une pierre. » (5ᵉ des *Quinze joyes de mariage*.)

« Et combien qu'il (le mari vieux) a aussi bon sens qu'il
» eut oncques, si luy font ils accroire qu'il est assoty,
» pour ce qu'il ne peut *hober* du lieu. » (*Ibid.*, 9ᵉ joie.)

V. 594. ..... ne ne partira
D'ont il est que les piez devant!

Comme on emporte les morts.

Dans la 32ᵉ des *Cent Nouvelles* (*les Dames dismées*),
dont La Fontaine a fait *les Cordeliers de Catalogne* :

« Par la mortbieu, beau père, vous ne partirés jamais
» d'icy sinon les piez devant, se vous ne confessés vérité. »

V. 601. ..... en sanglante estraine!

Cet adjectif *sanglant*, qui revient plusieurs fois employé
de la même manière, était, aux xivᵉ et xvᵉ siècles, un
terme violent et grossier, une espèce de juron. L'auteur
du *Ménagier de Paris*, vers 1393, dit à sa femme : Dé-
fendez à vos serviteurs et servantes « de laidement
» jurer et de dire paroles qui sentent villenies, ne pa-
» roles deshonestes, ne gouliardeuses, comme aucunes
» mescheans ou mal endoctrinees qui maudient de *males*
» *sanglantes fievres*, de *male sanglante sepmaine*, de *male*
» *sanglante journée*. Il semble qu'elles sachent bien qu'est
» sanglante journée, sanglante sepmaine, et non font
» elles, ne doivent savoir qu'est sanglante chose, car preu-
» des femmes ne le scevent point, car elles sont toutes

» abominables de veoir seulement le sang d'un aignel ou
» d'un pigeon quant on le tue devant elles. » (T. II, p. 59.)

Martial d'Auvergne, à la même époque, parle d'un jeune amant effrayé du cri d'une caille suspendue à la fenêtre de sa dame, « tellement qu'aucunes fois, de *san-* » *glante peur* et frayeur qu'il avoit, se heurtoit le nez en » se retirant. » (21ᵉ des *Arrests d'amour.*)

De cet ancien abus du mot *sanglant* il nous reste encore : *outrage sanglant, injure sanglante.*

V. 603.   Qui me payast, je m'en allasse !

Se j'eusse aide, je vous liasse. (V. 826.)

Au mains qu'il me baillast ung gaige
Ou mon argent, je m'en allasse. (V. 880.)

Il fust bon que je m'en allasse. (V. 975.)

..... se je trouvasse
Ung sergent, je te fisse prendre. (V. 1593.)

Cette symétrie des imparfaits du subjonctif est un des caractères les plus marqués du style d'Antoine de la Sale : — « Se je fusse femme qui me gouvernasse mau- » vaisement, je ne m'esmerveillasse pas et fusse mieux » de vous que je ne suis. » (6ᵉ des *Quinze joyes de mar.*)

« Et luy dist qu'il avoit en son cueur ung secret que » volentiers luy desclarast, s'il osast. » (13ᵉ des *Cent Nou- velles nouvelles.*)

« Il fust mestier que vous et moy fussions en paradis. » (9ᵉ des *Quinze joyes de mariage.*)

« J'aimasse mieux qu'elles feussent en leurs maisons. » (*Ibid.*, 3ᵉ joie.)

Si d'Olivet et les autres commentateurs avaient connu l'ancienne langue, ils n'eussent pas dépensé tant d'encre ni de logique bonne ou mauvaise à défendre ou réprouver le fameux vers d'*Andromaque* :

On *craint* qu'il *n'essuyât* les larmes de sa mère.

C'est exactement la syntaxe de ce vers :

> Je *doute* qu'il ne *vousist* pas
> Vous dire..... (V. 977.)

Pasquier nous apprend que ce vers :

> Qui me payast je m'en allasse !

était un des mots de Patelin passés en proverbe, comme *Revenons à nos moutons*.

V. 604.   Pardieu, onques que je prestasse,
          Je n'en trouvay point autre chose !

Le sens de cet endroit est un peu obscur à cause de cette expression elliptique *onques que*. L'idée du naïf drapier est celle-ci : Toutes les fois qu'il m'est arrivé de prêter, voilà comme j'ai été remboursé!... *Per deos immortales! unquam quùm commodarem, nil ferè aliud inveni.*

Bien entendu je ne donne pas *unquam quùm* pour du latin correct, mais comme éclaircissement du français *onques que*. Lucrèce a dit *quumcumque* pour *quandocumque*; cette forme se rapproche de la nôtre.

J'ai pris la leçon du manuscrit Bigot. L'édition de 1490, suivie par toutes les autres, donne au second vers:

> Je n'en trouve point autre chose.

Ce qui augmente l'obscurité jusqu'à la rendre impénétrable, par le défaut de concordance des tems : *je prestasse... je trouve*. Il est facile de voir d'où la faute est venue : l'absence d'un accent sur l'*é* a fait tout le mal :

Je n'en *trouvé* point autre chose. Les prétérits sont souvent figurés avec cette orthographe. (Voyez surtout l'édition des *Quinze joies de mariage* de M. Jannet, d'après le manuscrit de Rouen.)

V. 606.   Guillemette, ung peu d'eaue rose.

L'eau rose était employée à ranimer les forces. Après le terrible plaidoyer des seigneurs de Baisecul et de Humevesne, et la non moins terrible sentence de Pantagruel, « les conseillers et docteurs qui là assistoient de-
» mourarent en ectase evanouys bien trois heures ; et y
» feussent encores, sinon que on appourta force vinaigre
» et eaue rose pour leur faire revenir le sens et enten-
» dement accoustumé. »

Il faut prononcer avec un *v* intercalaire, *eauve* rose, *eauve* douce (v. 756), comme font encore les paysans lorrains ; prononciation démontrée d'ailleurs par une foule de textes où se lisent ces formes : *eve, eveux, euve*.

On peut tenir pour règle générale que les voyelles *i, u*, accompagnées d'une autre voyelle avec laquelle elles ne forment pas diphthongue, emportent toujours dans la prononciation, avec leur valeur comme voyelles, leur valeur comme consonnes. *I* vaut *ij; u* vaut *uv*. « Parmi
» le col *soye* pendu. » Prononcez *soi-je*. — « Il les a *eues*
» vraiment. » Prononcez *evues*. — « Trop par *eus* le cœur
» hardi. » Prononcez *évus*.

V. 608.   *Trut!* à qui parlé je?

Trut a été noté par Palsgrave et classé parmi les interjections d'indignation : « And some be interjections of
» indignation : TRUT! as *trut avant, trut!*... » (*L'esclaircissement de la langue françoise*, p. 889.)

Comme cette espèce d'onomatopée n'est pas commune, il est vraisemblable que Palsgrave l'avait recueillie de cet endroit de Patelin.

V. 609.   A boire. — Frottez moy la plante.

C'était la coutume de frotter la plante des pieds aux malades à l'extrémité. Montaigne :

« Est-ce pas de quoy ressusciter de despit, qui m'aura
» craché au nez pendant que j'estois me vienne frotter les
» piedz quand je commence à n'estre plus? » (Livre II, chap. 35.)

V. 624.   Ces *phisiciens* m'ont tué...

« PHILAUSONE. Il (H. Estienne) me le monstra aussi
» (le mot *phisicien* pour *médecin*), en ceste tant célèbre
» farce intitulée *maistre Pierre Pathelin*, en deux ou trois
» endrets, mais je n'ai memore que de cestui-ci :

» Les phisiciens m'ont tué
» De ces brouilliz qu'ilz m'ont fait boire. »
(H. ESTIENNE, *Du lang. fr. italian.*, p. 133.)

Puisque H. Estienne faisait de l'érudition sur le mot *physicien*, il aurait dû remarquer que ce mot venu du grec n'est tout au plus que de la seconde époque de notre langue, d'une époque déjà pédante ; le mot primitif était *mire*, qui avait le féminin *miresse :*

Je suis de tout gouverneresse
Et de tous maulx humains miresse.
(*Le pelerinage d'hum. lign.*)

et les verbes *mirer* et *mirginer*. (Voyez DU CANGE, sous *Miro.*)

V. 627.   Ilz en œuvrent *comme de cire*.

C'est-à-dire sans difficulté, comme on pétrit la cire. *Como de molde* est une des expressions favorites de Sancho. L'influence de notre littérature, et par suite de notre langue, sur la langue et la littérature espagnoles a été fort grande et durable au moyen âge.

V. 639.   Prenderai je ung aultre *cristere?*

Les éditions modernes mettent *clystère*, à tort :

> LE MARY.
> Se je suis fol il fault me taire ;
> Mais se je prenois ung *cristere*
> Pour faire vuider ma folie ?
> (*La farce de l'arbaleste*, p. 7.)

Le peuple a retenu *cristère*. L'étymologie n'a que faire ici, parce que la permutation des deux liquides *l* et *r* est continuelle.

Dans la 79ᵉ des *Cent Nouvelles nouvelles* (*l'Asne retrouvé*), on lit toujours *clistère*, mais cela ne conclut rien, attendu qu'on n'a plus de manuscrit de ce livre.

V. 642.   Ces trois petis morceaulx *becuz*.

Becu a deux sens : 1° Qui est muni d'un bec, ou en forme de bec, remarquable par le bec. (Ces terminaisons en *u* répondent aux adjectifs latins formés d'un substantif et de la terminaison *utus* : *membru, ossu, corsu, chevelu, pattu, pointu, velu, pelu* ou *poilu, cornu*, etc.)

> Mais tuit ont les solers *becus*.
> (GUILL. DE MACHAULT.)

Des souliers à la poulaine.

Le second sens de *becu*, c'est *brun, noir* ou *noirâtre*. Le latin *aquilus* ou *aquilinus* avait également l'une et l'autre acception, relatives tantôt au bec, tantôt au plumage de l'aigle : — « AQUILUS, BECHUS, *qui a lonc nés ou noirs.* » (*Glossaire inédit* du xv⁰ siècle, cité par M. Du Méril, *Mélanges archéol.*) *Lebeschu*, nom propre : Lebrun ou Lenoir.

Il faut donc distinguer deux orthographes comme deux étymologies : *beccu*, venant de *bec*, et *bescu*, *bis coctus*, deux fois cuit ou brûlé, tous deux identiques à l'oreille.

J'ai choisi la leçon donnée par Pierre Le Caron au lieu de celle de 1490 :

Ces trois morceaus *noirs et bescuz*...

qui me paraît une glose fondue dans le texte. L'autre leçon, *petis morceaus becus* (il devrait y avoir *bescus*), vient sans doute d'un manuscrit aujourd'hui perdu.

Les pilules ont de tout tems été rondes, comme leur nom même l'indique, et n'ont jamais eu de bec. Par conséquent, *becu* ne peut être ici que dans l'acception de *noir*, et *noirs et becus* ferait pléonasme.

V. 656.   ..... Et mon orine
Vous dit elle point que je meure?

Le crédit des *médecins aux urines* remonte beaucoup plus haut que l'époque de cette pièce. Dans le fabliau du *Vilain mire*, où Molière a pris l'idée du *Médecin malgré lui*, la femme du vilain dit aux envoyés du roi à la recherche d'un habile homme :

> Certes, il sait plus de mecine
> Ne de vrais jugemens d'orine
> Que ne sot onques Hypocras.

V. 664. Dites, est ce chose avenant...

Voyez la note sur le vers 75.

V. 687. Vous n'estes pas en bon memoire.

Aujourd'hui *mémoire*, substantif masculin, porte un autre sens que *mémoire*, substantif féminin : Il lui a présenté *son mémoire*, en le priant de le loger dans *sa mémoire*. Mais cette différence de genre paraît toute moderne et conserve un vestige de l'antique usage; car, au XIIe siècle, Alexandre de Bernay fait *mémoire* du masculin. C'est dans le début d'*Athis et Prophilias*, où parlant de lui-même à la troisième personne, selon l'usage alors établi : Alexandre, dit-il,

> Ne fut pas saiges de clergie,
> Mais des actours oï la vie :
> Molt retint bien en *son memoire*.

En bon mémoire, au XVIe siècle, doit être un de ces archaïsmes qu'on trouve dans la bouche des vieilles gens et des bourgeoises comme Guillemette ou madame Jourdain.

V. 697. Par la teste dieu, je cuidoye
Encor... Et n'avez vous point d'oye
Au feu?

Pour bien comprendre la friandise du drapier obstiné à manger de l'oie, et la malice du piége que lui a tendu Patelin, il faut savoir que l'oie, à l'époque où l'action se passe, était un mets rare et cher. C'est seulement à partir du XVIe siècle que cet oiseau est devenu commun.

« Dans la plupart des actes tarifés du moyen âge, le prix d'une oie, qu'on peut supposer des plus belles, ne descend guères au-dessous de celui d'un porc ; et l'on en pourrait citer où ce prix est le même pour les deux objets. Par exemple, dans le tarif réglé par le conseil de Charles VI, en mars 1480 (1), à l'occasion de la disette qui désolait la France, une oie figure pour 16 sous parisis, prix d'un faisan de l'époque ; et un porc pour la même somme de 16 sous parisis. » (LEBER, *Collection de pièces*, etc., t. XX, p. 345.)

Ainsi, Patelin conviant le drapier à manger de l'oie, c'est comme si de nos jours il l'eût invité à venir manger un faisan.

Cet endroit est le second où se montre la forme rajeunie *oie :* nous l'avons déjà rencontrée au vers 300 ; partout ailleurs on lit la vieille forme *oue*, si longtems conservée dans le nom de la rue *aux Oues*, devenue *aux Ours*. Sans ce vers 300, on pourrait conjecturer que la leçon du texte original a été altérée ici, et qu'il portait :

> Par la teste Dieu ! je *cuidoue*
> Encor...... et n'avez vous point d'*oue* ?

Car cette forme d'imparfait en *oue* (qu'on écrive *oe*, il n'importe) est, pour les verbes en *er*, la forme sortie immédiatement du latin, la forme unique, celle enfin que donnent les plus vieux textes de la langue. Ainsi on

---

(1) Charles VI mourut en 1422. Il y a donc faute d'impression dans l'un de ces deux chiffres VI ou 1480. Je suppose qu'il faut lire mars 1380 (vieux style). Charles VI arriva mineur au trône en septembre de cette même année, et on lui donna un conseil de régence qui est apparemment celui dont parle ici M. Leber.

n'en trouve point d'autre dans la version des *Rois :* —
« Je *pensoue* que jo t'ocireie. » (P. 94.) — « David e les
» suens *enmenouent* les preies de Gesuri. » (P. 107.) —
« David *gastout* tute lor tere. » (*Ibid.*) — « Chier freire
» Jonathas que jo *amoue* si cume la mere sun filz, qui
» n'a mais qu'un. » (P. 123.)

Mais au xve siècle, la forme *cuidoue* avait cédé la place
à *cuidoye*, et la nécessité de rimer à *cuidoye* et *monnoye*
a entraîné ce néologisme *oye*. Ailleurs les rimes avec
loue et *moue* ont préservé la forme ancienne. (Voyez aux
vers 460, 701 et 1577.)

Puisque j'ai parlé de la forme originelle des imparfaits de l'indicatif pour les verbes en *er*, je compléterai
cette remarque en ajoutant que les infinitifs en *ir, ire,
oir, oire, re*, faisaient cet imparfait en *eis*, forme normande qui a fini par l'emporter.

Exemples comparés :

Verbes en *ire.*— « David *guerreiout* ces de Moab e for-
» ment les *destrueit.* » (*Rois*, p. 146.)

Verbes en *oire* et en *ir.* — « E *manjout* de sa viande, e
» *beveit* de son beivre, e en sa culche se *dormeit.* » (P.158.)

Verbes en *oir.* — « [Salomon] uns charmes truvad par
» u il *soleit* asuager les mals. » (P. 241.)

Verbes en *re.* — « Pur les grans guerres ki li *surdeient*
» de plusurs parz. » (P. 242.) — « Cest anel (l'anneau de
» Salomon) *metteit* as narines celi ki par deables fud
» traveilliez. » (P. 241.)

V. 706.   Par le sacrement
    Dieu...

Juron qui revient très souvent dans les *Quinze joyes
de mariaige :* — « J'ay plus perdu en mon lin et mon
» chanvre..... que vous ne gaignerez, *par le sacrement*

» *de Dieu,* de cy à quatre ans !.... Que vous vallent mes
» amys ? fait la dame ; *par le sacrement Dieu,* vostre fait
» fust bien petit s'ilz ne fussent ! » (5ᵉ joye.)

Sacredieu est abrégé de *sacrement Dieu,* et non pas *sacré Dieu.* Les Allemands jurent *sacrament !* tout court.

V. 720.   Je n'ay point aprins que je *donge*
          Mes drapz....

Le *g* caractéristique du subjonctif est un vestige de la langue française primitive, qu'il est très curieux de retrouver encore au milieu du xvᵉ siècle.

Dans la 30ᵉ des *Cent Nouvelles* : — « Nous sommes » troys et elles sont troys : chascun *prenge* sa place quand » elles seront endormyes. »

Cette forme est invariablement celle qu'emploie la version des *Rois :* — « Mais requier le Rei qu'il me te *dunge.* » (P. 164.) — « Tut ço que jo ai *prenge* Siba. » (P. 194.) — « Ci est la lance le Rei : *vienge* un vadlet, pur hoc si l'em- » port. » (P. 105.)

De même, pour ne pas prolonger les citations *in extenso,*—paroler fait *que je parolge;*—*murir, que je murge* ou *moerge;* — *demurer, que je demurge;* — *requerir, que je requerge;* — *aler,* que *j'alge;* etc., etc.

La chanson de Roland, les testamens des rois, reines et grands personnages d'Angleterre suivent la même orthographe, qui est une forme normande.

Ce *g* doit sonner mouillé, d'une valeur très rapprochée de l'*i*, comme dans l'allemand *morgen* (1).

---

(1) Exemples de *g* changé en *i :*— plaga, *playe;*—paganus, *payen,* — haga, *haye;* — braga, *brayes;* — sagitta, *sayette;* — de fagus, *fayette, La Fayette;*—sagum, *saye,* « sayon de poil

En voici la raison : cette forme française est modelée sur la terminaison latine *iam*, *iar* : — *veniam, accipiam, moriar*. Le *g* a été adopté pour représenter ce son, et nous en avons encore aujourd'hui la preuve dans *acquérir, requérir*, qui font *que j'acquière, requière ;* on écrivait au moyen âge : *aquierge, requierge*.

Le principe une fois posé, la règle s'est appliquée indistinctement aux verbes qui n'avaient pas en latin le subjonctif en *iam*, ou qui même n'étaient pas transportés du latin.

Tenir a fait *que je tienge*, comme *venir*, *que je vienge*, encore que l'un se dise *tencam* et l'autre *veniam* ; — *donner* a fait *que je donge*, comme si le subjonctif de *donare* était *doniam*, au lieu d'être *donem*. On prononçait *que je viengne, tiengne, dongne*.

Aller, paroler, ont fait *que j'alge*, *que je parolge*, comme s'ils fussent dérivés d'*allare, parolare*. On prononçait *que j'aille*, *que je paroille*.

V. 722. A nul, tant soit mon bien veuillant.

Mon bienveillant est dit comme *mon privé*, dans cet endroit des *Cent Nouvelles nouvelles* :

de chèvre » (La Fontaine) ; — deganus (pour *decanus*), doyen ; — dans la tapisserie de Bayeux, *Willielmus* est écrit trois fois *Willgelmus* ; — délié, venu de *delgatus* (pour *delicatus*), dans Roland et les textes du même âge, *delgé*. On écrivait de même *rage* et *plage* pour *raye* et *playe :*

> Dessus les heaumes, de lor brans
> S'entredonnent il cops si grans
> Que par les chiefs li sanc lor *rage*,
> Mais ne partissent por tiel *plage*.
>
> (*Roman de Troie*.)

« Et n'ay amy en ce monde, tant soit *mon privé*, à qui
» je voulsisse en nulle maniere descouvrir nostre faict. »
(62ᵉ des *Cent Nouvelles*.)

Le même auteur emploie aussi *bienveillant* :

« Advint que par le conseil de plusieurs de ses pa-
» rens, amys et *bienvueillans*, monseigneur se maria. »
(10ᵉ nouv.).

« Phelipes d'Aunoy, *amy bienveillant* de ladicte royne
» (Marguerite), et Gautier d'Aunoy, son frère, amy dela-
» dicte Blanche furent escorchiés. » (*Chron. de St.-Denys*,
sur 1314.)

V. 740.   Nostre fait seroit tout *frelore*.

Verloren, perdu, participe passé du verbe allemand
verlieren. On croyait ce mot passé dans notre langue depuis la défaite des Suisses à Marignan ; ce passage de
Patelin montre que l'usage en était bien antérieur à
l'an 1515.

Dans *Mestier et marchandise*, farce du xvıᵉ siècle
probablement, Marchandise emploie le mot de Patelin :

> Qui n'auroit ce denier encore,
> Trestout son fait seroit frelore.

V. 742.   Qu'est il venu à bonne forge...

Ce mot *forge* se rapporte à la métaphore « forger
un conte, forger un mensonge. » Plus loin encore
(v. 1273.), Patelin, accusant le drapier d'inventer des
calomnies pour grossir sa plainte contre Aguelet,
s'écrie :

> Comme le meschant homme *forge*
> De loing pour fournir son libelle !

Ainsi Guillemette veut dire que le drapier est tombé dans une bonne forge de mensonges.

V. 746.   En ung tel ort villain *bronstier*.

Bronstier fait sur le modèle de *monstier*, pour *broutier* et *moutier*.

Broutier, *brouter*, syncopes familières de *brouettier*, *brouetter*. On appelait *broutiers* les chasse-marée, parce qu'ils menaient leur marchandise sur des brouettes. Et comme les chasse-marée étaient malpropres et mal odorans, le nom de *broutier* était une injure : — « Va, » va, vilain broutier, vendre tes rayes! » (*Lettres de grâce* de 1391. DU CANGE, sous *Broueta*.)

Tous les éditeurs ont défiguré cet endroit. P. Levet, et après lui Trepperel : *brustier*. Jean Bonfons, qui ne comprenait rien à ce mot, substitue « vilain *putier*. » D'autres, suivis par les éditeurs du XVIIIe siècle : « vilain *bruytier*. » Et ils mettent en note, en invoquant le témoignage de Nicot, que *bruytier* est un oiseau de proie vivant de vermine.

V. 748.   Avoy, dea! il ne *faisoit* rien
            Aux dimenches!

Avoy! exclamation ou interjection très fréquente dans les *Quinze joyes de mariaige*. « *Avoy!* monsieur, fait la nourrice..... *Avoy!* m'amie, fait le preud'homme..... *Avoy!* m'amie, fait-il. » *Et passim*.

Avoy, par son étymologie, correspond exactement à cette espèce d'adverbe *allons!* — *à voie, en route*, dont les Anglais ont retenu *away*. Mais, comme il arrive toujours, le sens primitif s'est un peu modifié par l'usage : Aoi, dans le *Roland*, a le sens primitif; *avoy*, dans

Patelin et dans les *Quinze joyes*, signifie simplement *tiens!* exclamation de surprise et de mécontentement.

Dea, forme abrégée de *deable*. On prononçait *dà! oui, dà! non, dà!* Certains éditeurs de chansons de geste veulent que *dea* soit une allusion aux Mystères de la bonne déesse. Ils se partagent sur *diva!* qui est une autre forme de la même exclamation *di(v)abole*. C'est tout uniment *diable!* La plupart, adoptant l'interprétation doctement incertaine de M. Paulin-Pàris, voient dans *diva* deux impératifs des verbes *dire* et *aller;* en conséquence, ils écrivent avec une virgule *di, va!* à moins pourtant, ajoutent-ils, que ce ne soit : *dis, valet!*..... (*Garin le Loherain*, II, 23.)

« *Il ne faisoit rien aux dimenches!* » *Faire* est ici dans le sens de *donner*, comme lorsqu'un mendiant dit : Mon bon monsieur, *faites-moi* quelque chose! — Un marchand répondra dans la même acception : On n'en *fait* pas pour deux sous. Le drapier était si avare, qu'il ne *faisait* rien aux dimanches; il ne donnait jamais aux pauvres, pas même les jours de fêtes et dimanches. C'est là le sens, et non pas qu'il demeurait oisif les dimanches. La variante du manuscrit Bigot paraphrase cette expression de manière à lever toute équivoque :

> Car certes il ne donnoit rien
> Ne pour feste ne pour dimenche.

Mais cette paraphrase laisse le second vers sans rime, et le vers suivant incomplet :

PATELIN.

... Pour Dieu, sans rire !
S'il venoit il pourroit trop nuyre....

V. 755.   Je retourneray, qui qu'en grousse.

On disait aussi *qui qu'en grogne*.

Grousser, syncope du latin *crocitare*. Aujourd'hui nous disons *glousser*, par la substitution d'une liquide à l'autre. De même mé*L*ancolie et mé*R*encolie ; mate*R*as et mate*L*as ; mar*N*e et mar*L*e ; ma*R*sault pour mâ*L*esault, saule mâle ; forte*R*esse, autrefois forte*L*esce, italien : *fortalezza*. De *Vandali*, les Wand*R*es pour Wand*L*es, aujourd'hui *Vandales*; titu*L*us a fait tit*R*e, primitivement *title*, *atitelé*, etc.

Le verbe *groucer* se trouve dans *Le chemin de pauvreté et de richesse*, composé en 1342 par J. Bruyant :

> Se debonaireté veulx suivre,
> Qui est franche, courtoise et douce,
> C'est celle qui nul temps ne *grouce*
> De riens qui lui puist avenir.

Dans ces expressions *qui qu'en grouce*, *qui qu'en grogne*, il faut noter l'élision de l'*i* : qui *qui* en grogne. La langue moderne n'admet plus que l'élision de l'*e* muet; mais l'ancienne langue, dont le peuple maintient les traditions et le génie, élidait les cinq voyelles.

V. 770.   Et cest advocat portatif,
          * A trois leçons et trois pseaumes.

Avocat portatif, comme l'on disait *évêque portatif*, c'est ce que nous disons aujourd'hui *évêque in partibus infidelium*, ou simplement *in partibus*, c'est-à-dire évêque sans évêché. — « Ainsy sont ilz mitrez comme beaux » petits evesques portatifs. » (*Le moyen de parvenir*, ch. 59, ABSOLUTION.) — « Cela est aussi bon que le fait de M. de Cé-

» sarée, evesque portatif, qui fesoit sa visite par le diocèse
» d'un qui l'en avoit prié. » (*Ibid.*, 77, COMMITTIMUS.)
Ainsi, par analogie, l'avocat portatif était avocat sans
cause, avocat *in partibus*.

« *A trois leçons et trois pseaumes.* » Trois leçons et trois
pseaumes, c'était le moins qui pût être prescrit dans le
bréviaire. Celui de Fécamp n'en exigeait pas davantage,
encore paraît-il que les moines s'affranchissaient de ce
minimum. Aussi disait-on pour exprimer une chose aussi
réduite que possible : « C'est un bréviaire de Fécamp, à
» trois leçons et à trois pseaumes, et rien du tout qui ne
» veut. » (TRÉVOUX, au mot *Pseaume*.)

Béranger m'a dit avoir, dans son enfance, entendu
souvent employer ce proverbe, dont il ne comprenait
pas le sens.

Rabelais (*Gargantua*, I, 41) : « A quel usaige, dist
» Gargantua, dictes vous ces belles heures? — A l'u-
» saige, dist le moine, de Fécan, à trois pseaulmes et
» trois leçons, ou rien du tout qui ne veult. » C'est que le
moine et Gargantua ayant entrepris de dire leurs heures
ensemble, s'étaient endormis au premier psaume, « sur
» le poinct de *beati quorum*, » c'est-à-dire au premier
verset.

Il serait aisé de restituer la mesure en lisant « à trois
leçons et [à] trois pseaumes ; » mais cet *à* ne se trouve
dans aucune édition du XVe siècle, ni même dans la
prose de Rabelais. — Peut-être aussi prononçait-on
seiaumes, en trois syllabes; le vers alors serait exact.

V. 775.   Il a mon drap, *ou je regnie bieu!*

Prononcez : *ou jernibieu!*

Bieu, par euphémisme pour *Dieu*, afin de rendre le

blasphème moins choquant. C'est le même juron que *jarni!* ou *jarnidieu!* Je renie, je renie Dieu.

V. 779.   Il semble qu'il doye *desver*.

C'est le simple du composé *endêver*, resté seul en usage.

Desver paraît venir des racines *de* et *via*. C'est sortir de la voie ordinaire : *dévier*.

V. 780.   Je feray semblant de *resver*.

Il faut noter cette acception primitive des mots *rêver*, *rêverie*; c'est *délirer* et *délire*, au vers 788 :

Il est encore en *resverie*.

C'est-à-dire dans le transport, dans la fièvre chaude.

> Et qu'esse cy? je suis en *resverie* :
> Il semble bien que ne scay que je die,
> Je dy puis l'ung, puis l'aultre, sans accort.
> Suis je enchanté? veille mon cueur ou dort?
> Vuidez, vuidez de moy, telle folie!
>
> (CH. D'ORLÉANS, p. 227.)

De là vient que *ravasser*, sous la forme actuelle *rabâcher*, implique l'absence de raison et de bon sens dans des redites perpétuelles.

V. 797.   Recommencez vous vostre *verve*?

Je note ici l'origine de ce mot *verve*. C'est l'opinion populaire qu'un *ver* logé dans la tête cause les accès de colère, transports de fureur, d'enthousiasme, enfin d'irritation ou d'exaltation quelconque. Jadis on appelait ces hommes *véreux* (aujourd'hui on use du barbarisme *verveux*). De là, le *ver coquin* : c'est au propre le ver niché dans la tête, et au figuré la passion qu'il produit :

> Et de *mon ver coquin* je ne me puis défendre.
> (REGNIER, sat. IX.)

Ailleurs : Chacun, dit-il, a son vice; le mien, c'est

> D'estimer peu de gens, suivre *mon ver coquin.*

V. 800.   *Me* voulez vous *faire entendant*
   De vessies *que* sont lanternes ?

Faire entendant que pour *faire entendre que,* locution des *Cent Nouvelles* et plus ancienne :

« *L'on me fait entendant que* la façon du faire est tant
» plaisante et tant bonne, etc. » (Nouv. 55.)

« Si *le fist on entendant* (le sultan de Babylone) *que* le
» roy de France venoit pour secourre la terre d'oultre
» mer. » (*Chron. de Saint-Denys,* sur l'an 1248.)

Cette expression proverbiale : « *Prendre, vendre des vessies pour des lanternes,* » remonte bien haut, car dans une lettre d'Étienne de Tournay, de 1180 ou 1181, on lit : « Transfigurat se nonnunquam Sathanas in angelum
» lucis et *vesicam pro laterna* simplicioribus vendit. »
(*Hist. littér. de France,* XV, p. 541.)

V. 803.   *A coup* qu'el' me soit aprouchée.

A coup a deux sens : *tôt, rapidement,* et *d'aplomb;* c'est ici le premier sens, qui paraît le plus moderne. Dans la 81ᵉ des *Cent Nouvelles,* une dame apprenant à l'improviste l'arrivée de convives inattendus : « Ilz soient les

» très bien venus, dit-elle ; avant ! avant ! vous, telz et
» telz, *à coup !* alez tuer chapons et poulailles, et tout ce
» que nous avons de bon, en haste. »

« Or s'en falloit il partir *à coup*, car la demeure estoit
» trop périlleuse. » (MARTIAL D'AUVERGNE, *Arrests d'amour*,
p. 112, édit. 1581.) Cet *à coup* est devenu *tout à coup*.

L'autre acception, *perpendiculairement, d'aplomb*, paraît être la primitive. Le vers suivant revient plusieurs fois dans le *Roland* de Theroulde (il s'agit d'un guerrier qui dans la mêlée tue tout ce qu'il atteint) :

> Qu'il fiert *à coup* de son tems ni ad plus !

Et encore au xve siècle :

« Ce très desiré jour tantost se monstra et fut par
» les rais du soleil, maugré les verrières des fenestres,
» *à coup* descendu emmy la chambre de ladite vefve. »
(14e des *Cent Nouvelles nouv.*)

V. 818.   ...il convient rendre ou pendre.

Pendre, qui est aujourd'hui verbe actif, était dans l'origine verbe neutre, comme le latin *pendere*, et signifiait *être pendu* :

« Ceste promesse par le maistre accordée, le clerc
» mort et descouloré comme ung homme jugié *à pendre*,
» si va dire son cas. » (13e des *Cent Nouvelles nouv.*)

« Je suis seur que sitost que le bon bailly me tiendra,
» qu'il me condemnera *à pendre*. » (*Ibid.*, nouv. 75.)

« *Rendre ou pendre*, » locution proverbiale. Dans la chanson faite sur le supplice de Hugues Aubriot (1381) :

> Bien a esté fait toy haper
> Pour justicer et mettre en cendre :
> En la fin il faut rendre ou pendre.

Cependant on remarque dans *Patelin* même deux passages où *pendre* est déjà employé comme verbe actif :

Ha, sire ! que l'en le puist pendre. (V. 564.)

Bé ! — Heu, *bée !* l'en me puist pendre. (V. 1595.)

Au xv*e* siècle, la vieille langue et la nouvelle étaient en présence. *La farce de Patelin* est un des monumens où l'on peut le mieux étudier la transition.

V. 841.   Avez entendu, *beau cousin ?*

Beau cousin, appellation d'honneur et d'étiquette à la cour, comme les titres de frère, mère, oncle, neveu, lesquels y étaient déterminés par les rapports d'affection ou d'étiquette, et non par les degrés de consanguinité. Ainsi dans le *Petit Jehan de Saintré*, l'héroïne du roman reçoit dans ce sens le titre de *belle cousine ;* la reine qui le lui donne ne peut avoir d'autre intention que de l'honorer ; mais il y a une intention maligne de l'auteur, *cousine* ayant aussi le sens de *femme galante*, *fille de joie*. La Sale, par cette équivoque préméditée, flétrit d'une manière détournée celle qui, au dénouement, se rendra coupable d'une si odieuse et impudique trahison contre le noble Jehan de Saintré en faveur de Damp abbé, le gros moine sensuel. La preuve en est que La Sale, dans les *Cent Nouvelles*, emploie ce mot *cousines* comme Collé dit *nos sœurs* de l'Opéra. — « Faisons venir au logis deux » jeunes filles de *nos cousines*, et couchons avecques » elles. » (Nouv. 58.)

Ailleurs, parlant de celle qui se sauva de la peste en mettant quatre jeunes hommes sur les dents : — « Et » tiens, qui en auroit affaire aujourd'huy, qu'on la trou-

» veroit au renc de *nos cousines* en Avignon, Beaucaire
» ou aultre part. » (Nouv. 55.)

Ainsi la *dame des belles cousines,* c'est, selon qu'on voudra l'entendre, la première des favorites de la reine, ou la première des courtisanes ; et c'est à tort qu'on a voulu faire prévaloir exclusivement l'une ou l'autre de ces deux interprétations. Il me semble que le rapprochement de ces divers passages ne permet pas de méconnaître l'intention de La Sale.

V. 858.   Mais comment parle il proprement
          Picart?

Les formes de la prononciation picarde employées par Patelin sont : *cha* tost; — or *cha* ; — *chelle* vieille prestrerie ; — *canter se* messe.

Probablement il faut lire *se meche*, quoique tous les textes donnent *messe*. La rime *s'aproiche*, dans le texte de 1490, l'indique assez. (Voyez sur 369.)

V. 863.   Wacarme liefve, gouedman !

Ce couplet est en baragouin flamand. (On sait que La Sale demeurait à Genappe, avec la cour du dauphin.) C'est, avec le couplet en bas breton, le plus défiguré par les éditeurs. J'ai essayé un commencement de restitution, en m'aidant surtout du manuscrit Bigot, qui me paraît avoir été exécuté dans les quartiers de la Flandre ou de la Picardie.

Vacarme ! était le cri de guerre des Flamands :

Flament sceut, si cria *wakarme !*

(*Renard le nouvel*, v. 2882.)

V. 875.   Hau, Watwille! pour le frimas
          Faites venir frere Thomas.

Les **Watteville** sont une famille noble, originaire de Suisse et de Bourgogne. Imhof les fait remonter jusqu'aux ducs de Bavière. (Voyez Iselin, au mot *Wattenwiell*.) Parmi les officiers du duc de Bourgogne et de la petite cour de Genappe, où je conjecture que *Patelin* a été composé et représenté, il y en avait apparemment un du nom de Watteville, en sorte que cette interpellation réitérée « Ho, Watteville ! » offrait à l'auditoire quelque allusion perdue pour nous. C'est le manuscrit Bigot qui m'a fourni la restitution de ce passage. Dans tous les autres textes, le nom de *Watteville* est transformé en ces deux mots inintelligibles : *Wuste vuille*, — *Voacte vuille*.

« *Frere Thomas.* » J'ai suivi dans cet endroit, comme dans presque tout le couplet, le manuscrit Bigot. L'édition de 1490 met *sire Thumas*. J'ai parlé dans l'introduction, page 44, de l'allusion qui me paraît contenue dans ce nom ; si le lecteur veut bien s'y reporter, il comprendra pourquoi j'ai préféré *frère Thomas* à *sire Thomas*.

On le fait venir *pour le frimas*, c'est-à-dire pour la *frime*. La forme primitive de ce mot, aujourd'hui exclusivement populaire, est *frume*, du latin *frumen*. Au témoignage de Celse et de Servius, *frumen* était le gosier, d'où *frumentum*. L'acception latine s'est un peu modifiée dans notre langue : la *frume* c'est la mine, et souvent la mauvaise mine, la grimace. Exemple :

> De bien se doit on esjouir ;
> Li bon, car c'est droit et coustume ;
> Et li mauvais en font *la frume*.
>
> (*Le lai d'Aristote.*)

Dans les vers suivants, *frume* signifie *mine, contenance*, rien au delà :

> Et jasoit ce qu'il li anuit,
> N'en fait semblant, ciere (1) ne *frume*.
> (*Miracles de Notre-Dame.*)

Frume, par corruption, est devenu *frime, frimouse* et *frimas*. Les *frimas*, les noirs *frimas*, c'est quand le ciel et la terre nous font la mine, semblent attristés.

Dans un livre tout récent sur les étymologies, on dit que *frime* signifie une petite gelée : je crois que c'est une erreur.

M. N. Landais, après Furetière, fait venir *frimas* de *fremitus*, parce que les *frimas* font *frémir*.

V. 883.   Vous estes ung bien *divers* homme!

« Lors la dame respond : Vrayement, mes cheres » commeres et cousines, je n'en scay que faire et n'en » scay comme chevir, tant est mal homme et *divers*. » (3ᵉ des *Quinze joies de mariaige*.)

« Le duc de Bretagne est un cauteleux homme et *divers*, » et a toujours eu le couraige plus anglois que françois. » (FROISSART, liv. II, chap. 70.)

V. 886.   Or cha, Renouart au tiné...

Renouart est le héros d'une des branches du roman épique de *Guillaume au court nez*. Renouart, avant d'être un héros dans la seconde bataille d'Aleschans, était

---

(1) Chère, de l'italien *ciera* : faire bonne chère à quelqu'un, lui faire bon visage.

marmiton à Laon, dans les cuisines du roi. Prêt à suivre Guillaume d'Orange à la guerre, ce nouvel Hercule va couper dans les jardins un gros sapin qu'il fait cercler de fer, et

> Ne li pesoit le raim d'un olivier.

Il s'en escrime si bien que de ce *tinel*, c'est-à-dire de cette massue, lui est demeuré le sobriquet de *Renouart au Tinel*. Ce personnage jouissait sans doute, grâce aux récits des jongleurs, d'une grande célébrité parmi le peuple, et Patelin, feignant de prendre le drapier Guillaume Jousseaume pour Renouart au Tinel, devait exciter l'hilarité de l'auditoire ; mais cette plaisanterie ne pouvait avoir de succès qu'à l'époque où le roman était populaire et chanté encore dans les rues. Elle serait incomprise aujourd'hui, et l'eût été déjà à la fin du XV° siècle, où l'on veut placer la composition de cette farce : la preuve en est que la plupart des éditeurs ont estropié ce vers, mettant *Renouart ostiné, autiné, outiné*, etc.

V. 891. Les playes dieu! *qu'est che qui s'ataque...*

On prononçait apparemment *qué qui*, comme fait encore aujourd'hui le peuple : *qué qu'i t'faut? qué q'tu dis?*

S'attaque, forme normande et picarde, *s'attache*, comme *vaque* pour *vache*.

V. 894. Hé dea, j'ay le mau saint Garbot!

Saint Garbot, ou mieux saint Gerbold, vivait au VII° siècle. Nommé évêque de Bayeux, il fut chassé par les habitans. Saint Gerbold, en s'en allant, jeta dans la

20

mer son anneau pastoral, protestant de ne revenir qu'après l'avoir retrouvé. Tous les Bayeusains furent aussitôt attaqués de lientérie et d'hémorrhoïdes, mal qui fut appelé le *mal saint Gerbold*, et dont les habitants de Bayeux conservèrent le surnom de *foireux*. Du Cange, au mot *Senescallus*, rapporte l'épitaphe de l'Encal ou Sénéchal qui chassa saint Gerbold et mourut de la maladie en question :

> Ci gist l'encal [de] Cranquetot ;
> Ly fut qui cacha saint Gerbot ;
> Le mal l'en prist le jour de Pasques ;
> Denpeu (depuis) son ventre n'ut relague.
> Ah Dieu, combien il chia !
> Dites po ly *Ave Maria*.

Il existe encore, dit-on, à Bayeux, une famille qui prétend avoir le privilége de guérir le mal saint Gerbold par l'attouchement, comme les rois de France guérissaient les écrouelles.

On lit dans le *Livre des proverbes*, I, p. 208, que Bayeux était célèbre au moyen âge par son commerce et ses foires, d'où est venu le dicton des *foireux de Bayeux*.

Il est évident que c'est là une explication arbitrairement inventée, et suggérée par le dicton même qu'il s'agissait d'expliquer.

V. 896.   Jehan du Quemin sera joyeux
          Mais qu'il saiche que je le sée.

Mais que, dans les vieux écrivains français, signifie exactement *pourvu que;* mais ce mot, en basse Normandie, porte une nuance d'acception un peu différente : c'est *aussitôt que, dès que*. Il faut donc traduire :

« Suis-je des foireux de Bayeux? Jean du Chemin sera charmé dès qu'il saura que j'en suis. »

Que je le sois, au subjonctif, à cause du *que* entre deux verbes, et aussi à cause de *qu'il sache*, pour la symétrie des tems qui était alors d'obligation étroite. « On *dirait* que je vous *ai* trompé, » eût été jadis un solécisme ; il eût fallu mettre : « On *diroit* que je vous *ourois* trompé. »

Corneille suivait encore la règle du *que* entre deux verbes. Dans le *Menteur* (I, IV, 12) :

La plus belle des deux *je crois que ce soit* l'autre.

« *Je crois que ce soit*, dit Voltaire, est une faute de » grammaire, même du tems de Corneille. » Et il montre que la logique et la raison en sont également blessées. Voltaire se trompe : la locution de Corneille est tout au plus un archaïsme comme ceux dont La Fontaine est rempli ; et au nom de la logique, Voltaire condamne du même coup notre ancienne langue et le latin qui lui avait prêté cette règle.

V. 912.   *Sont il ung asne que j'os braire?*

Cette bizarre façon de parler se retrouve dans d'autres écrits du même tems : par exemple, dans la farce de *Sœur Fessue*, la sœur Esplourée demande ironiquement : « *Sont-il* d'usance haut-de-chausses? » — C'est-il l'usage que les femmes portent sur la tête un haut-de-chausses ?

Dans la farce des *Femmes qui font refondre leurs maris*, Pernette expose ses griefs contre le sien :

Foy que doy Dieu, il *ont* grant tort :
Sitost qu'il *sont* couchés, il dort!

Cette tournure pourrait être l'imitation d'un germanisme. L'allemand dit : *Sind sie zu hause ?* « Sont-ils à la maison ? » pour *ist er zu hause*, « Monsieur est-il à la maison ? » Cette troisième personne du pluriel est la forme usitée envers quelqu'un à qui l'on doit des égards.

Ce mélange du pluriel et du singulier est encore en pratique aujourd'hui. Un auteur pénétré du respect de soi-même se gardera bien de dire : « Je suis allé... je me suis efforcé... je me suis aperçu... » Mais il écrit majestueusement : « *Nous* sommes *allé*..... *nous* nous sommes *efforcé*..... *nous* nous sommes *aperçu*... » Ce n'est pas le style logique, mais c'est le style digne.

V. 913.   Halas! halas!.... cousin, à moy !

Ces six vers me paraissent une citation. Il semble que ce soit une femme, quelque princesse malheureuse qui appelle à son secours son cousin par qui elle aurait été séduite. Patelin prend le rôle de la dame et donne celui du cousin au drapier, comme tout à l'heure il lui donnait celui de Renouart au Tinel.

Je conjecture que ces vers étaient chantés, d'autant que l'on chantait souvent dans les farces, comme il se voit par le Recueil imprimé en quatre volumes.

V. 919.   Ha oul danda.....

Pour l'éclaircissement de cette tirade j'insère ici la lettre d'un excellent homme dont la perte récente n'afflige pas moins les gens de bien que la littérature :

« Cher monsieur,

» Voici vos vers bretons de Patelin *restitués*. Il m'a
» fallu pour cela un jour entier.

» Si vous désirez le mot à mot, je puis vous l'envoyer.

» Ce sont, comme vous pouvez le voir, des phrases
» décousues et sans liaison, comme le célèbre couplet
» de Mascarille dans le *Dépit amoureux*. Il y a ici des
» proverbes, des vers de prophéties, d'autres emprun-
» tés sans doute à des poëmes bretons du tems, d'autres
» inventés ; le tout entremêlé d'une manière grotesque
» pour reproduire le désordre de la folie.

» Je désire que mon travail puisse vous être utile, etc.

» ÉMILE SOUVESTRE. »

Ha houl danta, houlen ra vezeie,
Korfa e nef.....

[On voit] La mer mordre avec ses dents, la vague cueillir
le goëmon, le fond du lit se gonfler.....

C'hui o bezou drougnoz, badou,
Vous aurez de mauvaises nuits, des étourdissemens,

Digant anken en ha madou.
Avec du déplaisir dans vos biens.

En pedid dizkuized buan.
A prier on se délasse bien vite.

Kalz kevien zo dre douche aman.
Beaucoup de paysans sont ici parmi les pourceaux.

Mein ez kachet euz bouzelou.
Une pierre est cachée dans ses entrailles.

Eny zu bet grad e kanou.
Il y a eu là des divertissemèns et des chants.

Marzrec'het kruz dan holl kou.
Des fourmis de marais dans tous les coins.

Zo oloz marvail grau maczonn.
La grue qui sert aux maçons est une merveille.

Aluzen, archer, he pezy,
Archer, vous recevrez l'aumône

Ha kalz amour ha kourtisy.
Avec beaucoup d'amour et de courtoisie.

« *P.-S.* Mon texte au premier abord vous paraîtra s'é-
» loigner beaucoup du texte imprimé, parce que j'ai ré-
» tabli l'orthographe bretonne défigurée par l'ignorance
» des éditeurs ; mais en prononçant, il n'y a presque pas
» de différence. »

V. 937.   Il ne parle pas chrestien...

Comme la sibylle de Panzoust : « Adoncques, s'escria
» espouvantablement sonnant entre les dens quelques
» motz barbares et d'estrange termination ; de mode
» que Panurge dist à Epistemon : Par la vertu Dieu, je
» tremble ! je croy que je suis charmé ? elle *ne parle
» point christian !* » (*Pantagruel*, III, 17.)

V. 943.   Hé, par sainct Gigon, tu ne mens.

Saint *Gigon* ou *Gengon*, c'est ainsi qu'on prononce
dans les Pays-Bas le nom de saint Gengoulf. (Voy. l'*Annuaire de la Soc. d'hist. de France pour* 1847, p. 68.)

V. 944.   *Vualx te Deu!* couille de Lorraine...

Ce juron me paraît être une contrefaçon de l'espagnol
voto a Dios, car il ne faut pas se laisser dépayser par

l'orthographe : cette notation *vualx te Deu* sonnait *vôte Deu*; j'ai conservé l'orthographe de 1490, mais je crois qu'il faudrait écrire *vote-Deu!* si ce n'est *vote-à-Deu!*

V. 952.   Car vraiement je le mangera,
          Et, par sainct George, je beura
          A ty.

Ces formes : *je mangera, je beura*, pour *je mangerai, je boirai*, appartiennent au patois lorrain. Faute de ce renseignement, tous les éditeurs, à commencer par Guillaume Leroy, ont mis à la troisième personne « *il* le mangera, *il* beura, » afin de restituer le texte *en son naturel*, sans doute. Il faut faire attention que Patelin vient d'appeler le drapier *couille de Lorraine*; en conséquence, il lui parle le langage du pays : *à ty*, — *nient*, — *stan grain de poire*. Et comme le pauvre Guillaume entend tout cela avec l'air hébété d'un homme qui n'y comprend goutte, l'autre lui demande : Arrives-tu de Picardie, que tu as l'air si ébaubi quand je te parle lorrain ? — Alors il passe au latin, pour se rendre plus clair.

V. 961.   Parisius non sunt ova.

« Il n'y a pas d'œufs à Paris. » *Parisius* n'est pas, comme on le pourrait croire, une faute d'impression, pour *Parisiis*. Cette forme, dont il est bien difficile de se rendre compte (à moins de la prendre pour une altération de *Parisibus*, qui serait encore un barbarisme), cette forme est constante dans les monumens du xive siècle. Dans Guillaume de Nangis, par exemple : « In publico par- » lamento, *Parisius*. » — « In horto regalis palatii, *Pa-* » *risius*. » Dans tous les actes du procès des Templiers :

« Acta *Parisius*..... » — « Frater Guillelmus *de Pari-
» sius*, » etc., etc. Ce mot revient à chaque page.

Aussi Du Cange lui a-t-il consacré un article dans son Glossaire. Il en rapporte des exemples dès le xiie siècle, mais il ne tente aucune explication de cette bizarrerie.

V. 983. ..... Adieu, dame.
Pour Dieu, qu'il me soit pardonné !

Ce vers se retrouve mot à mot dans le *Petit Jehan de Saintré*.

Saintré, prêt à partir pour la guerre, distribue aux filles de la cour des anneaux d'or émaillés de fleurs de *souviengne vous de moy*, ce qui montre en passant que le myosotis, en allemand *vergiss mein nicht*, portait ce nom en France dès le xive siècle. La reine réclame en riant pour la dame des belles cousines et pour elle-même une de ces bagues : — « Ha, ma dame, dist Saintré, *pour* » *Dieu, qu'il me soit pardonné*, car je n'avoie hardement » ne cuydoie que telles dames daignassent prendre de » moy si petit don. » (Chap. 27.)

V. 988. Je me tiens plus *esbaubely*
Qu'oncques.

La forme conservée dans le langage familier est *ébaubi*, c'est-à-dire rendu bègue par l'excès de l'étonnement. La racine est *balbus*, d'où le français *baube* : « Loys, li » fil Challes le Chauf, qui Loys li baubes fu apelez. » (*Chron. de Saint-Denys.*)

On a mal à propos confondu *ébaubi* avec *ébahi*. L'*ébahi* est celui qui demeure bouche béante : racine, *hiare*.

V. 1005.   Au moins avons nous recouvré
          Assez drap pour faire des robes.

Entre ce vers et le suivant, le manuscrit Bigot introduit cinquante vers qui ne se trouvent dans aucune édition à moi connue. Cette interpolation, d'ailleurs sans mérite et tout à fait hors-d'œuvre, est un exemple des modifications que les comédiens se permettaient de faire subir à l'ouvrage, et d'où sont nées tant de variantes sans valeur. Voici le passage :

PATELIN.

Au moins aurons nous recouvré
Assez drap, comme qu'il en voise.
Qu'en dites vous donc, ma bourgeoise ?
Scay je rien d'avocasserie ?

GUILLEMETTE.

Ouil, dessus la draperie.
Vrayment, vous avez bien fait pestre
Joccaulme. Qu'estes vous bon mestre
D'embougler gens, sainte Marie !
Je n'eusse ceste tromperie
Jour de ma vie controuvée
Que vous avez cy esprouvée.
Sacrement bieu ! quant vous voulez
Je voy bien que vous y moulez
Bien parfont, en l'advocassage !
Je ne vous cuidoie pas si sage,
Mes je voy bien sans vous louer
Que l'on vous peult bien appeler
Dessus tous les aultres le mestre.

PATELIN.

Je feray plus fort que Pierre (sic)
Encore, mais que je m'y mette.

NOTES.

Ce n'est icy riens, Guillemette ;
Je pense bien à aultre chose
Qui sera fait sans faire pose ;
Car pourquoy ? ung homme autentique
Ne doit point lesser sa pratique
Dormir au feu ne reposer,
Mais se doit toujours exposer
La procéder de mieulx en mieulx.
Et pour ce, belle seur, je veulx
Aller encore marchander.

GUILLEMETTE.

Voulez vous encore eschauder
Ne scay qui ?

PATELIN.

Ouil, par saint Pierre ;
Ce sera mon gentil compère
Le fournier du bout de la rue ;
Il a tant que chacun lui rue,
Mais ou je faudray laidement
A traire, ou certainement
Il me rendra ains que je fine
Céans pain tout cuit et farine,
Des huy jusques au bout de l'an,
Et si sera payé en bran
Ainsi qu'a esté Joceaulme.

GUILLEMETTE.

Haro ! vous vallez ung royaulme !
Onques mais je ne vy nul tel.

PATELIN.

Or gardez très bien à l'ostel ;
Je m'en vay par icy devant.

(Saluant l'auditoire.)

Messeigneurs, à Dieu vous commant.

(Ils sortent, et la scène se transporte dans la boutique du drapier.)

LE DRAPIER.

En dea, maugré saint Mathelin !
Et mestre Pierre Pathelin
Pense il ainsi à emporter
Mon drap sans point le raporter ?
Encor ne scay je, sur ma vie,
S'il l'a ou s'il ne l'a mie ;
Ce ne fais mon, par le sang bieu !
Et qu'est checy, dea ! es che geu?
Chacun emporte mon avoir,
Dont je me doy forment douloir.
Or suis je le roy des meschans ! etc.

Ici on rentre dans le texte. Il est inutile de faire remarquer que ce fragment ne saurait appartenir à l'œuvre originale ; la seule lâcheté du style suffirait à faire reconnaître un morceau de placage versifié par quelque Ragotin de ce tems-là, qui a cru renchérir sur l'invention première et perfectionner le caractère de Patelin.

V. 1007.   Quoi, dea! chascun me paist de *lobes!*

Barat enseignant à son disciple les moyens de s'avancer dans le monde :

La seconde chose est mentir
Par beaux mos polis plains de *lobe.*

(*Le chemin de pauvreté et de richesse.*)

Loberie, dans les *Chroniques de Saint-Denys*, est mis en variante de *boisdie :* « L'apostole Martin qui » bien sot la besoigne, ne fut point lie, car il se doubta » moult et pensa que le roy d'Aragon ne le faisoit lors » par *boisdie*. » (Chap. 34, sur l'an 1283.)

Le manuscrit 9650 : « Fors par *loberie*. »

Lobeur : — « Mais il ne feut mie tost hardy de plaine-
» ment dire sa pensée comme font les *lobeurs* du tems
» present, qui sans desserte vont baudement aux dames
» requerir qu'ilz soient aymez, et de feintises et faux
» semblans pour elles decepvoir bien se sçavent aydier. »
(*Mémoires de Boucicault*, chap. 9.)

Lob ou *laub*, en allemand, est le feuillage, et par extension, l'ombre qu'il donne. — Folcuin (*De gestis abbatum Lobensium*), expliquant le nom propre *Lobbach* :
« Teutones..... *lob* quidem vocant adumbrationem ne-
» morum ; *bach* autem rivum ; quæ duo faciunt *obumbra-*
» *culi rivum*. » (Du Cange, sous *Lobia*.)

Lobia, en bas latin, est un portique, un promenoir à l'ombre. *Lobe*, en vieux français, est, par métaphore, illusion, tromperie. Quand donc le drapier s'écrie qu'on le *paist de lobes*, il veut dire qu'on le repait d'ombre et d'illusions, qu'on se moque de lui.

Lob signifie aussi *louange, réputation, gloire*. Si ce n'est de l'esprit philosophique, c'est un singulier hasard.

V. 1010.   Or suis je le roy des meschans !

Meschant n'est point primitivement la traduction du latin *improbus*, il signifie qui a la chance contraire, comme qui dirait *mes-chéant* :

Ades sont li *mesquant* premierement tué.
(*Baudouin de Sebourg*, ch. VII, p. 184.)

C'est-à-dire, toujours les mal-chanceux sont les premiers atteints.

Se dist une parole, que li homs est *mesquans*
Qui trop se fie en femmes, car lor engiens est grans !
(*Baudouin de Sebourg*, ch. V, vers 682.)

Alain Chartier oppose *meschant* à *heureux :* « Adonc y
» seras tu plus *meschant* de ce que tu cuideras y estre
» plus *heureux.* » (CURIAL, p. 394.)

Les bergers, à la mort de Charles VII :

>..... Par troupeaus s'assembleront ez chams,
> Crians : ha Dieu ! que ferons nous, *meschans?*
>
> (GREBAN, *Epitaphe de Charles VII.*)

« *Meschant* , » dit Charles Bouilli : « Qua voce Galli
» abutentes, virum interdum inopem, interdum ini-
» quum, dolosum et infelicem effantur. » (*De vitiis
vulgar. ling.*, p. 15.)

On avait aussi le substantif *meschance* :

> Tu es le vray Dieu, qui *meschance*
> N'aymes point ny malignité.
>
> (MAROT.)

Mais ici Marot encourt précisément le reproche adressé
à ses contemporains par Ch. Bouilli : il prend *meschance*
au sens moderne de *méchanceté*. L'auteur du *Patelin*
lui conserve son primitif et véritable sens, quand il fait
dire à Guillemette :

> Helas ! le povre chrestien
> A assez de male *meschance !*
> Unze sepmaines, sans laschance,
> A esté illec le povre homme !

En revanche, il prend déjà *méchant* dans l'acception
moderne au vers 1273 :

> Comme le *meschant* homme forge
> De loing pour fournir son libelle !

Je ferai observer que cette particule inséparable *mes* (*malè*), qui entrait en français dans la composition d'une foule de mots : mesparler, mesarmer, mesvoier, mescroire, mesavoir, mesdire, mesprendre, meschoir, etc..., existe dans l'anglais sous la forme *mis* : *mistaken, miscreate, misconduct, misconceit, misclaim, mischance*, etc...

V. 1011. Mesmement les bergers des champs
Me *cabusent* ores le mien...

Les éditions rajeunies portent *me cabassent*, ce qui ferait un sens acceptable à la rigueur, mais beaucoup moins juste et moins énergique. G. Leroy et 1490 donnent *cabusent*, ce qui lève toute incertitude et toute difficulté. Voyez la note sur le vers 3, où il me paraît évident que *cabasser* a usurpé la place de *cabuser*.

V. 1030. Je n'y entens ne gros ne gresle.

Expression proverbiale. Dans la farce de *Science et Asnerye*, le badin, auquel Anerie vient de donner une aumusse, se promet de chanter à l'église :

LE BADIN.
N'ai je pas l'oreille haultaine ?
LE CLERC DE SCIENCE.
Va, ta forte fiebvre quartaine !
Tu n'y entens ne gros ne gresle.

V. 1032. De brebis, à de relevée...

La même expression revient plus bas, au vers 1075 :

Monseigneur, à de relevée.

Nous ne sommes plus accoutumés à entendre ce terme de palais qu'avec une indication précise : *à une heure, à quatre heures de relevée;* mais il a été employé indéterminément pour signifier *après midi. De relevée* doit être considéré comme adverbe de tems ne faisant qu'un seul mot mis au datif par *à :* — Je suis assigné pour après midi, *à de relevée.*

« Audiences *de relevée*, celles qui se donnent après
» midi. La cour n'entre point ce jourd'huy *de relevée.*
» — Ce mot vient de ce qu'autrefois on faisoit la méri-
» dienne sur des lits de sale qu'on nommoit *grabats*, et
» on nommoit *relevée* le temps où l'on se relevoit pour
» aller à son travail. » (FURETIÈRE.)

V. 1037. Je prie à Dieu que le deluge
          Coure sur moy, et la tempeste !

Dans les *Cent Nouvelles nouvelles*, le verbe *prier* est toujours construit de la sorte avec le datif : — « Et pour
» ce qu'il estoit plaisant et gracieux, ilz desirerent sa
» compaignie et *luy prierent* de venir loger chez eulx. »
(Nouvelle 63.) — « Après la onzième heure de la nuict,
» ladicte damoyselle *luy pria...* » (Nouv. 62.) — « Mais
» *je prie à Dieu*..... qu'il m'en délivre à joie et à hon-
» neur. » (Nouv. 61.)

V. 1055.   ..... et garde
          Ta journée, se bon te semble.

Et plus loin au vers 1074 :

          Se je ne vois à *ma journée.*

Journée, assignation, comme dans le latin *dare diem;* c'est une sommation à comparoir devant la justice.

Froissart, dans l'histoire du duel de Legris et Carrouge : — « Le comte qui durement aimoit ce Jacques » Legris ne vouloit ce croire, et *donna journée* aux par- » ties à ester devant luy. » (Livre III, chap. 49.)

Dans la nouvelle du *Testament du chien*, l'évêque, irrité, fait venir le curé, accusé d'avoir enterré son chien en terre sainte : — « Si le manda vers luy venir par une » belle citation par ung chicaneur. — Hélas, dist le curé, » et qu'ay je fait, qui suis cité d'office?..... Il vint à sa » *journée*, et de plain bout s'en ala vers monseigneur » l'évesque, etc. » (96ᵉ des *Cent Nouvelles nouv.*)

Il signifie aussi un simple rendez-vous : —« Pour plus » grant plaisir en avoir et pour faire la farce au vif et » bien tromper son chapelain, il commanda à sa gouge » qu'elle *assignast journée* d'estre en la ruelle du lit là » où ilz couchoient. » (Nouv. 76.)

 Quant aler li convint à Mons, *à la journée*
 Que Gaufrois li trahistres i avoit ordenée.
    (*Baudouin de Sebourg*, ch. I, p. 165.)

« Quand il lui fallust aler à Mons au rendez-vous que le traître Gaufroy y avait marqué. »

Cette acception de *journée* ne se trouve pas dans la nouvelle édition de Du Cange, c'est pourquoi j'ai cru devoir insister.

V. 1060. Va t'en ! Je *nen* accorderay,
   Par Dieu, ne *nen* appointeray
   Qu'ainsy que le juge fera.

Ce n'est pas, je crois, comme portent les éditions modernes, *n'en* avec une apostrophe, pour *ne en* ; c'est *ne* tout seul, muni de l'*n* euphonique pour obtenir la mesure : Je n'accorderai, c'est-à-dire ne m'accorderai avec toi, ni n'appointerai le procès (voyez le vers 1057), qu'après sentence et aux conditions prononcées par le juge.

V. 1064.   Mesouen, se je n'y pourvoie !

Mesouen est un mot formé comme *meshuy*. *Huy* est pour *hunc diem* ; *ouen* pour *hunc annum* ; l'autre racine, *mes* ou *mais* est le latin *magis*, au sens de *désormais*, *dorenavant*.

Meshuy, à partir d'aujourd'hui. *Mesouan*, à partir de cette année.

V. 1087.   ..... je regardoye
            Qu'il me payoit petitement.

Regarder que au sens de *réfléchir, s'apercevoir, prendre en considération*, est du style d'Antoine de La Sale. Dans la 9e des *Quinze joyes de mariaige*, un père dit à son fils : « Tu es mon fils ainsné et seras mon principal heritier se » tu te gouvernes bien ; mais *je regarde que* tu te donnes » auctorité de me prendre le gouvernement de mes » biens. »

V. 1095.   Tant feussent elles saines et fortes.

Dans le discours familier, on ne prononçait pas comme aujourd'hui, en affectant de faire siffler le *s* final ; on élidait comme au singulier : « *saine et* forte ». Les exemples de cette prononciation conservée parmi le peuple sont communs du XIIe au XVIe siècle. (Voyez le vers 327.)

« Pierres i ad, amelistes e topazes. » (*Roland.*)

V. 1117.   Que nous deux luy baillons l'avance.

Et plus loin, au vers 1553 :

Ce qui luy a baillé l'advance,
C'est que tu t'es tenu de rire.

Bailler l'avance, c'est enhardir quelqu'un à s'avancer, le pousser pour le faire tomber dans le piége.

Dans le 48ᵉ des *Arrests d'amour*, où il s'agit d'un jeune amant, lequel, « à la persuasion d'une chamberiere, s'est » accointé de l'amour d'une jeune dame, dont puis après a » esté esconduit, » le demandeur requiert « que ladicte » chamberiere qui ainsy *luy avoit baillé l'advance* et faict » trembler les fiebvres blanches tout du long d'une nuict, » fust condamnée à l'amende envers luy. »

V. 1125.   Je ne vous paieray point en solz,
Mais en bel or à la couronne.

Les premiers écus d'or à la couronne furent frappés sous Philippe le Bel, par ordonnance de 1339, rapportée dans Du Cange.

V. 1168.   ..... pour rien que l'en te die.

« Monseigneur mande vers lui venir ses maistres d'ostel, » ausquels il enchargea que son mignon ne fust servi » d'autres choses que de pastez d'anguilles, *pour riens » qu'il die.* » (*Cent Nouv. nouv.*, les *Pastez d'anguilles*.)

V. 1195.   Monseigneur, se je ne vous paye
A vostre mot.....

De même au vers 336 :

Endea, il ne m'a pas vendu
A mon mot; ce a esté au sien.

« Là Panurge fascha quelque peu frère Jean... et frère
» Jean menassa de l'en faire repentir en pareille mode
» que se repentit Guillaume Jousseaume vendant *à son
» mot* son drap au noble Patelin. » (Rabelais, *Pantagruel*,
IV, 56.)

Voyez la note sur le vers 236.

V. 1199.   Par nostre dame de Boulongne...

Il s'agit de Boulogne-sur-Mer et de l'image miraculeuse dont la légende a été écrite par Leroi sous ce titre : *Histoire de Notre-Dame de Boulogne*.

« Telle était la renommée de Notre-Dame de Boulogne dès le commencement du xie siècle, que des pèlerins s'y rendaient des extrémités de l'Orient, et qu'on fut obligé de bâtir des hôpitaux en différents lieux du Boulonais pour y recevoir les étrangers malades et nécessiteux. » (*Histoire des villes de France*, t. II, p. 100.)

Il est à remarquer que, par le traité d'Arras (1435), le Boulonais était passé dans les domaines du duc de Bourgogne Philippe le Bon ; et que plus tard Louis XI, étant parvenu à s'en rendre maître, donna ce comté à la Vierge, dont il se déclara en même tems le vassal. Ces circonstances ne sont pas indifférentes pour l'hypothèse que le *Patelin* aurait été composé à Genappe, où le dauphin Louis était réfugié sous la protection de Philippe le Bon, duc de Bourgogne. (Voyez l'*Introduction*, p. 36.)

Où les preuves et les renseignemens précis font défaut, c'est par le rapprochement de toutes ces petites indications qu'on peut quelquefois y suppléer.

V. 1207.   Nostre dame, *moquin, moquat !*

Ces mots paraissent appartenir au refrain d'une vieille chanson populaire qui doit être celle du *Loup conjuré* :

> Y a un loup dedans le bois ;
> Le loup n'veut pas sortir du bois ;
> Ha, j'te promets, *broquin, broquat,*
> Tu sortiras de ce lieu-là !

Suivant les localités, on disait en variante : *compère brocard*, ou *moquin, moquat*, parce que le loup se moque de tous les moyens employés pour le contraindre à sortir du bois : le chien, le bâton, le feu, l'eau, le veau, le boucher, jusqu'à ce qu'on appelle le diable, qui surmonte toutes les résistances :

> Il faut aller chercher le diable ;
> Le diable veut bien venir,
> Le boucher veut bien tuer l'veau,
> Et le veau veut bien boire l'eau,
> L'eau veut bien éteindre le feu,
> Le feu veut bien brûler l'bâton,
> L'bâton veut bien battre le chien,
> Le chien veut bien japper au loup,
> Le loup veut bien sortir du bois.
> Ha, j'te promets, *moquin, moquat,*
> Tu sortiras de ce lieu-là (1) !

Patelin, par cette allusion, ferait entendre au berger qu'il saura le contraindre à payer, comme on a contraint le loup à sortir du bois.

Page 196.   Scène XIX. Sur la place.

Remarquez que la vraisemblance n'est point blessée

---

(1) On en trouve un texte *in extenso* dans le *Bulletin du comité de la langue*, publié par le ministère de l'instruction publique, année 1853, n° 4, p. 238.

à voir le juge tenir son audience en plein air : c'était la coutume du moyen âge dans les petits endroits. De là les juges *pédanées*, le dicton *avocat sous l'orme*, et le proverbe : *Attendez-moi sous l'orme*. L'auteur n'a donc rien fait que de très naturel et de très vrai. La scène de l'audience tenue sur la place est encore une preuve que l'action du *Patelin* ne se passe pas à Paris, ni même dans une ville.

Mais Brueys n'a pas la même excuse, parce que, à l'époque où il transporte la scène, les mœurs sont changées. Et, comme fait observer La Harpe, le juge Bartholin venant tenir ses audiences dans la rue est d'une invraisemblance choquante. Notez pourtant que Brueys a mis aussi la scène dans un village.

V. 1211.   Hé dea, s'il ne pleut, il degoute.

Noël du Faïl était, comme Rabelais, nourri de son *Patelin*. A chaque instant ils y font allusion : — « Je ne » gaigne plus rien, » dit le vieil avocat Lupolde des *Contes d'Eutrapel;* « le tems n'est plus comme il souloit : le » monde s'est aparessé. Toutesfois il vient encore quel- » que peu d'eaue au moulin : *S'il ne pleut, il desgoutte.* »

Nous avons perdu depuis le xviie siècle le verbe *il dégoutte*, et le substantif *dégoût*, dans le sens du verbe.

> Qui pis est il pleuvoit d'une telle manière
> Que les reins par despit me servoient de gouttière,
> Et du haut des maisons tomboit un tel *desgout*,
> Que les chiens altérés pouvoient boire debout.
>
> (REGNIER, satire X.)

Par quel mot a-t-on remplacé ce mot très utile ?

V. 1212.   Au moins auray je une *epinoche*.

Très petit poisson qu'on appelle, en Picardie, *un épinoc*, et que les enfans pêchent avec une épingle crochue en guise d'hameçon. L'épinoche tire son nom des épines ou aiguillons qu'elle porte sur le dos. *Épinocher*, c'est s'arrêter à des vétilles, perdre son tems à des riens, comme on ferait de pêcher aux *épinoches* ou d'éplucher leurs arêtes. Pasquier s'en sert : « Mais de s'arrester en si peu
» de temps, c'est *espinocher* en l'histoire. » C'est pêcher des épinoches dans l'histoire. Le peuple dit par corruption, *pignocher*.

V. 1256.   *A'vous* mal aux dens, maistre Pierre ?

De même au vers 1436 :

N'*a'vous* honte de tant debattre...

A'vous, sa'vous, pour *avez-vous, savez-vous*. Du tems de François I*er*, ces syncopes, aujourd'hui reléguées dans le langage du peuple, étaient de la belle langue et reçues dans la poésie sérieuse. Marguerite d'Angoulême, reine de Navarre :

Pourquoi *a'vous* espousé l'estrangiere ?

Mais qu'*a'vous* fait voyant ma repentance ?

A la fin du XVI*e* siècle, Théodore de Bèze, écrivant sur la bonne prononciation du français, autorise encore ces façons de parler par une règle expresse : « Il est d'usage
» d'employer l'apocope dans certaines locutions : *a'vous,*
» *sa'vous*, pour *avez-vous, savez-vous*. »

Dans le *Testament de Patelin :*

> Et voicy une grant hydeur!
> *Sça'vous* respondre *Dominus?*
> Il vous faut absolution.
> *A'vous* de tout fait mention?

V. 1257.   Ouy : elles me font *telle* guerre...

C'est ainsi que mettent toutes les éditions du xvᵉ siècle, et je n'ai pas osé prendre sur moi de corriger ; mais je crois qu'il faut lire : « Ouy, elles me font *tel* guerre. »

D'abord *oui* compte toujours dans ce texte pour deux syllabes ; ensuite, il n'y a pas de raison pour faire *tel* variable dans le premier vers et invariable dans le second, pour écrire *telle guerre*, et immédiatement après, *tel rage*. Je suis donc persuadé que ce premier vers est rajeuni dans la forme. Cependant je l'ai maintenu par respect pour l'unanimité des témoignages.

V. 1263.   *C'est il*, sans aultre, vrayement.

Ille est. Lui, originairement, représente un cas oblique : Donnez-lui (ou *ly*), *da illi*.

Au xvᵉ siècle, on disait encore *c'est il* pour *c'est lui*. « — Vostre mary? dit-il. Et le congnoissés vous à heur-» ter? — Ouy, dit-elle ; je scay bien que *c'est il;* abregez » vous, qu'il ne vous treuve icy.—Il le fault bien, se *c'est* » *il*, qu'il me voye. » (34ᵉ des *Cent Nouvelles nouv.*)

V. 1291.   Suz, revenons *à ces* moutons.

Et non pas *à nos* moutons, comme on dirait à présent.

L'amphibologie du pronom démonstratif et du possessif, *ces* et *ses*, a causé cette modification dans la vraie forme du proverbe. — « Revenir *à ces* moutons » (ad *istas* pecudes) a été entendu « revenir *à ses* moutons » (ad *suas* pecudes) ; et par une conséquence toute naturelle de cette erreur, on a dit : « Revenons *à nos* moutons », tandis qu'il fallait toujours dire : Revenons à ces moutons, aux moutons dont nous parlions tout à l'heure.

Du reste, Pasquier cite déjà ce proverbe dans sa forme actuelle, et plusieurs éditions du xvie siècle mettent ici :

Suz, revenons *à nos* moutons.

Leçon reproduite dans les éditions modernes : Coustelier, Durand et M. Geoffroy-Château. Les éditions du xve siècle sont unanimes.

Sur ce proverbe, voyez aussi l'*Introduction*, page 56.

V. 1295. ..... il vous fait paistre !

Ce passage est ponctué pour la première fois comme il doit l'être. Les anciennes éditions donnent sans aucun signe d'arrêt :

..... il vous fait paistre
Qu'est il bonhomme par sa mine.

dans lequel il semble que *paistre* soit une syncope de *paraître :* Il vous fait paraître qu'il soit un bonhomme. Ce serait un contre-sens.

Faire paître quelqu'un, c'est l'abêtir, le changer en une bête qui paît l'herbe. — « Mais est abesté le bonhomme, » et *paist l'herbe*, et est transfiguré en une beste, sans » enchantement. » (7e des *Quinze joyes de mariaige.*)

« Il (le mari) sera servi de mensonge, et *le fera on* » *paistre.* » (*Ibid.*, 5e joye.)

Cette dernière phrase semble avoir été préparée tout

exprès pour éclaircir le passage de *Patelin* : c'est la même expression de la même pensée.

A la fin du *Sermon joyeux pour rire*, dans le *Recueil des farces, moralités*, etc. :

> Amour, c'est la plus grant folie,
> La plus diverse fantasie
> En quoi l'homme se puisse mectre :
> Amours *ont fait* les sages *pestre*
> Et affoler.....

Envoyer paître, dont on se sert aujourd'hui, est modifié de l'ancienne expression *faire paistre*.

V. 1299. Vous dites bien : il le converse,
Il ne peult qu'il ne le congnoisse.

Converser quelqu'un, c'est-à-dire le fréquenter, demeurer avec lui : *versari cum aliquo*. Palsgrave (p. 582, édit. de 1852) traduit le verbe anglais *I haunte*, « je converse, je fréquente, je coustume »; mais il construit par la préposition *avec*. Exemple : « Il converse avec les gens de bien », il fréquente les gens de bien.

Samuel dit aux princes d'Israel : « Cunversed ai od vus » de ma juvente jesque à cest jur. » (*Rois*, p. 38.)

Le texte porte : « Itaque conversatus coram vobis ab » adolescentia mea usque ad hanc diem. » (*Reg*. I, c. XII, vers. 2.)

V. 1319. Il le me convient avaler
Sans mascher.....

Comme une pilule amère.

Dans la nouvelle des *Trois cordeliers*, l'un des maris trompés par ces moines dit à ses deux collègues : « Vous

» ouez par leur confession que ces ribaulx moynes ont
» fait merveilles d'armes, et espoir plus et mieulx que
» nous ne sçavons faire; et s'elles le sçavoient, elles ne
» se passeroient pas pour ceste fois seulement. C'en est
» mon conseil que *nous l'avallons sans mascher.* » (30ᵉ des
Cent Nouvelles nouvelles.)

V. 1351. ..... au coup la quille !

Ce qui rend les proverbes si obscurs lorsqu'ils ont cessé d'avoir cours, c'est l'ellipse du verbe à laquelle suppléait la tradition. Dans celui-ci le verbe sous-entendu pourrait être *tombe :* « Au coup la quille tombe, est à bas », pour exprimer deux faits qui se suivent sans aucun intervalle, infailliblement. Dans le poëme à la louange de la dame de Beaujeu (1489) :

> C'est dommaige qu'elle feust fille ;
> Elle eust conquis *au coup la quille*
> Autant que le roi Alexandre !
>
> (Strophe 70.)

Elle eût conquis de suite, consécutivement, sans s'arrêter.

Dans le passage de *Patelin : il babille au coup la quille*, signifie qu'un propos n'attend pas l'autre.

V. 1352. Chose qu'il die ne *s'entretient.*

Ne se continue, ne se soutient pas; son propos est interrompu, décousu.

Antoine de La Sale emploie ce verbe au sens propre, dont l'exemple fera mieux comprendre le sens figuré:

« Lors fist damp abbez chose que sainct Benoist, sainct

» Robert, sainct Augustin n'eussent mie faicte de leur
» vivant, car illec publiquement se mist en pourpoint,
» destacha ses chausses, qui en ce tems *ne s'entretenoient*
» *mie*, et les avala soubs les genoux. » (*Petit Jehan de
Saintré*, chap. 81, p. 258.)

C'est-à-dire qu'en ce tems-là les chausses n'étaient pas cousues au pourpoint, n'y tenaient pas, ne faisaient pas un avec lui.

Un entretien, s'entretenir, parce que dans la conversation les répliques s'appellent et se lient : *s'entre-tiennent*.

V. 1375.   C'est Peu-d'acquest.

Le sens serait déjà clair, à prendre les mots simplement; mais il faut savoir que *Peu-d'acquest* était alors une espèce de type populaire, comme nous avons vu plus haut (vers 95) *Martin Garant*. On aimait beaucoup ces plaisanteries. Un vieux domestique s'appelait *Las-d'aller ;* un messager à pied, *Heurte-bise* ou *Engoule-vent ;* un vidangeur, *maistre Fify*, etc. Rabelais affectionne tout particulièrement ces noms significatifs; c'est de lui que Beaumarchais a emprunté *Bridoison*, et à son imitation qu'il a forgé le pâtre *Grippe-soleil*.

Dans la farce de *l'Aveugle, la tripière et son valet*, la tripière donne un soufflet au garçon, en lui disant :

Tire tes chausses, *Poy d'acquest*.

Sauve-toi, monsieur d'Argencourt, monsieur de Vide-gousset.

Nous voyons également figurer Peu-d'acquet dans une pièce de P. Gringoire représentée à Nancy en 1524 : « La feste, » dit un vieux chroniqueur, « estoit esjouie par
» Songe-creux et ses enfans Mal-me-sert, Peu-d'acquet

» et Rien-ne-vault, qui jour et nuit jouoient farces
» vieilles et nouvelles rebobelinées et joyeuses à mer-
» veilles. » (*Mém. de la Société des lettres de Nancy*, 1848.)

De même, dans ce passage de *Patelin*, Peu-d'acquet doit être pris comme un sobriquet donné au berger.

V. 1396. ... il est fol de nature.

C'est-à-dire, simple, idiot de naissance.

« Cil qui sont fol de nature, si fol que ils n'ont en eux
» nule discrétion par quoy ils se puissent ne sacent main-
» tenir, ne doivent pas tenir terre. Doncque se li ainsné
» est fous de nature, l'ainsnesce doit venir à l'ains né
» après li. » (BEAUMANOIR, chap. 56, *des maladreries*.)

V. 1397. Est il fol? Saint sauveur d'*Esture!*

C'est-à-dire, d'*Asturie* ou des *Asturies*, ainsi nommées du fleuve *Astura*.

Les grans mulets sont en *Esture*.

(*Le dict des joyeux païs*.)

Martin Le Franc, dans le *Champion des dames*, parlant des sorciers :

Plus de six cens ont déposé
Sans qu'ilz feussent mis à torture,
Qu'ilz ont le gresil composé
Par dessus tous les mons d'*Esture*.

Les montagnes des Asturies sont une branche des Pyrénées.

Et je dis : Je le veuil, par tous les sains d'*Esture!*
(*Chron. de Du Guesclin*, II, p. 300.)

Ainsi, au xɪvᵉ siècle, cette forme de serment était déjà usitée. Peut-être même cette exclamation et cette formule de serment avaient-elles été rapportées par les soldats de Du Guesclin.

V. 1435.   Hé, sire, imposez *leur* silence !

C'est la leçon des éditions du xvᵉ siècle. Le manuscrit Bigot, celui de La Vallière et les éditions rajeunies, corrigent « *imposez luy,* » sans doute parce qu'il n'y a que le drapier qui ait parlé. Mais c'est là précisément que gît le comique. Agnelet n'a pas dit un mot et n'a pas envie de souffler ; n'importe ! son avocat, plein d'impartialité, ne veut pas plus de faveur pour l'un que pour l'autre ; il s'écrie : Imposez-leur silence ! Substituer « imposez-*lui* silence, » c'est ressembler à ces correcteurs de Hollande rectifiant le mot de Fontenelle au cardinal Dubois, ancien précepteur du régent : « Monseigneur, vous avez » travaillé vingt ans à vous rendre *inutile.* » — *Utile,* imprimèrent ces braves gens.

V. 1441.   Quelz moutons ? *C'est une vielle !*

La vielle fait entendre une note continue, une pédale, qui avait donné lieu à cette façon de parler : « *C'est une vielle !* » pour dire : vous rabâchez toujours la même chanson ! Il est plaisant que ce soit le drapier qui adresse ce reproche à d'autres, lui, si préoccupé de ses moutons. La même intention comique se montre plus bas (vers 1455) :

> Regardez, sire, regardez !
> Je luy parle de drapperie,
> Et il respont de bergerie !

Ce triomphe naïf du pauvre Guillaume Jousseaume est

du comique le plus fin et le plus délicat. Il ne faut pas croire que de pareils traits, dignes de Molière, abondent dans les autres farces du xv⁰ et du xvi⁰ siècle.

V. 1464.   Ne soyez pas si rigoureux
             Au povre bergier douloreux...

Douloureux, au sens passif avec un nom de personne : qui ressent la douleur, affligé. C'est un latinisme : *berger douloureux*, comme *mater dolorosa*. Dans les *Cent Nouvelles nouvelles :* — « Et Dieu sait que la gouge le print » bien en gré, combien que s'en monstroit *douloureuse*. » (Nouv. 88, *le Cocu sauvé*.)

Marot s'est souvenu de ce passage dans son épître aux *dames de Paris :*

> Vous me tenez termes plus rigoureux
> Que le drapier au bergier douloureux.

V. 1467.   C'est tres bien *retourné le ver* !

Marque d'un esprit subtil et fécond en ressources, que de retourner sur-le-champ un vers qui va mal. Dans la 41ᵉ des *Cent Nouvelles nouvelles*, la femme d'un procureur trahit à demi son infidélité par une réponse imprudente : La coutume des clercs vaut mieux, dit-elle, que la vôtre. Le mari ne manque pas de relever le mot : « Madame ne fut pas si beste qu'elle n'aperceust bien » que monseigneur n'estoit pas content de ce qu'elle avoit » dit ; si s'advisa de *changier le vers*, et dit :... »

V. 1476.   Sire, par le sang nostre dame !

Je mettrai ici une des mille altérations du texte de

La Vallière, parce que celle-ci paraît indiquer la date de ce manuscrit :

LE JUGE.

Vous monstrez bien qui vous estes,
Par les saincts qu'on prie à Pavie!

LE DRAPPIER.

Je le veil...

MAISTRE PIERRE.

A ! maugré ma vie,
Regardés : il ne se peult taire !

On ne s'embarrassait guère en France de la ville de Pavie ni des saints qu'on y prie, avant la funeste bataille perdue par François Ier, le 24 février 1525. Le manuscrit de La Vallière doit donc avoir été rédigé après cette date : dès lors on peut en estimer l'autorité.

V. 1511.   Voy! nennin, il n'est point pelé.

Voy ! est encore l'interjection favorite en Lorraine. Un paysan lorrain ne dit pas trois phrases sans y glisser en manière de parenthèse ou de finale, *voy!* « C'est bien fait, *voy !* — Vous n'en aurez pas, *voy !* — Allez à l'école, *voy !* notre enfant. »

C'est un débris de l'ancienne exclamation *avoy!* si fréquente dans le *Roland* et dans les écrivains du XIIe siècle.

Le Brabant ayant fait partie autrefois de la basse Lorraine, il n'est pas surprenant que l'exclamation *voy !* fût usitée à Genappe, où je suppose que cette pièce fut écrite.

V. 1519.   Seroit ce point Jehan de Noyon?

Sur Jean de Noyon qui, selon ma conjecture, était le fou du roi Jean, voyez l'*Introduction*, page 27.

V. 1521.   Hé deable ! il n'a pas visage
            Ainsy potatif.....

Potatif, de *potare*, boire. *Visage potatif*, face d'ivrogne, ce que nos vieux chansonniers appellent une *trogne enluminée*. La figure de Patelin dans la gravure du XVe siècle (scène du tribunal) répond assez bien à l'idée qu'en donne cette épithète.

Les éditeurs ont souvent confondu *potatif* et *portatif*.

Quand Rabelais met dans la bibliothèque de Saint-Victor : « Les pottingues (1) des evesques *potatifs* », il fait, selon sa coutume, une confusion malicieuse des deux mots : c'est une allusion aux débauches des évêques *portatifs*, c'est-à-dire, évêques *in partibus*.

V. 1535.   Ha ! je vois voir en vostre hostel,
            Par le sang bieu ! se vous y estes !

Sur ces vers et le dicton populaire auquel ils ont donné naissance, voyez l'*Introduction*, page 55.

V. 1545.   Luy ay je baillé belle *estorce* ?

« Lors bataillent ensemble par maintes manières et » *estorces*. » (5e des *Quinze joyes de mariaige*.)

« La nuit vient, et saichez que la dame a bien instruit » et enseigné la fille, qu'elle luy donne (à son mari) de » grandes *estorces* et qu'elle guinche en maintes ma- » nieres, ainsy qu'une pucelle doibt faire. » (11e joie.)

On dit aujourd'hui *entorse* (voyez **Du Cange**, sous

---

(1) « *Potingue*, grand pot à boire. Le mot *poutingue* est » béarnais. Le Duchat s'est étrangement fourvoyé sur ce » point. » (De l'Aulnaye, *Glossaire de Rabelais*.)

Extorquere). Le texte de *Patelin* montre que l'acception figurée était dès lors en usage comme aujourd'hui; on disait : « Donner une entorse à la vérité, à la justice, à la fidélité conjugale. » Dans la farce du *Pèlerinage de mariage*, page 24 :

LE VIEIL PÈLERIN.

...Luy! i n'aura courage
D'aler rompre son mariage;
Garde n'avés qu'i s'y esforce.
Mais de luy donner quelque *estorce*
Ou le ployer, je ne dy pas !

(*Manuscrit La Vallière*, n° 63.)

L'imprimé donne *escorce*; c'est une faute de lecture.

V. 1550.   Paye moi. — Bê!

Cette scène, comme l'a noté Pasquier, a donné lieu à l'expression *payer en baye* ou *payer d'une baye*, qu'on voit déjà employée dans les *Cent Nouvelles nouvelles* : — « Messeigneurs, pardonnez-moi que je vous ai fait » *payer la baye*. » (Nouv. 78, t. II, p. 102, édit. de 1843.) Mais l'éditeur, M. Leroux de Lincy, a imprimé ici l'*abayée*, et dans le glossaire final, *la bayé*, qu'il explique « faire attendre, causer de l'ennui. »

M. P. Lacroix, page 148 des *Vieux conteurs françois*, a bien rétabli *la baye*, mais il n'a pas davantage saisi l'allusion à Patelin, puisqu'il fait la note suivante : « Mystification, déconvenue. Les anciennes éditions met- » tent *la bayée :* il faut peut-être lire l'*abbaye*, ce qui se- » rait une locution proverbiale. »

V. 1565.   .....tu me paieras,
Entens tu? *se tu ne t'enroles.*

Cette façon de parler paraît avoir été d'usage fréquent au xiv° siècle; elle revient plusieurs fois dans le *Baudouin de Sebourg* :

Et cil ont respondu : ne vous allez doubtant :
Il n'escaperont mie, se che n'est en volant.
(Chant XVIII, p. 170).

Dont l'a Gaufrois enclos, qui se va escriant :
Chius ne m'escapera, par le mien esciant,
Se tout en l'air ne vole comme uns oisiaus volant.
(Chant XIX, p. 246.)

V. 1579.   .....ung mouton vestu.

Cette plaisante expression a été recueillie, mais en l'affaiblissant, par l'auteur du *Moyen de parvenir* : — « Vous me parlez, dit Bèze, d'un sçavant officier ? je l'ai » connu : hors la table, il n'estoit guères qu'*une beste » vestue.* » (*Moyen de parvenir*, chap. 80.)

Dans la comédie de Brueys, Patelin s'écrie : « Com- » ment, coquin ! je serois la dupe d'un *mouton vêtu !* »

V. 1589.   Des *corbineurs* et des bailleurs (1).

Corbineur, mot formé de *corbin*, corbeau, oiseau rapace. On désignait ainsi au palais les gens de loi qui extorquaient l'argent des plaideurs. Le mot se rencontre même dans un arrêt du parlement de Rouen rendu contre les solliciteurs de procès, l'an 1570. « La court » permet auxdits procureurs et supposts... à la charge » de mettre par devers ledit procureur général la liste » et déclaracion des *corbineux* et exacteurs par eux pré- » tendus, etc.» (*Bibl. de l'École des chartes*, I, 102.)

« On disoit autrefois *corbiner* pour dire desrober, faire

(1) Cette note se rapporte à la variante du vers.

» le mestier de *corbin* ou de corbeau, deschirer ou tirer
» ce qu'on pouvoit d'une carcasse. On a aussi appelé au
» palais *corbineurs* ceux qui tiroient la pièce des plai-
» deurs et ruinoient les parties. Et en général on appelle
» encore en plusieurs provinces *corbineurs* les gens qui
» trompent les autres par leurs flatteries : ce qui a été dit
» par allusion à la fable d'Esope, du renard qui trompe
» le corbeau. » (FURETIÈRE.)

Patelin a *corbiné* le drapier. Dans l'*Esope à la ville*, de Boursault, M. Doucet, le généalogiste, tente de *corbiner* Ésope qui le laisse aller d'abord, et après lui avoir récité la fable du *Renard et le Corbeau*, ajoute :

> Par une indignité qu'on peut nommer atroce,
> Vous m'avez flatté, moi, jusqu'à louer ma bosse !
> Il faut être corbeau pour donner là-dedans.
>
> (Acte III, scène V.)

POST-SCRIPTUM.

V. 390.   Qui a *son* surnom de Joceaulme.

Je me repens d'avoir préféré la leçon du manuscrit La Vallière à celle des éditions du xvᵉ siècle :

> Qui a surnom de Joceaulme...

car l'ancienne prononciation, en introduisant un *i*, *Jocciaume*, ensuite *Joussiaume*, faisait la mesure exacte. C'est ainsi qu'on lit au vers 771 :

> A trois leçons et trois *pseaumes*.

On prononçait *siaumes*, trissyllabe.

Cet *i* intercalaire se glissant pareillement dans les mots *deable*, *leon*, *neant*, *freour*, etc., etc., a causé les formes *diable*, *lion*, *nient* (*fait-nient*) *frayeur*. C'est pourquoi le peuple prononce encore : *ceians*, *fléiau*, *Léion* (nom propre), *agriable*, un *sciau d'eau*, etc.

De ces formes les unes sont devenues le pur français, les autres sont proscrites et déclarées barbarismes. Pourquoi? Hasard et caprice.

Le manuscrit Bigot, dans sa variante de ce vers 390, a du moins conservé *Joceaulme* de trois syllabes :

> Qu'on sourapelle Joceaulme.

Et il lui garde la même mesure dans le passage interpolé (voyez p. 314) :

> Et si sera payé en bran,
> Ainsy qu'a esté Joceaulme.

La leçon de La Vallière, celle de 1614, accusent une époque moderne.

COLLATION DU MANUSCRIT BIGOT

AVEC LE TEXTE DE 1490.

On lit en tête de la première page, d'une écriture moderne :

« Ce manuscrit vient de M. Bigot (1). »

Note marginale de Bigot sous la précédente :

« Dans la légende de Jean Poisle, conseiller en la
» cour, il y a un tour semblable à celui de Patelin,
» p. 19 et 20 (2). Cette comédie fut composée du tems
» de Louis XII et se trouve en latin assez éloquent. Au

---

(1) « Emery Bigot, érudit, né en 1626, à Rouen, mort en 1689, doyen de la cour des aides de Normandie... Son père lui avait laissé une bibliothèque de plus de 6,000 volumes, parmi lesquels il y avait environ 500 manuscrits. L'abbé de Louvois les acheta pour la bibliothèque du roi. » (*Biographie de Furne.*)

(2) Jean Poisle, condamné par arrêt du parlement du 19 mars 1582 à faire amende honorable, et déclaré incapable de tenir « office royal de judicature. » Il existe sur cette affaire deux livres assez rares : « Légende de Jean Poisle, contenant les moyens qu'il a tenus pour s'enrichir »; — « Advertissement et discours des chefs d'accusation, etc., avec l'arrest, 1582. » La mère du maréchal de Catinat était petite-fille de ce J. Poisle. Quant au rapport signalé par Bigot entre Jean Poisle et Patelin, il se réduit à ceci, que Jean Poisle, entre autres infamies, s'est fait livrer des tapisseries à crédit, et a soutenu plus tard au tapissier les lui avoir payées lors de la livraison.

» reste, l'invention en est excellente et louée par Pas-
» quier en ses *Recherches*, liv. VII, chap. 55. »

Bigot déclare avoir collationné son manuscrit sur l'édition de 1614... « Paris, par Pierre Ménier, portier de la
» porte Saint-Victor. » Édition que dans une autre note il caractérise ainsi : « L'édition de 1614 est remplie de mau-
» vais vers et de fautes contre le bon sens. C'est une four-
» milière d'impertinences contre le raisonnement, la
» poésie, l'orthographe et la raison, que les anciennes
» impressions ; et je ne saurois m'empescher de dire,
» malgré la fureur que l'on a de lire les antiquailles poé-
» tiques, que l'on devroit regretter le tems que l'on met
» à l'estude de ces sortes de livres, et que les manuscrits
» que l'on reconfronte sur les impressions ne sont pas
» une folie moins grande pour s'occuper. »

Cela dit, au milieu à peu près du cahier (1), Bigot continue très soigneusement son travail de collation jusqu'à la fin.

Voici les principales variantes de son manuscrit conféré au texte de 1490 :

V. 3.   A brouiller ne à *baracher*.

18.   Il a lu la gramaire
               A Paris, il y a grant piece.

28.   Pas l'empaigne.

146.   Tout *traché*.

154.   Car qui vous auroit *figurez*

(1) C'est à côté du vers 1098 : « Qu'ilz mouroient de la clave-
lée. » Je ne puis que ratifier la sentence de Bigot contre les anciennes impressions de *Patelin*, mais non le surplus de son opinion.

NOTES.

V. 185. Vous tenez trop bien la doctrine

215. Si tost — ne vous chaille
Encor ay deux deniers et maille
Que ma mere ne vit oncq frère.

271. Et cinq et six — ventre saint Pierre !
Si ric à ric !
— Se vous voulez sans replic
Ilz seront encore mesurez.
— Nenny de par Dieu, c'est assez,
Foy que doy les sains de Bretaigne.

306. Ce vers est passé et les suivans. Voici comment le texte est disposé :

Que me grevera il? pas maille.
Ha, dea, que cest trop bien allé !
Il y aura beu et gallé
Sur moi ains que vous en alliez.

323. Quel vin beuvoit feu vostre pere
Huchoit bien en passant compère
Han que dis tu ou que fais tu.

352. Cha, Guillemette, que devint

380. On vendra on *engagera*,
Quanque *j'avons* sera osté.

465. Il esconvient q. j. m. c.

510. Ha plus bas. — *De quoi?* — Bon gré ma vie

522. *De quoi?* n'est il pas venu querre

531. Il me faut ıx frans — Hélas, sire,

Entre ces deux hémistiches il manque six vers.

NOTES.

V. 547. Sans le bien beau sire vous tienne.

571. De vos baveries je suis lasse.

607. Chauche moi.

622. N'avez vous honte.

639. Cristoire?

643. Dites vous que ce sont *piloires?*
Ils m'ont tout rompu les machoires.

658. Pour Dieu, pour Dieu ! quoy qu'il demeure

669. Quant el sault h. d. f.

707. Bien... hé dya je vay savoir

735. Crever.

741. Certes, s'il vous trouvoit levé.
— Haro ! qu'il est tendre sevré !

746. En un tel ort vilain broutier.

749. Car certes il ne donnoit rien
Ne pour feste ne pour dimenche.

750. S'il l'ouyoit.

755. Qui qu'en grongne

790. Ce vers manque.

798. Je n'ai cure que l'en m. s.

801. D. v. que sont l.?

805. De quatre petits quiterneaux.

808. *En* Dieu l. p.,
M. a., n. p. *en* quiternes.

NOTES. 345

V. 829. Ha quel *maistre* (1).

833. De cest an drap.

355. Quant il doit *commencher* s. m.

876. *Frère* Thomas

886. Renouart *atiné*

889 et 890. Manquent.

897. M. q. s. Que je le *soye*.
Je *beroye*

912. L'édition de 1614 met ici : « *Soit il* u. a. »

915 et 916. Manquent.

935. Par le saint sang bieu *il radote*

938. Ne langaige qui y appaire.

946. T. n. v. m. une viel *rate ;*
Va, s. bote *chavate*,
Va te foute, s. p.

956. Jacquemart, que t'es esbaubis ?
LE DRAPIER.

970. . . . . Comment il latine !
Nostre dame ! comme il estime
Largement la Divinité !
GUILLEMETTE.

973. Or s'en va s. h.
Et je demeure p. c. l.

979. Mais secretement
Et prenez en gré l'aventure.

(1) *Lapsus* du copiste.

NOTES.

V. 1006. Ici cinquante-quatre vers interpolés. Voyez la note sur le vers 1005.

1014. Il ne m'a pas pour *neant* gabé.

1019. Faulx gars, ordoulz

1035. S. j. n. t. f. embougler

1042. Le laynage

1045. Il se trouve ici un vers de plus :

> Par ceste ame,
> Je n'ay fait chose pour avoir blasme.

1047. Que l'on clame,
Tu les rendras *ains* samedy
Mes six aulnes de drap.

1058. Que nous ne plaidons point

1063. Endea! chacun m. volera

1069 et 1070. Ces deux vers sont donnés à Patelin.

1075. Monseigneur siet de relevée.

1086. Et les y gardoye
Tres tout du mieulx que je pouvoye,
Qui me payat petitement.

1092. Essaimées
T. q. p. s. s. paulmées.

1098. Que c'estoit d. l. c.

1107. J'en ay tant batu et tué
Qu'il s'en est tres bien apperceu.

1110. Midieulx! i. m. f. c.
Car on les ot trop hault crier

V. 1149.	Bien tel clause,
	S'il vous plest, q. l. m.
1148.	C'est la clef d. l. p.
1158.	Qu'il esconviendra :
1180.	J. l. v. p. et affye.

PATHELIN.

Or t'y garde bien, non mye?

1197.	Jamais. Je vous pry pourvoyez
1201.	C. i. s. s. de cinq à six
	Heures, illec ou environ.
1208.	Se tu ne me payes l.
1210.	M., et n'en doubtez goutte.

1215-1216. Ces deux vers sont donnés au drapier, ainsi que les deux qui répondent au juge : « *Dea, je suis bien...* »

1234.	Mais Dieu *sache* c. q. e. p.
1248.	Et des brebis et des moutons
1254.	Se ce n'est il. C'est il sans faulte.
1257.	Hélas, *ilz* me font d. t. g.

1267. La fin du vers « *il erre* » est omise.

1280.	E. q. l. a. cueilly la laine
1291.	Revenez à ces moutons.

1311. Après ce vers, Bigot en ajoute un :

Vous estes [par] trop grant bretoire,
Laissez moy tout cest accessoire,
Et revenez au principal.

LE DRAPIER.
Voire, mais il me fait trop mal,
Monseigneur, car cecy me touche.

V. 1339.   Par les *essaimer* e. f.

1344.   VII frans et quatre e. s. m.

Ces « VII frans et quatre » figuraient partout où il y a
« VI escus » et « IX frans. » Une main inconnue, qui paraît
celle du copiste lui-même, a passé partout (hors ici, par
omission manifeste) l'encre rouge, et corrigé comme
il y a dans les éditions du XV⁵ siècle.

1352.   *Riens* qu'il die

1356.   Du drap est vray comme la messe.

1384.   Trouver. Os tu? — Bée.
— Quel Bée? Par le sang que Dieu *desrea*.

1401.   Qui *l'adjourne*.
— Et le sera l'en retrouver
Avant q. j. p. c. o. ?

Il manque le vers 1402 : « *Telz folz*, etc. »

1410.   Que je dy, ne hoqueleries.

1413.   Escoutez au mains des paroles

1419.   L'aultre n'en vault pas mieulx ung onche ;
Eux deux *ne valent* ung carat.

1420-1421. Manquent.

1425-1426. Manquent.

1427.   Je regny de Rome saint Pierre

1444.   Que je fusse né.

NOTES.

V. 1466.	Q. c. a. n. comme *royez* (1).
1486.	Trompeur, ho ! monseigneur, que je die.
1487.	Droite comédie
1489.	*Il fault* q. j. m. v.
1497.	Vous n'estes icy que railleurs.
1501.	Qu'estes vous fort tricherre !
1509.	Pour qui c'est que me cuidiez prendre : Esche *point ung* eschervellé.
1515.	Vous mesme ;
1516.	Et ne le croyez a.
1517.	Voire, moy ! non suis v.
1522.	Ainsy *portatif* n. s. f.
1529.	C. v., ou reny s. P.
1541.	Tu dis bien,
1546.	T'ai je bien c. à p. ?
1549. Manque.	
1554.	— Bée.

Ici s'arrête le manuscrit; le surplus est transcrit de la main de M. Bigot sur l'édition de 1614.

(1) *Lapsus* manifeste du copiste.

NOTE

SUR DEUX ÉDITIONS TRÈS RARES DE PATELIN.

§ I.

Toutes mes recherches n'avaient pu me faire découvrir un exemplaire de Pierre Le Caron, lorsque je reçus la lettre suivante :

Paris, ce 15 mars 1849.

« Monsieur,

» Je m'empresse de répondre aux questions que vous m'avez fait l'honneur de m'adresser.

» La prétendue édition de 1474, par P. Le Caron, n'est que de 1494, ainsi que je crois l'avoir bien démontré à la page 410 du 1ᵉʳ volume de la dernière édition de mon *Manuel*. Pour confirmer mon dire, j'ajouterai ici que Le Caron, qui, en 1489, demeurait dans la *Grande-Rue du Temple* (voir l'Alain Chartier, sous cette date), était logé en 1493 rue *Quinquenpoit*, où il était encore en 1494, selon la souscription du S. Bonaventure, tandis que dans la souscription d'une édition du mois de novembre 1495 (*Blason des armes*), nous le trouvons rue *Neuve-Saint-Merry*.

» Je ne connais pas d'édition de Le Caron, avec date, antérieure à 1489; mais je viens d'en citer une postérieure à 1494, et probablement il y en a eu d'autres après 1495 et jusque vers 1500, quoique sans date; il y a même un *Stile de parlement*, du commencement du XVIe siècle (sans date), avec le nom de *Marion, veuve de maistre Pierre Le Caron*. La plupart des éditions de cet imprimeur sont sans indication d'année, comme le Pathelin dont la souscription porte l'adresse : *rue de la Iuifrie*. J'ai vu plusieurs éditions de Le Caron avec la même adresse; mais comme elles ne sont pas datées, on peut se demander si cette série d'éditions doit avoir place entre celle de 1489 et celles de 1493 et 1494, ou après celle de 1495? Pour moi, je suis très porté à croire que ce sont là les dernières productions de cet imprimeur, et qu'elles sont postérieures au mois de novembre 1495.

» Si ces détails minutieux ont peu d'intérêt, ils vous prouveront, Monsieur, la bonne volonté de celui qui les a écrits.

» Recevez, je vous prie, Monsieur, etc.

« Brunet. »

Depuis, M. Armand Bertin étant mort, je vis mentionné dans le catalogue de sa bibliothèque le *Potelin* de Pierre Le Caron. Par l'entremise obligeante de M. de Sacy, j'obtins communication de cet exemplaire que je vais décrire, attendu sa rareté d'abord, ensuite parce qu'il n'a pas été acquis par une de nos bibliothèques publiques et peut disparaître d'un jour à l'autre.

Le titre, en petites lettres gothiques, comme le reste du livre, porte simplement :

Maistre Pierre Pachelin (*sic*).

Le reste de la page en blanc.

Le texte est coupé par quatre gravures sur bois, dont la dernière seule a été composée pour la pièce et s'y rapporte réellement. C'est la scène d'Agnelet et de son maître, telle que nous la donnons à la page 185 de la présente édition. Elle est placée sur le vers 1237 :

> Vecy doncques que luy demande.

Voici les trois autres sujets.

En tête de la première page, deux figures dans deux cadres juxtaposés. C'est l'homme et la femme si souvent répétés dans le *Villon* de Pierre Levet, 1489, où l'homme représente Villon, et la femme Beauté d'amours, la grosse Margot, la Vieille regrettant sa jeunesse, etc. Ici, ils sont censés représenter Patelin et Guillemette.

2⁰ sujet. — Une vaste salle d'hôpital. Sur le premier plan, un lit où l'on voit un malade ; une religieuse guimpée et voilée lui présente à manger une bouchée qu'elle a prise dans un plat posé sur le lit. Au fond, d'autres lits et une servante qui passe une aiguière à la main. Au-dessous vient le vers 511 :

> Où est il ? — Las ! où doit il estre ?

3⁰ sujet. — Devant la porte d'une ville dont les tours et murs crénelés dominent la tête des personnages, on voit deux hommes de très haute taille, vêtus de longues robes. L'un, vieillard barbu, un bâton de voyageur dans la main gauche, de la droite tâte le pouls à un jeune homme imberbe qui lui présente le bras. Ce jeune homme porte de longs cheveux, a l'air souffrant ; sa robe à longs plis traînans s'ouvre à partir du genou. Ce pourrait être une scène d'Élisée et de Naaman aux portes de Samarie (*Rois*, IV, 5). Au-dessous, le vers 1027 :

Il m'a parlé de vous, mon maistre.

L'exécution de cette gravure est remarquablement belle.

Quant au texte, c'est un des plus défectueux que j'aie consultés. Il est rempli de fautes typographiques : mots passés, lettres oubliées, vers inachevés, plusieurs même entièrement omis. On y trouve des inadvertances et des altérations comme celle-ci :

> Et aprins à clerc *longuement.*
> A qui veez vous que ne despièce...

au lieu de *longue pièce* dans le premier vers.

Du reste, il me paraît que Le Caron a voulu reproduire le texte de G. Beneaut, qui lui-même copiait (mais beaucoup plus fidèlement) le texte de P. Levet. Le jargon est identique dans les trois éditions, circonstance si rare que je la regarde comme décisive.

Voilà ce que c'est que cette fameuse édition de Pierre Le Caron, qu'on affirmait être de 1474, et qui n'est tout au plus que de 1496. J'aurais cru tout perdu de ne l'avoir pas vue, et après l'avoir bien examinée, comparée, en avoir extrait les variantes, je me suis rappelé la fable des *Bâtons flottans.*

§ II.

Mon introduction était tirée et je corrigeais les épreuves du texte, quand j'appris qu'un bibliophile étranger, en ce moment à Paris, se flattait de posséder un *Patelin,* exemplaire unique d'une édition inconnue à tous les bibliographes.

Je courus à l'adresse indiquée solliciter la faveur de voir ce merveilleux *Patelin*. Je trouvai dans M. Coppinger un propriétaire plein d'humanité, qui non-seulement me permit sur-le-champ la vue de son trésor, mais poussa la bonne grâce jusqu'à m'offrir de me le confier. On juge si j'acceptai la proposition avec empressement et reconnaissance, et à coup sûr ce dernier sentiment sera partagé par tous ceux qui s'intéressent à la résurrection de cet antique chef-d'œuvre et au droit d'aînesse de la Comédie française sur les théâtres du reste de l'Europe.

Cet exemplaire est imprimé avec les caractères de Guillaume Leroy, de Lyon, lequel commença d'exercer en 1473, et employa ce caractère dans le *Fierabras*, la *Danse des aveugles*, *Bertrand Du Guesclin*, etc., et pour la dernière fois que l'on sache, dans « *Le livre des Saints-Anges*, Lyon, 20 mai 1486. »

Son *Patelin* serait donc au plus tard de 1486, c'est-à-dire antérieur à celui de Germain Beneaut de quatre ans, et à celui de P. Levet de trois ans pour le moins (1).

Et cette édition est si rare, qu'elle est restée ignorée de M. Monfalcon, qui, dans son *Histoire littéraire de Lyon*, s'est livré à des recherches approfondies sur la bibliographie lyonnaise, et particulièrement sur les ouvrages sortis des presses de Barthélemy Buyer et Guillaume Leroy.

La rareté n'est qu'un mérite de convention, une qualité fortuite et tout extérieure; mais quand il s'y joint la bonté du texte, cette qualité devient réelle et double de prix. L'édition de Le Caron est peut-être aussi rare aujourd'hui que celle de G. Leroy; mais par où la se-

---

(1) Le *Patelin* de P. Levet, sans date, doit être de 1489, comme son *Villon* daté de cette année; l'un et l'autre reproduits par Germain Beneaut l'année suivante et datés de 1490.

conde l'emporte indubitablement, c'est par son texte, le plus pur de tous, à mon avis. Ainsi elle est la seule qui m'ait fourni l'importante leçon du vers 115, que j'avais devinée, mais que je n'aurais jamais osé restituer sur mes simples conjectures :

S'en peult on ne *soigner* ne paistre ?

Si l'édition de G. Leroy n'est pas assurément la première édition du *Patelin*, il peut du moins passer pour constant qu'elle est une des premières, et pour infiniment probable qu'on n'en découvrira pas de plus ancienne.

Je lui ai donc attribué l'autorité sur toutes les autres, et j'en ai fait, avec P. Levet et 1490, la base de celle-ci.

C'est l'orthographe de G. Leroy que j'ai suivie de préférence, comme étant la première en date, et, chose singulière, la moins éloignée de l'orthographe actuelle. Par exemple, Leroy écrit toujours par *ez* la seconde personne du pluriel des verbes (1), tandis que Levet et Beneaut l'écrivent par *es*, sans accent. Il m'aurait fallu introduire cet accent sous peine d'équivoque quelquefois et de bizarrerie toujours ; j'ai échappé à cette fâcheuse alternative, et ne me suis permis d'accent que pour distinguer des formes identiques : *a* et *à ;* — *la* et *là ;* — *ou* et *où*, etc. Hors de là, je tiens que les accens ne servent qu'à défigurer ces vieux textes, avec risque d'en travestir ridiculement la véritable prononciation.

(1) Cette particularité se retrouve dans P. Le Caron.

BIBLIOGRAPHIE DE LA FARCE DE PATELIN

§ I. — ÉDITIONS SANS DATE.

XVe SIÈCLE.

1. Édition sans date, sans nom de lieu ni d'imprimeur, caractères de Guillaume Leroy (Lyon, 1486?).

2. PIERRE LEVET. (Paris, 1489?).

3. LYON. In-4 gothique (Paraît être de GUILL. LEROY, 1490).

4. JEHAN TREPPEREL. In-4° gothique, fig. sur bois. « Ne peut être postérieure à 1499. » (BRUNET.)

5. PIERRE LE CARON, à Paris, rue de la Juiverie. In-4 gothique, fig. sur bois, de la fin du xve siècle (1496?).

XVIe SIÈCLE.

6. JEAN HERUF. In-4 gothique, fig. sur bois (du commencement du xvie siècle). (Existe à l'Arsenal.)

7. JEHAN TREPPEREL. Petit in-8 gothique. (Celle-ci est indiquée *A l'Escu de France*; l'autre, in-4, était indiquée *A l'Imaige Saint-Laurens.*)

8. *Pathelin et le Testament*. In-8 gothique avec la marque de GUILLAUME NYVERT, qui imprimait à Paris au commencement du xvie siècle.

9. « *Maistre Pierre Pathelin* : on le vend rue neufve Nostre-Dame, à l'enseigne Saint-Jehan-Baptiste. » In-8 gothique.

10. *Le même*, in-16, gothique, sans aucune indication d'imprimeur, de lieu ni d'année. La Bibliothèque impériale en possède un exemplaire aux armes de Huet, Y, 4408, a.

11. « *Maistre Pierre Pathelin réduit en son naturel.* » Paris, DENYS JANOT. In-16, fig. sur bois.

12. *Le même*, imprimé à Paris, à l'enseigne Saint-Nicholas. Petit in-8 goth. (Le *Nouveau Pathelin* et le *Testament* s'y trouvent.)

13. *Maistre Pierre Pathelin, le nouveau Pathelin, le Testament de Pathelin.* Paris, JEHAN BONFONS, à l'enseigne Saint-Nicholas. Petit in-8 gothique.

14. *Le même, de nouveau mis en son naturel.* Paris, veuve de JEHAN BONFONS. Petit in-8.

15. *Le même.* Paris, ESTIENNE GROULLEAU. In-16. (Il y a des exemplaires datés de 1561.)

16. *Le même*, sans date. Postérieure, dit M. Brunet, à celle de GUILLAUME NYVERT. (*Manuel du libraire*, supplément, IV, 825.)

§ II. — ÉDITIONS DATÉES.

1. *Pathelin (le grand et le petit).* Paris, au Saumon, devant le palais, par GERMAIN BENEAUT, 20 décembre 1490. Petit in-4 gothique, fig. sur bois. — Rarissime comme celle de P. Levet, qu'elle reproduit.

2. *Pathelin restitué à son naturel.* GALIOT DU PRÉ, 1532, in-16.

3. *Pathelin*, etc. BONNEMÈRE, Paris, 1532. Petit in-8.

4. *Le même.* BONNEMÈRE, 1533. In-16.

5. *Le même.* OLIVIER ARNOULLET, Lyon, 1538. In-16.

6. *Le même, de nouveau reveu et remis en son entier*, 1546. JEANNE DE MARNEF.

7. *Le même.* Rouen, JEHAN MALART et ROBERT DU GOR, 1553. In-16.

8. *Le même.* Paris, EST. GROULLEAU, 1564. Petit in-12.

9. *Le même.* Rouen, BONAVENTURE BELIN, 1578.

10. *Le même, de nouveau reveu et remis en son naturel.* Paris, MESNIER, 1614. In-16.

11. *Le même.* Rouen, JACQUES CAILLOUE, 1656. In-12.

12. *Le même.* Paris, COUSTELIER, 1723.

13. *Le même.* Paris, DURAND, 1762.

14. *La farce de maistre Pierre Pathelin, précédée d'un recueil de monuments de l'ancienne langue française depuis son origine jusqu'à l'an 1500, avec une introduction,* par M. Geoffroy-Château. Paris, AMYOT, 1853. (Le texte reproduit purement et simplement l'édition de 1762.)

On lit dans l'article GUEULLETTE (Thomas-Simon), de la *Biographie* Michaud : « On doit à Gueullette une édition de la *Farce de Pathelin,* » 1748, in-12, que l'éditeur attribue à Villon, mais que l'on sait être » de Pierre Blanchet. »

La *Farce* publiée en 1748, et attribuée à Villon par Gueullette, n'est pas la *Farce de Pathelin,* mais le *Nouveau Patelain* (*sic*), dont le sujet est pris manifestement des *Repues franches.*

INDEX

DE L'INTRODUCTION.

Abus du clergé, joués publiquement au moyen âge, 89.
Allusions cachées dans la farce de *Patelin*, 42, 51.
Autant vous en pend a l'œil. Origine de ce dicton, 96 (note).
Avocat Patelin (l'), de Brucys et Palaprat, 75 et 76.
Avocat portatif, 66.
Badin (le), 82, 100.
Balzac, cité, 22.
Baudouin de Sebourg, poëme qui a servi de modèle à l'Arioste, 44, 50. Épisode qui en est tiré, 55 et suiv. — Citations, 46 et suiv. — Date de la composition de ce poëme, 50.
Baye, *payer la baye*, 21, 22.
Beneaut (Germain), premier éditeur (avec date) de la farce de *Patelin*, 41. — Fautes dans son édition, 42.
Blanchet (Pierre). On lui attribue la farce de *Patelin*, 12. — Ne saurait en être l'auteur, 14 et suiv.
Bossuet, 89.
Bourdaloue, 89.
Bourdigné (Charles de), cité, 5, 58.
Brosses (le président de), cité, 7.
Brunet (M.), cité, 23, 41, 59.
Brus (la farce des), 83.
Cailleau attribue la farce de *Patelin* à Villon, 8 (en note).
Cent Nouvelles nouvelles (les), citées, 21, 22, 33. — A quelle date elles furent rédigées, 23. — Style de ce livre comparé à celui

des *XV joies de mariaige*, et du *Petit Jehan de Saintré*, 30. — On le croit généralement de La Sale, 31. — Rapprochement d'un passage de ce livre avec un passage du *Petit Jehan de Saintré*, 32 (en note). — Cité, 100.

CHANSON. Les farces se terminaient par une chanson ou par une danse, 102, 103.

CHARLEMAGNE était resté sept ans en Espagne, 44.

CHEVREAU, cité, 10, 22.

CHRONIQUE (la) du *Petit Jehan de Saintré*, 29, 30 et 31. — Rapprochement d'un passage de ce livre avec un passage des *Cent Nouvelles*, 32 (en note).

CLERGÉ bafoué et diffamé en plein théâtre, 89.

COMÉDIE (l'ancienne), 76 et suiv.

CONNIBERT traduit le *Patelin* en latin, 64.

DOMENICHI a connu la farce de *Patelin*, 71.

ÉCU. Combien sa valeur fut mobile sous le roi Jean, 19 (note).

ÉGLISE, NOBLESSE ET PAUVRETÉ (farce d'), 87.

FAÇONS DE PARLER tirées du *Patelin*, 53, 55, 56.

FAIFEU (la légende de Pierre), citée, 5, 58.

FAÏL (Noël du), cité, 103.

FARCE (la) vint après les *Mystères* et les *Moralités*, 20. — Est l'origine de la comédie proprement dite, 79. — Farce de la veuve qui veut épouser son valet, 79, 80. — De Science et Asnerie, 82. — Farce des Brus, 83. — Farce d'Église, Noblesse et Pauvreté, 87. — Farce de sœur Fessue, 91. — Du Meunier et la meunière, 99 et 101. — Du Retraict, 100 et 101. — Du Poulier, 102. — De la Femme mute, 105. — La farce était terminée par une chanson ou par une danse, 102, 103. — Comparée aux *Mystères*, 107. — Voy. *Farceurs*.

FARCEURS. Voy. MARTAINVILLE, SERRE.

FLŒGEL, cité, 7, 40.

GENAPPE pourrait être le lieu où le *Patelin* a été composé et joué d'abord, 36 et suiv.

GRUGET (Claude), secrétaire de la reine de Navarre, 59.

HENNO, comédie latine imitée de *Patelin*, par J. Reuchlin, 68 et 69. — Commentée par Jacques Spiegel, 70.

HIVERNAUX (abbaye d'), 26.

INDEX.

IVERNAUX. Voy. HIVERNAUX.

JEAN DE MEUN. Assertion erronée de M. de Tressan, au sujet du roman de *la Rose*, 4 et 6.

JEAN DE NOYON, qui est ce personnage ? 27.

JÉSUITES font jouer la comédie à leurs écoliers, 68.

LACROIX (M. Paul), cité, 22 (note).

LA FONTAINE, cité, 98. — Son conte des *Rémois*, 99.

LA HARPE, cité et rectifié, 24 (note).

LA MONNOYE, cité, 40.

LANGUE FRANÇAISE, ses progrès rapides, 59.

LA SALE pourrait être l'auteur de la farce de *Patelin*, 34. — Détails sur sa vie, 35. — Son nom contenu dans une énigme à la fin des *XV joies de mariaige*, 31.

LA VALLIÈRE (manuscrit de), 109 et 110.

LEBER (M.), cité, 27 (note).

LE CARON (Pierre), son édition de *Patelin*, 41 et 350.

LEROUX (M.), de Lincy, cité, 21 (note), 23 (note).

LUXURE des moines et des religieuses raillée au moyen âge, 90.

MAROT, cité, 104.

MARTINVILLE, de Rouen, 103.

MOLIÈRE, cité, 84, 86, 89.

MONMERQUÉ (M.), 39 (en note), 109.

MONNAIES citées dans la farce de *Patelin*, 16 et suiv.

MORALITÉS, 20.

MYSTÈRES, 20, 78.

MYSTÈRE de la Passion, 19.

MYSTÈRE des trois doms (le), ce qu'il coûta à représenter, 78 (note). — Les mystères comparés à la farce, 107.

NOMS SIGNIFICATIFS, 91.

NOUVEAU PATELIN (le), 73 et suiv.

OPPOSITION (l'esprit d') a existé de tout tems, 81.

ORTHOGRAPHE DE VOLTAIRE, 62 (note).

PANTAGRUEL, cité, 23, 53, 95.

PASQUIER. Comment il raisonne sur les monnaies citées dans *Patelin*, 16 et suivantes. — Son chapitre sur les locutions tirées du *Patelin*, 52.

PATAVINITÉ de Tite-Live, 54 (note).

PATELIN doit s'écrire sans *h*, 3 (en note). — Est-il l'auteur de sa propre satire? 9, 11. — Le xvi᷎e siècle ne connaissait déjà plus l'auteur de cette farce, 11. — On l'attribue à Pierre Blanchet, 12. — Qui ne peut en être l'auteur, 14. — L'action de la farce de *Patelin* se passa sous le roi Jean, vers 1356, 19. — La scène est-elle à Paris? 25, 28 et 326. — Qui peut être l'auteur du *Patelin*? 28 et suiv. — Allusions cachées dans le texte, 42, 51.

PATELIN. Indices qui feraient supposer qu'il a été composé en Flandre, 37.— A quelle date? 38. —Manuscrits de cette pièce, 38 (en note).—Pourquoi si rares? 38.—Quelle est la 1re édition? 41, 354. — Allusions contenues dans cette pièce, 42 et suiv. — Prétendu manuscrit de 1460, cité par La Harpe, 24 (en note). — Traduit par Alexandre Connibert, 64 et suiv.; imité par Reuchlin, 67 et suiv.

PATELIN. Le xvi᷎e siècle en faisait grand cas, 52. — *Restitué à son naturel*, 57. — Variantes, 109. — L'édition de 1490 a servi de base à celle-ci, 60. — Souvent fautive, 64. — *Patelin* traduit ou imité, 64 et suiv. — Le *Nouveau Patelin*, 73 et 358. — Le *Testament de Patelin*, 72, 73. — *L'Avocat Patelin*, de Brueys, 75.

PATELINER. Mot en usage dès 1479, 15, 56.

PATELINOIS, 53, 54.

PATOIS. Étymologie de ce mot selon Balzac et Chevreau, 22, 54 (note). — Les patois de Patelin n'étaient plus entendus dès 1512, 66.

POQUE-DENARE, 9.

POTTIER (M.), bibliothécaire de Rouen, cité, 31, 32.

PRONONCIATION. Voy. RIMES.

PSAUTIER (le), conte de La Fontaine, 91 ; cité, 93, 96 (note).

QUINZE JOYES DE MARIAIGE (les). Style de cet ouvrage comparé à celui des *Cent Nouvelles* et du *Petit Jehan de Saintré*, 30. — Énigme qui contient le nom de l'auteur, 32.

RABELAIS, cité, 23, 53, 95, 105. — Présumé l'auteur d'une farce intitulée *la Femme mute*, 107.

RASSE DE BRINCHAMEL. Son témoignage sur Antoine de La Sale, 33.

REGNARD, cité, 55.

REINE DE NAVARRE (la), 59.

RENAISSANCE (la) goûtait peu le moyen âge, 52. — Funeste à la philologie française, 57.

RENOUART AU TINEL, 42.

REPRÉSENTATIONS THÉATRALES. Quand elles commencèrent en France, 20.

REPUES FRANCHES (les), 73.

RETOURNONS A NOS MOUTONS. Origine de ce mot selon l'auteur des *Proverbes français*, 54.

REUCHLIN. Imita la farce de *Patelin*, 67 et suiv.

RIMES ANCIENNES, 61, 62.

SALADE (la), titre d'un livre de La Sale, 59.

SCÈNE. La scène était partagée d'ordinaire en plusieurs compartimens, 101, 102.

SCIENCE ET ASNERIE (farce de), 82.

SERRE (Jean de), 104.

SŒUR FESSUE (farce de), 91.

TARTUFE, 84, 85, 86, 89.

TESTAMENT DE PATELIN (le), 72, 73.

THEROULDE, auteur du *Roland*, 43.

THIR, montagne, 49.

THOMAS (sire ou frère), 44.

THORY (Geoffroi), cité, 11.

TRESSAN (M. de) attribue la farce de *Patelin* à Guillaume de Lorris, 4 et 6. — Ce qui a pu l'induire en erreur, 5.

VARIANTES du *Patelin*, leur nombre et leur valeur, 109, 110.

VAUDEVILLE FINAL dans les farces, 102.

VEUVE QUI VEUT ÉPOUSER SON VALET (farce de la), 79 et suiv.

VILLON. On a voulu lui attribuer la farce de *Patelin*, 7, 9. — Héros des *Repues franches*, 73. — Son grand testament, 72.

VOLTAIRE. Rapprochement d'un passage de Voltaire avec un passage du *Baudouin*, 47 (en note). — Son orthographe, 62 (en note); son opinion sur *l'Avocat Patelin*, de Brueys, 75, 76.

INDEX DES NOTES.

ACADÉMIE FRANÇAISE (l'), 269, 272.
ACHOISON, 255.
À COUP, 299.
ADJECTIFS qui n'ont qu'une terminaison pour les deux genres, 237 ; — terminés en u, 286.
AGA, 278.
AÏST, tantôt de deux syllabes, tantôt monosyllabe, 241.
ANDROMAQUE (vers d') justifié, 283.
ANTE (amita), 246.
APPRIS. Je ne l'ai point appris, 277.
ARGOT de Villon expliqué, 260.
AU COUP LA QUILLE, 330.
AVALER SANS MACHER, par métaphore, 329.
AVE MARIA, 265.
AVOCAT SOUS L'ORME, 231.
A'VOUS, SA'VOUS, syncopes d'avez-vous, saves-vous, 278, 326.

BAILLER L'AVANCE, 322.
BAUDRAY, 261.
BAYE. Payer en baye ou d'une baye, donner une baye, 337.
BEAU COUSIN, 301.
BECCU. Solers beccus, 262.
BECU, 286.
BÉJAUNE, 259.
BELLES COUSINES (la dame des), 301.
BENEDICITE, 265.
BÉRANGER, 297.
BESCU, 287.
BÈZE (Th. de), sur le t intercalaire, 257 ; — 262, 278, 326.
BIGOT (M.), 341, 342.
BLANC COMME UN SAC DE PLATRE, 260.
BLANCHET. Du blanchet, 238.
BONGRÉ opposé à malgré, 279.
BONNET, 239.
BRAY, 267, 268.
BREST et BRESTER, 267, 268.
BRETELLER, 268.

BRETTER, 268.
BRÉVIAIRE DE FÉCAMP, 297.
BROI et BROYER, 267, 268.
BRUNET (lettre de M.), 350.
BRUYANT (Jean), cité, 271.

CABASSER, 229, 230.
CABUSER, 229, 230, 318.
CAMOCAS, 236.
CEINT SUR LE CUL, 261.
C'EST POUR UNE, 255.
C'ESTES VOUS, 243.
CHALLEMASTRE, 261.
CHARLEMAGNE, dans une locution proverbiale, 233.
CHARLES D'ORLÉANS, cité 242, 244.
CHAUME. *Couvrir de chaume*, 275.
COMME DE CIRE, 286.
COMPTER SANS RABATTRE, proverbe, 238.
CONSTRUCTION vicieuse à dessein, 253.
CONVERSER QUELQU'UN, 329.
COPPINGER (M.), 354.
COQUART, 276.
CORBINEUR, 338.
CORNEILLE, justifié sur un vers du *Menteur*, 307.
CORPS (MON, TON, SON), périphrase, 248.
CRISTÈRE, 286.
CURÉ. Conte du curé qui avait fait rôtir une oie, 274.

DÉGOUTTE (IL), 325.
DENIER A DIEU, 266.
DES QUATRE PARTS, 231.

DESVER, 298.
DESVOYÉ, 259.
DICTIONNAIRE DE L'ACADÉMIE, 257.
DIEU Y SOIT, formule de salut, 239.
DISIEZ, trissyllabe, 279.
DIVERS, 304.
DOULOUREUX, au sens passif, 334.

EAU ROSE, 284.
ÉCUS D'OR à la couronne, 322.
ÉLISION non pratiquée, 243 ; — pratiquée malgré l'*s* finale, 136 (en note), 321 ; — malgré le *t* final, 263.
EMPIÈCE, 250.
EN, sorte d'affixe, 252.
ENTRETENIR (S'), 330.
ENVOYER PAÎTRE, 329.
ÉPINOCHE, ÉPINOCHER, 326.
ESBAUBELY, 312.
ESTIENNE (H.), cité, 285.
ESTORCE, première forme d'*entorse*, 336.
ESTURE, 332.
ÉVÊQUE PORTATIF, 296.
ÉVU, 284.

FAIM (AVOIR GRAND), 246.
FAIRE, tenant la place d'un autre verbe, 272, 273.
FAIRE ENTENDANT, 299.
FAIRE FORT (SE), 269.
FAIRE PAÎTRE, 328.
FAITIS, 247.
FIN, 235.
FINER DE, 249.
FLAGEOLER, 271.

FOIREUX DE BAYEUX (les), 306.
FORT. *Au fort*, 277.
FOU DE NATURE, 332.
FOURRER, métaphoriquement, 258.
FRIMAS, 303.
FROTTER LA PLANTE, 285.

GAGER. *Gager quelqu'un*, 264.
GALAZIN, 258.
GALLER, 258.
GARBOT (SAINT), 305.
GIGON (SAINT), 310.
GRAMMAIRE, GRIMOIRE, 232, 233.
GRIMOIRE, 232.
GRINGOIRE, cité, 256, 331.
GROS. *Être gros de*, 252.

HAYE AVANT, 242.
HÉLAS, 278.
HOBER, 280.
HONNEUR, salut, 266.

I intercalaire, 339, 340.
I valant *ij*, 284.
IL. *C'est il* pour *c'est lui*, 327.
IMPARFAITS (2ᵉ personne du pluriel des), 279. — Symétrie de deux imparfaits du subjonctif, 282. — Comptaient à la 3ᵉ personne du pluriel une syllabe de plus que dans la prosodie moderne, 162 (en note).
IRAI (J'), comment formé, 247, 248.

JACOB (M. P.-L.), cité, 274. Voy. LACROIX.

JARNI, 298.
JEANNOTERIES, 253.
JEHAN DE NOYON, 335.
JERNIBIEU, 297.
JOURNÉE, ajournement, sommation à comparoir, 319.

LACROIX (M. P.) cité, 337. Voy. JACOB.
LA FONTAINE, son conte des *Rémois*, 251; — cité, 272.
LANGUE FRANÇAISE, la vieille et la nouvelle, 301.
LASSE. *Moi lasse*, 278.
LEDESCHU (nom propre), 287.
LE CARON (Pierre), son édition de *Patelin*, 350-355.
LEROUX (M.), de Lincy, cité, 337. Voy. LIVRE (le) DES PROVERBES.
LEROY (Guillaume), son édition de *Patelin*, 354, 355.
LIVRE (le) DES PROVERBES, cité, 306.
LOBE et LOBERIE, 315.
LONGAIGNE, 254.
LOUP CONJURÉ (chanson du), 324.
LUI, substitué à *leur*, mal à propos, 333.

MAIN (LA) SUR LE POT, 266.
MAIS QUE, 306.
MALGRÉ. *Malgré moi, malgré vous*, 279.
MAL SAINT-GARBOT, 305.
MAL SAINT-MATELIN (le), 277.
MANGERA, BEURA (JE), formes du patois lorrain, 311.

MANUSCRIT BIGOT, où il paraît avoir été exécuté, 302. Garde une bonne leçon, 340.
MANUSCRIT LA VALLIÈRE, sa date probable, 335, 339, 340.
MARCHANDER, 253.
MARCHANDISE, 240.
MARRIAGE et MARRIEUX, termes d'argot, 261.
MARTIN DE CAMBRAY, 261.
MARTIN GARANT, 239.
MATELIN (MAL SAINT-) et MATELINEUX, 277.
MÉDECIN MALGRÉ LUI (le), où Molière en a pris l'idée, 287.
MÉMOIRE, du masculin, 283.
MESCHANT, 316.
MESHUY, 321.
MESOUEN, 321.
MIRE et MIRESSE, 285.
MIRER et MIRGICINER, 285.
MON, substitué à *ma* devant un substantif féminin, 256.
MOQUETTE, 236.
MOQUIN, MOQUAT, 323.
MOT (A UN), 252.
MOT (A VOSTRE), 322.
MOUTON VÊTU, 338.

N euphonique, 321.
NÉGATIONS composées avec *ne* et un substantif, 251.
NEN, *ne* avec l'*n* euphonique, 320.
NISI, 264.
NOMS SIGNIFICATIFS, 331.
NOTRE - DAME DE BOULOGNE, 323.

OIE, était un mets rare et cher, 288, 289.
ONQUES QUE, 283.
ORTHOGRAPHE DE VOLTAIRE, usitée dès le xve siècle, 153 (en note).
ORTIZ, son épitaphe, 260.

PAISTRE. *Faire paître quelqu'un*, 328.
PALSGRAVE cité, 237, 284.
P. PARIS (M.), 232.
PARISIUS, 311.
PATELIN, étymologie de ce nom, 227.
PATELIN (la farce de), particulièrement utile pour étudier la langue française, 301. — Le lieu de la scène de *Patelin* n'est pas une ville, mais un village, 324.
PEAUTRAILLE, 268.
PEAUTRE, 269.
PEIGNE. *Pas un peigne*, 233, 234.
PELETIER, grammairien, 257, 258, 262.
PENDRE, verbe neutre, 300.
PEU-D'ACQUET, 331.
PHYSICIENS, 285.
PICARD, 302.
PIÈCE (EN). Voy. EMPIÈCE.
PIEDS DEVANT (les), 281.
PIGNOCHER, mot corrompu d'*épinocher*, 326.
POCHE, POCHÉ, 244.
POCHON, 245.
POISLE (Jean), 341.
POISSON, mesure, 245.
POTATIF. *Visage potatif*, 336.

INDEX.

POTTINGUE, 336.
POULIER (la farce du), citée, 249, 251.
POUR RIEN QUE L'ON DIE, 322.
PRIER A QUELQU'UN, 319.
PROCÉDER. *Le procéder*, substantif, 199 (en note).
PROSODIE. Voy. ÉLISION, HIATUS, IMPARFAITS, SYNCOPES, S finale, T euphonique, T intercalaire, etc.
PRUNE, 275.
PSEAUME, prononcé *seiaume*, 297.

QUANT QUE, 252.
QUE entre deux verbes voulait le second au subjonctif, 307.
QUÉ pour *quel*, 237.
QUELQUE QUE, 229.
QUI (*si quis*), 259.

RABACHER, 230, 298.
RABELAIS, cité, 250, 253, 261, 284, 297, 323.
RAFARDER, itératif de *farder*, 205 (en note).
RAVASSER, 230, 298.
RAYER, couler en rayons, 207 (en note).
REGARDER QUE, 321.
REINE DE NAVARRE (la), citée, 253, 326.
RELEVÉE (A DE), 318.
RENDRE OU PENDRE, 300.
RENOUART AU TINEL, 304.
RETOURNER LE VERS, 331.

REVENIR A CES MOUTONS, et non *à ses*, 327.
RÊVER et RÊVERIE, 298.

S, finale des substantifs pluriels, n'empêchait pas l'élision, 136 (en note), 321.
SAIN ET DRU, 240.
SANGLANT, 281.
SEIGNER (SE), 241.
SERANT, 234.
SE TU NE T'ENVOLES, 337.
SOIGNER (SE), 240.
SONT IL, pour *est ce*, 307.
SORGNE ou SORGUE, 276.
SORNER, 276.
SORNETTE, 276.
SOUVESTRE (M. Émile), lettre où il explique les vers bretons de *Patelin*, 308.
SOUVIENGNE VOUS, 271.
'STE pour *cette*, 236.
SYLVIUS, cité, 246, 256.
SYNCOPES, 186 (en note), 201 (en note), 236.

T euphonique, 247.
T intercalaire, 257.
T termine la 3ᵉ personne du singulier, 263; — s'y élidait, *ib.*
TAILLÉ DE. *Être bien taillé* ou *tranché de*, 280.
TEL ou TELLE GUERRE, 327.
THOMAS (FRÈRE ou SIRE), 303.
TORDRE (SE), 255.
TRAITIS, 247.
TROIS LEÇONS ET TROIS PSEAUMES (A), 297.

TRUAND, 270.
TRUDAINE, 270.
TRUT, 284.

U valant *uv*, 284.
UN, *unus*, un seul, 246.
UNE, avec ellipse du substantif, 255.
URINES. *Médecins aux urines*, 287.

V intercalaire dans *eauve*, 284.
VACARME, cri de guerre des Flamands, 302.
VARIANTES du manuscrit Bigot, 342 et suivantes.
VER COQUIN, 299.

VERS INTERPOLÉS dans le *Patelin*, 313.
VERVE, 298.
VERVILLE, 251, 260, 274.
VESSIES. *Prendre des vessies pour des lanternes*, 299.
VIELLE. *C'est une vielle*, 333.
VILLON, cité, 261.
VOLTAIRE condamne mal à propos un vers du *Menteur*, 307.
VOY! exclamation, 335.
VUALX TE DEU, 310.

WATTEVILLE (nom propre), 303.

Y, pour lui, 188 (en note).
YSTRIEZ, 247.

TABLE DES MATIÈRES.

Dédicace.	1
Patelin et la vieille comédie	3
Chapitre Ier. — Qui est l'auteur de Patelin.	3
Chapitre II. — Des manuscrits et des éditions de Patelin.	38
Chapitre III. — Traductions et imitations de Patelin.	64
Chapitre IV. — De l'ancienne comédie.	76
Avis au lecteur.	109
La farce de Patelin.	113
Notes.	227
Collation du manuscrit Bigot avec le texte de 1490.	341
Note sur deux éditions très rares de Patelin.	350
Bibliographie de la farce de Patelin.	356
Index de l'introduction.	359
Index des notes.	365

FIN.

www.ingramcontent.com/pod-product-compliance
Lightning Source LLC
Chambersburg PA
CBHW070453170426
43201CB00010B/1322